职业发展心理学
Psychology of Career Development

王新超 / 著

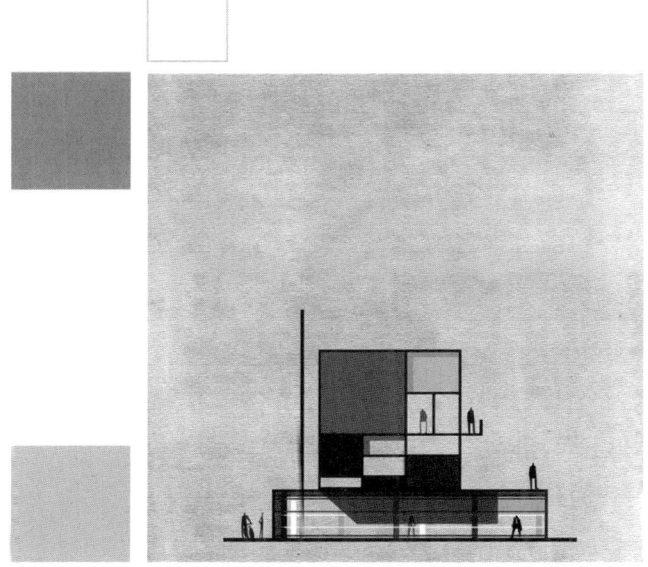

中央编译出版社
Central Compilation & Translation Press

图书在版编目（CIP）数据

职业发展心理学 / 王新超著. —北京：
中央编译出版社，2017.3
ISBN 978-7-5117-3216-3

Ⅰ.①职⋯ Ⅱ.①王⋯ Ⅲ.①职业-应用心理学 Ⅳ.①C913.2

中国版本图书馆 CIP 数据核字（2016）第 321803 号

职业发展心理学

出 版 人：	葛海彦
出版统筹：	贾宇琰
责任编辑：	王丽芳
责任印制：	尹　珺
出版发行：	中央编译出版社
地　　址：	北京西城区车公庄大街乙 5 号鸿儒大厦 B 座（100044）
电　　话：	（010）52612345（总编室）　　（010）52612349（编辑室）
	（010）52612316（发行部）　　（010）52612317（网络销售）
	（010）52612346（馆配部）　　（010）55626985（读者服务部）
传　　真：	（010）66515838
经　　销：	全国新华书店
印　　刷：	北京佳信达欣艺术印刷有限公司
开　　本：	787 毫米×1092 毫米　1/16
字　　数：	274 千字
印　　张：	19.75
版　　次：	2017 年 3 月第 1 版第 1 次印刷
定　　价：	49.00 元

网　　址：	www.cctphome.com　　邮　箱：cctp@cctphome.com
新浪微博：	@中央编译出版社　　微　信：中央编译出版社（ID：cctphome）
淘宝店铺：	中央编译出版社直销店（http：//shop108367160.taobao.com）

凡有印装质量问题，本社负责调换。电话：（010）55626985

自 序

受中央编译出版社之邀编写《职业发展心理学》这一书。其实，我内心的感受真不是接受邀请，准确地说，应该是接受了一个任务。这任务既有对朋友之托的承诺的压力，更有一种社会责任的沉甸甸的感受。因为，并不是我本人需要写这样一本书，出版社也没有必要对这样一本书纠结，应该还是社会需要这样一本书，尤其是真心希望能为年轻人做一些事情，帮助他们在认识自己的职业生涯，计划好自己的职业规划时，能有一个值得参考，帮助他们少犯错误的工具，这应该才是真正推动我去做这个事情的最主要动力。

本书的内容是在早些年编写的《组织人事心理学》一书的基础上发展的。真是感慨时间过得好快，社会的发展也快。这些年在教学与培训过程中，每次都能听到人们提出这样的问题："心理学对于我们的工作真是很有用处""真应该好好地学习心理学，帮助自己解决工作中的问题""老师帮助我们推荐一本书吧"。尤其是最后一个希望给他们推荐一些书的请求，他们真是很真诚与迫切的要求。但我比较为难，一是自己了解不多，真不知道有哪些书更适合这一类的朋友们看。另一方面，也确实感到我所看到的相关书籍，要不就是专业性太强，要不就是作者的编写水平实在不能恭维，都难以推荐给这些真诚的渴求知识的人们看。

这些年心理学的研究越来越强大，对社会的影响越来越广泛并深入。这也是社会的发展，随市场经济令人瞠目结舌的发展，导致社会转型的一时混乱，人们在个人行为层面，组织行为层面，包括社会行为层面，各方面产生出的问题实在太多，人们对于心理学知识的要求也就更高。心理学的研究尽管发展很快，还是显得跟不上这社会发展的需求，在心理学知识的普及与教育上，这种落后局面更是让人心中不安。

原来的《组织人事心理学》一书是为满足在校大学生了解认识组织管理的基本知识为目的编写的。作为一个缺少社会经验与企业经验的年轻人，对于自己的职业行为，对工作的特点，对组织的结构组织等各方面，都缺少足够的认识与思考，也缺少充分的策略去应对。编写这样一本书，至少可以满足一部分年轻人的需求，对相关的知识也是一个普及。尽管时间的原因，收集整理资料也不是很完备，但我们还是敢于做出这样的一个实践的努力，有缺陷就留待人们批评指正。

现在这本书的写作，《职业发展心理学》的编写，还是为在校大学生为主要服务对象的，当然，也包括初步进入职场发展的年轻人，使他们在自己的职业发展过程中，能有一个更有计划的思考，少犯错误，有一个工具一样的书做帮手，这可以使他们在自己的人生发展中更顺利一些。在编写过程中，收集资料与整理资料的过程，既让我们看到这个学科发展快速、变化巨大，也看到这个学科的发展仍是跟不上社会发展的需要，很多问题留待研究解决。

最后，还是感谢出版社，感谢中央编译出版社的领导，给我们提供这样一个服务社会，服务读者的机会。与此同时，特别感谢编辑小芳女士，她的鼓励与支持，使我能鼓足勇气将这个工作进行下去。

感谢一切帮助我们的朋友。

作者
2016年9月25日

目 录

第一章　职业与人事心理学概述 ... 1
第一节　职业活动与人事心理的研究 ... 2
第二节　职业与人事心理学研究的发展过程 ... 6
第三节　职业与人事管理活动的环境因素 ... 17
第四节　职业与人事心理学的基本问题 ... 21

第二章　职业与职业的观念 ... 24
第一节　工作与职业 ... 25
第二节　职业行为与职业规划 ... 31
第三节　现代职业观念的特点 ... 38
第四节　个体职业发展的战略规划 ... 42

第三章　从人事测量了解职业发展的基本因素 ... 48
第一节　人事测量的基本问题 ... 49
第二节　如何测量 ... 53
第三节　使测量更加科学化 ... 75

第四章　人员选拔对职业发展的影响　81
第一节　工作分析　83
第二节　人员招聘　97

第五章　人员安置及职业行为管理　113
第一节　人事决策与人员录用　115
第二节　工作的动机与激励　126
第三节　工作报偿　138

第六章　个体的职业发展计划　148
第一节　职业选择　150
第二节　职业发展　159
第三节　职业发展中的心理健康问题　170

第七章　绩效是评价职业行为成功的标准　180
第一节　绩效评价系统的基础　181
第二节　绩效评价系统的设计　185
第三节　绩效评价的影响因素　200
第四节　工作满意感及其评价　204

第八章　培训是促进职业发展的关键因素　216
第一节　培训的概念　217
第二节　培训的学习心理问题　223
第三节　培训管理　232
第四节　培训方法　240

第九章　职业活动与工作合理化 247
第一节　工作合理化研究的过程 248
第二节　工作研究的内容与作用 256
第三节　工作设计及其模型 267

第十章　影响职业行为的组织因素 277
第一节　组织及组织的原则 278
第二节　组织理论及其组织形式 290
第三节　组织设计的新发展趋势 303

第一章 职业与人事心理学概述

人事组织心理学是心理学的一个主要应用领域，职业发展的心理问题无疑是这个研究领域中一个很重要的内容，通过将心理学的理论与方法应用于职业发展规划与组织管理活动中，既要解决人员与劳动的组织问题，包括针对工作差别和个体差异，更好地解决组织管理活动中的选拔、安置、训练、发展、激励与评价等一系列职业与人事问题。

组织管理成为人类社会活动中一个重要问题，这主要决定于人类组织活动与管理活动的广泛性。在传统社会中，人们只将管理活动局限于经营性的组织中，这是片面地认为只有这些经营性组织才关心活动效率问题，因为这与其利润是紧密相关的。而对于那些不以营利为目的的非经营性组织来说，似乎管理并不是很重要。但随着社会发展，这种传统的观念已经有了很大的改变。

将成功的企业管理经验引入各种社会非盈利组织活动中，帮助提高这些组织的管理效率，从而更好地实现其目标，这已经成为现在组织管理研究中的热点课题。随着中国社会的成熟，越来越多社会人士加入社会公益活动中，但由于各种公益组织机构的不完善，管理无效率，已经大大影响了这些组织发挥其作用。近些年来，对于社会公益活动参与者的专业化倡导，对运作形式的规范化的强调，特别是近些年通过使用互联网新技术手段，这些有效的管理技术的使用，已经大大提升了公益活动的效率，减少了混乱与成本，也增加了透明性及公开性。2015年的相关统计数据证明，公益组织的效率提升了三倍，这对于更好地实现公益活动的目标给予了极大的帮助。

以上的事实说明，管理现象是普遍存在于现代社会活动中，管理活动也已经成为影响人类社会活动的一个重要工作。一方面，人们普遍认识到，在现代社会中，对于任何性质的组织来说，不论是经营性，还是非经营性，组织管理的效率都是至关重要的，无效率就意味着死亡，效率就是组织的生命。另一方面，现代社会的复杂性，也决定了管理在组织活动中具有了越来越重要的地位。传统的组织活动由于其简单性，活动的组织更多依赖于经验，管理的价值并未得到真正的体现。但对于现在这种复杂环境，以及复杂性质的组织活动来说，任何个人的经验已经难以应付。现在的组织管理活动不仅是针对组织作业、组织的工作性质和任务目标的实现，同时，也要协调和解决组织活动中产生的大量问题，包括组织内部的人与人的关系、组织内外的关系，以及组织对社会的责任等各种类型的问题。而且，随着社会的一体化、开放性发展，管理问题也不再是仅限于组织内部，组织问题将成为社会关注的问题，社会现象也会影响并渗透到组织内部。

正因为如此，不论是个人，还是组织管理工作，实在有必要多了解一些人事组织活动的规律，正确认识自己的职业行为，提高我们活动的效率。

第一节　职业活动与人事心理学的研究

人事心理学是为了提高生产率与活动效率，解决组织活动中人与工作的各种关系的学科。或者说，是根据对人的因素的合理处理，以及对劳动和工作行为的合理安排，来帮助组织更好地提高活动效率的学问。职业发展现象不仅是个体的问题，更是影响到组织活动有效性的一个重要内容。

首先，我们应肯定，提高组织活动效率应是职业活动与人事心理学研究的主要目的。正如我们前面所分析的，组织活动效率是现在管理工作的核心问题，因此，任何与组织管理有关的学科，都会把如何利用本学科的知识和方法来提高活动效率，或者说，怎样让本学科的知识对提高活动效率有所贡献，当作一个很重要的目标。在这一点上，组织与人事的知识，无疑是从资源的优化组合，以及资源潜力的更好发掘上，来帮助组织提高自己的活动效率。具体来说，对最适宜自己工作的人员的选择，提供最有效的训练和发展计划，通过对组织资源的组合与优化，使其优势得到更好的发挥，而自己的弱点得到克服。当然，在实际工作中，人们也可以通过经验和其他知识的帮助，达到这些目的。但从对人力资源的分析，以及对组织结构的设计与安排上，职业活动与人事心理学将会给组织管理提供更直接的帮助。

其次，我们也应该认识到，对组织效率的研究，不同的学科从不同的角度进行分析与处理。我们在了解和认识这些学科的时候，心理学的知识是首先要了解和学习的。由于影响组织实现工作高效率的因素大多有一个共同的特点，就是与人的行为相关，这既包括人的行为的动力系统特征，像动机、态度和价值观等，又包括人的行为的技能与操作性，像能力的差异性、可培训的能力大小等。通常，在分析生产率的影响因素时，人们首先就提出人的心理的差异性，只有认识到人的需求，以及人的多样化，才可能在现代人事组织工作中，最大可能地发掘每个具体人的潜力，并从而使组织最大限度地发挥效益，这样，整个社会也才能达到最理想的运用人力资源，并提高生产率的目的。因此，我们认为心理学的知识应是人事组织管理的基础。

美国的《冒险》杂志曾做过一项调查，它要求读者回答自己一周的工作时间，并说明在工作日他们与自己的配偶一起度过多少时间。从这一调查的结果分析上，人们把工作的行为根据其价值观的不同分为三种类型。

1. **工作伦理观**。这种人把工作看作是人们生活所必需的一种活动。他们的行为表现是，每天会长时间地努力工作，并认为每个人都有责任为提高工作效率而奋斗。他们也会为自己的工作感到自豪，并忠实于自己的事业和工作群体。在工作结果的追求上，他们需要获得成功，并用职务的升迁等外在标准作为对自己行为的评价。

2. **价值伦理观**。这种人认为自己的一切行为与活动都是为了追求并实现某种价值，工作只是实现这一价值的工具或手段。比如，他们可能会将工作看作是满足自己心理需求（尤其像自信和自尊这种心理需求）的一种方式方法。只要他们感到自己是合格的工作者，能胜任工作，在组织中有重要的地位，既能做组织中的各种工作，又能参与重要的事务并受人尊重，他们也就满足了。当然，也会有一些人将追求的价值定位于物质层面，他们的工作就是为获得个人的、具体的物质性奖酬。

3. **闲暇伦理观**。这种人的工作态度基本上是消极和否定的。他们之中有一些人将工作看作是一种不幸的义务，工作行为对他们来说并不是情愿的事，而是不得已而为之的事，因为，只有工作才是使他们保持所需要的生活方式的唯一办法。还有一些人甚至将工作看作是完全不需要的，是一种惩罚，人们不可能从工作中得到什么奖酬。很显然，持有这种观点的人不会从工作中获得任何快乐。

不同的价值观类型决定了个体的行为的选择，这种态度的特点，当然也将影响到个体工作行为的选择。由于个体行为之间是有差异的，工作与组织对从事其工作的成员的要求也不尽相同，因此，也只有将这两方面的类型加以匹配，使个体的选择与工作与组织的要求相一致，才有可能更好的发挥个体的潜在能力与工作热情，也才能产生更有效率的行为行动。

心理学的应用领域很多，应用于职业与人事工作上具体包括以下几个方面。

1. **人事心理学问题**。传统上，人们习惯于将这一领域称为人事心理学，但随着当代心理学研究的发展，特别是实际工作中人事活动的变化和发展，现在人们更倾向于用"人力资源"这一概念来代替人事的概念。在人事心理学中，人事这一概念的含义就是指人员，所以，人事心理学的研究主要针对劳动过程中的个体差异，并考虑怎样在工作中更好地利用这一差异，如人员选拔、人员考核、人员培训、心理咨询、工资与奖励的合理安排、管理者的培养与使用、安全生产问题等。安全生产问题是现代劳动过程中人们较重视的问题，这不仅由于它涉及人身的安全，而且，在现代生产环境下，劳动安全事故往往给组织带来巨大的损失。因此，对意外事件的分析与统计，安全工作的宣传与训练，对特别易发生事故者的发现与适当的职业安排，"事故苗子"分析方法与事故的预测，以及怎样改进工作环境与安全设施，使之适应并符合工程心理学的原则和标准等，这些内容都是人事心理学的主要研究范围和应用范围。

2. **组织心理学问题**。与人事心理研究更多地注重劳动中的个体行为差异有所不同的是，组织心理学的研究集中于组织水平上的劳动活动中的心理问题。由于现代化的生产过程要求所有的劳动都必须在一定的组织中进行，即使现代计算机技术的发展使工作在家庭中进行已成为可能，但其工作活动也不能脱离与他人交流和沟通的环境，甚至这种网络上的信息沟通又会产生新的、与传统人际沟通不同的形式和问题，这也为组织心理学的研究提出了新的挑战。因此，从这一事实来看，组织行为必将在劳动过程中影响到组织中个体的行为、工作动机及其工作满意度。从提高生产效率的角度来看，在组织环境中，怎样使个体适应其工作、合作者、领导，乃至适应整个组织，这些内容都会成为影响生产效率的重要因素。组织心理学的研究一方面通过对员工激励，提高员工的工作满意感，并分析组织内部的沟通及领导行为，来提高生产效率；另一方面从组织问题的诊断，包括组织的结构设计、工作的组织与设计、组织的发展，即怎样保证组织的再学习和再造能力，使组织能适应其环境的任何变化。这些都将保证组织的高效率。

3. **职业心理学问题**。职业这一概念在日常生活中应用甚广，而且，人们在使用这一概念时其意义也不尽相同。在职业心理学中，一方面职业是一个人一生中所从事的各种工作的统称，这又被称为是职业生涯或客观的职业；另一方面，职业也反映了一个人的生涯，它代表了一个人一生中的价值观、态度和动机的变化过程,这又被人们称为主观的职业。从总体来看,职业是对某一具体个人的反映,是个体活动的一个领域。职业心理学的研究主要集中在人们选择、从事和改变职业上有关的个体差异和特点。它包括职业选择、职业指导和职业教育等方面的内容,还包括现代社会中大量出现的职业咨询问题。职业心理学的研究以人的能力概念为基础,以各种心理测验工具为方法和手段,帮助人们选择并确定适合其个性和能力的职业。

4. **劳动与生产条件问题**。人们早就注意到生产作业环境对个体劳动绩效的影响。在传统的研究中,对物理环境因素,像噪音、温度、照明等劳动的基本保障条件了解较多,而且,生产技术的发展与变化也更直接在物理环境因素上提出更明确、具体的要求。现在的劳动心理学研究更重视对物理环境和心理环境的综合作用,以及这种作用对个体的影响。事实上,在基本的物理环境因素得到较好控制的前提下,现代的生产活动对人的心理提出了更高的要求。现代生产技术对操作者的熟练操作技能、认知的主动性与全面性,以及一定的决策和判断能力等,都大大超出传统技术要求的标准。可以说,现代技术发展的趋势应是逐步减少对操作者在体能上的要求,而大大提高对操作者智能和技能性的素质要求。因而,在劳动活动中结合人—机系统的新变化,了解在新的技术条件下,生产对劳动者的心理特点的要求,并努力使劳动者接受和适应这一要求,将对提高生产效率起到重要影响。

第二节 职业与人事心理学研究的发展过程

对职业与人事这一现象的认识和研究,可以追溯到比较久远的年代。在人类文化发展的历史上,古代人给现代人留下许多文化的遗迹,像中国的万里长城、埃及的金字塔,还有一些著名的中外皇家的宫殿和园林,像紫禁城、卢浮宫,以及已化为灰烬但仍被人们称道的阿房宫、圆明园。在我们感慨和兴奋之余,我们也应想到,这些伟大工程的背后，每一项都对我们展示与述说着人类对劳动的组织与对人力资源的管理的成功。

的确，我们对于人类历史以前发生的事情了解得太少了，这是我们的无知。现在，我们在对职业活动与人事心理学的认识上，又过多地接受了西方工业革命以后形成的观点和方法。这又表现出了我们的片面，因为劳动中的人事组织活动必然反映一定的社会文化传统背景。毕竟人的需求及其行为的动机是多种多样的，就如同我们前面所提到的，人的工作行为是其价值观的反映，而价值观的主要影响因素应来源于个体的文化环境背景。尽管如此，我们还是从西方的职业活动与人事心理学研究的过程，来总结这一领域发展的历史过程。这并不完全是由于一般的有关书籍都采用这一介绍方式，而是因为这的确也是科学的职业与人事心理学研究的发展过程。

一、对职业人事心理现象在西方社会的早期发展

在科学的心理学研究发展的早期（1900—1916），心理学家的研究兴趣大多集中于理论领域的探讨。最初对生产活动中的心理学问题加以研究的，并不是出自当时生产力高度发达的欧洲，而是来自相对落后的美国。1887年，美国的心理学家布赖恩（W.L.Bryan）发表了一篇关于专业报务员技能的研究论文，这被人们认为是心理学在生产作业领域中的第一篇研究论文。其实，早在1904年，当布赖恩就任美国心理学会主席时，他就倡导人们开展在工业生产领域的心理学研究，他还提议将这一领域发展成为专门化的心理学研究分支。

但对职业活动与人事心理学的研究影响最大的推动力量，应当是20世纪初，1910年前后美国管理学家弗雷德里克·泰勒（Frederick Taylor）的研究工作。泰勒的研究开创了科学管理时代，引起了人们对合理化劳动的重视，并兴起了对劳动活动中心理学问题的研究。如果我们想对这一发展过程有更清楚的了解，则应从其思想发展的早期开始讨论。

我们知道，在19世纪末和20世纪早期，欧洲产生了工业革命运

动,并由此导致了大机器生产方式的形成。工业革命所形成的生产劳动活动与以往的生产劳动形式的差异主要表现在:它首先是机械设备上的快速发展;其次,出现了显著的人与机器的关系问题;其三,工厂的建立需要雇用大量的工人,这又出现了劳动行为的标准,以及对人的培训问题。泰勒与另一心理学家弗兰克·吉布莱斯(Frank Gibreth)在这一时期的一项研究,就是对工作职务的重新设计,制订员工培训的方案,

弗雷德里克·温斯洛·泰勒
(Frederick Winslow Taylor, 1856—1915)

并倡导采用选员的方法来甄选员工。总的来说,工业革命导致了劳动专业化水平的提高和生产效率的提高,伴随这一发展趋势的变化,就是生产活动的变化,要求人们的劳动行为、劳动的组织方式,必须产生相适应的调整和改变。这方面最明显地表现在劳动的专业化分工,决定了劳动者在行为方式、能力素质、培训上的变化。同时,这一专业化分工也提出了在生产过程中建立监督层次的需要,也就决定了在生产过程中管理人员的出现。这也是劳动组织的一个变化。

在人事管理上,早期的典型研究当推罗伯特·欧文(Robert Owen)的实践活动。欧文的思想注重在生产活动中对劳动者的心理需求的满足,并解脱机器对工人的个性压抑,创造条件发挥劳动者的创造力和积极性。他曾在自己创办的工厂中,建立了他自己设想的、也是目前看来应是最早的工作绩效评价体系。他将一个四方的木块每一面都涂上不同的颜色,其中,白色的一面代表优秀,黄色的一面代表良好,蓝色的一面代表平均,黑色的一面则代表最差。他将这一木块放在机器上,每天将反映员工前一天工作表现的颜色转向通道,及时向劳动者提供了工作业绩的反馈信息。这一做法在他的管理工作中取得了较好的效果。现在,人们公认欧文是人事管理的先驱。

当然，科学管理的主要代表人物还是泰勒。泰勒认为，生产活动应存在一种最合理的完成工作任务的行为方式。这种工作方式应最有效率，速度最快，成本最低。为了找到这一最节约、有效的劳动方式，泰勒开展了一系列的科学实验研究，他希望通过精确地测定人的劳动行为过程，将其工作的无效部分去除，并对生产技术加以改进，来提高生产效率。简单地讲，科学管理的实质内容就是将工作分解为最基本的机械元素，然后对这些元素加以分析，再将它们最有效地加以组合。除此之外，泰勒还强调劳动者在其体力和脑力上应与其工作要求尽可能地匹配，管理人员也有责任对其下级进行训练，以使他们能在操作动作上恰如科学分析所规定的那样精确。同时，他已强调要注重工人的健康，工作不能损害人的健康。而且，他也注意到了工作群体中人的互相作用问题。他发现工作群体会产生一种现象，即个人的工作效率会降低为群体中水平最低的工人的效率。也就是说，工作群体的效率一点也不会比其中生产力最低的成员的效率高。

在泰勒的时代，斯科特（W. Scott）、闵斯特伯格（H. Munsterberg）的研究工作，也为职业活动与人事心理学的研究工作奠定了重要的基础。斯科特的贡献是，他尝试把心理学的研究应用于更广泛的领域中。他曾在 1903 年和 1908 年，先后发表了《广告理论》和《广告的心理学》两部应用性著作，在 1911 年他又出版了《在经营中影响人》和《提高经营中人的效率》两本书。除此之外，他也在军队的人事选择程序上做了许多研究。闵斯特伯格是德国的心理学家，他早期的研究兴趣只集中于

雨果·闵斯特伯格
（Hugo Munsterberg，1863—1916）

在理论心理学领域中对知觉、注意现象的实验研究。1913 年，他出版了《心理学与工业效率》一书，证明他开始将研究兴趣转向了运用传

统的心理学方法解决工业生产中的实际问题。他在这本书中涉及的三个领域分别是选员、设计工作条件、心理学在销售中的应用。正是从这些内容中，他首次提出了工业心理学的体系，这也使人们将其视为工业心理学之父。闵斯特伯格对电车司机安全的研究堪称工业心理学的经典之作，他系统地分析了这一职务的各个方面，并设计了实验室以模拟电车司机操作的情境，他对影响司机操作的各种因素都进行了探讨。1917年，他写了《经营心理学》一书，其中包括用选择性问答的方式进行调查的内容。这种调查通过对工人发放问题调查表，了解工人的工作态度、参加劳工运动的态度和业余活动的兴趣等。

总之，在早期发展的时期，从泰勒到闵斯特伯格都很关注对工人的选择问题，他们要求人事选择要适应工作的需要。而且，他们也注重对工人的个人情感和志向的了解。其中，闵斯特伯格更强调，人事挑选是和心理学，尤其是社会心理学，在研究内容上是互为补充的。

二、两次世界大战对人事研究的作用

战争对物质资源及人力资源的使用效率都提出了更高的要求，这也在某些方面极大地推动了相关领域的研究，尤其突出地反映在人事的选拔、培训方面。

罗伯特·耶克斯（Robert Yerkes）当时致力于为美国军队在战争中招募士兵的研究，其中也包括了对士兵动机、士气、心理健康及军纪问题的研究。耶克斯从这些研究工作中，总结并建立了一系列应用广泛的军队集体智力测验，并分为适用于讲英语的士兵的 A 智力测验和针对不讲英语的士兵的 B 智力测验。他还根据对士兵的能力方面的研究，为 500 种职务建立了责任及所需要的能力标准。这一研究传统在第二次世界大战期间又有了进一步的发展，使人事心理研究在人事选拔、安置方面有了进一步的提高。其中，陆军普通分类测验（AGCT）就是在这一时期建立并形成的较为系统的人事选拔安置测验。这一测验的意义在于成功地使用了团体测验的形式，并对心理测验的广泛应用起到了极大地

推进作用。而且,心理学家还提出了情境应激测验的形式,这为高级军事指挥人员的选择提供了较为有效的专业性工具。

在这期间,更有意义的是由于社会的需求和心理学家的努力,职业活动与人事心理学的研究已得到社会及权威机构的承认,社会开始认识到心理学的研究能为社会解决实际问题。1917年,《应用心理学杂志》在美国问世,它已成为在职业活动与人事心理学研究方面资格最老、最有代表及权威性的杂志,并对以后的学科发展产生了极大的影响。在这时期,美国的瓦尔特·宾厄姆(Walter Bingham)在卡耐基理工学院建立了销售人员研究公司。它是在企业的资助下成立的,专门开展应用心理学的研究。它首先是出版了一本推销员的指南,后来则发展到对一般职员、行政人事管理人员的选员、安置及培训等方面的研究。1921年,詹姆斯·卡特尔(James Cattell)成立了一个心理学公司,它的目的是要推动心理学在工业生产领域的应用和研究,它也一直是美国研究心理测验及其应用的最大机构之一。在40年代时,心理学家还参与了对飞行员的选拔与培训工作,并从对飞行员职务的研究中,在飞行设计领域上设计出对飞行员更便利、更安全的飞行设备的研究。1943年,为适应各种心理学的研究需要,美国军方还建立了应用心理学顾问小组,他们先后开展了二十多项在人事选择、培训及设备设计方面的研究。

三、行为科学的影响

行为科学的概念产生于第一次世界大战前后欧洲的社会科学家、人文学家及哲学家倡导的科学统一运动。后来,维纳(N.Wiener)教授创立了控制论,综合运用数学、物理学、化学及心理学、生理学、生物学知识,把机器的通讯行为与人类通讯行为融合为一体。这些事件对行为科学的产生和发展起到了极大的推动作用。在1949年美国芝加哥召开的一次跨学科会议上,通过讨论正式采用了"行为科学"这一名称,并从此被广泛应用。

行为科学对职业活动与人事心理学的影响,应追溯到30年代的霍桑实验,它也被人们称为人际关系运动。1924—1932 年,哈佛商学院的埃尔顿·梅奥(Elton Mayo)、弗里茨·罗特利斯伯格(Fritz Roethlisberg)和诺思·怀特(North White)等教授在芝加哥的西方电器公司霍桑工厂开展了一项很著名的实验。从研究结果中他们提出,当人们的工作环境中某一种条件产生变化时,它必然会给其他变量带来影响。而在影响生产效率的这些因素中,雇员的激励和群体意识才是最主

乔治·埃尔顿·梅奥
(George Elton Mayo, 1880-1949)

要的。生产效率与集体合作及协调程度有直接关系,而集体合作及协调程度又与主管人员及研究人员对工作群体的重视程度有关,与缺乏带有强制性的提高生产效率的办法相联系,还与为变化过程中的工人提供参与的机会有联系。从这一研究结果上我们可以看到,行为科学的思想和观点,更强调从社会系统的角度来认识生产活动中组织与人事工作的问题。而泰勒的科学管理思想,则认为企业是一个技术经济系统。这是它们之间的最大差异。

用行为科学的观点去研究人的管理问题,这也是人际关系研究的成果之一,但行为科学则以更广泛的理论与应用学科为基础,从更多的问题上,研究与人的行为有关的社会学和生理学的内容。像工业心理学,主要研究人在工作中的行为;社会心理学,关注人们在生产活动中的相互影响;组织理论,则考查组织为什么存在,其职能是什么,如何设计组织,以及怎样使组织更有效;组织行为学,主要研究个体与群体行为的原因,并怎样运用这些理论于组织环境中,达到生产力更高、工作更令人满意的目的。很显然,在组织环境中,人们的行为方式并不是简单地决定于人际关系的内容。可以说,组织本身就对人们的行为表现起着造就、限制和调整的影响。而且,人们的行为还会受到不同职位上的权威、工作及技术要求的影响。比如,在 60—70 年代,行为科学的一个

重要研究课题，就是了解民主式、专制式和协商式等各种领导方式在什么条件下最适宜。类似这样的问题，是不可能简单地从哪一学科的研究成果中获得令人满意的回答的。而行为科学的出现则使人们产生了对一些问题的一种新的理解。虽然，我们至今还不能对决定和影响组织中人的行为因素得到完全地了解，但至少我们已能对各种影响因素相互作用所产生的对个人行为的影响，有了较完整的认识。

四、职业与人事心理学的成熟

1946年以后，在工业生产领域中对组织与人事的心理学研究已成为专门化的学术领域和职业领域。这表现为，在西方的许多大学中，都开设了与此内容有关的课程，并培养了这一领域中的硕士和博士的专业人员。像在二次大战期间产生的工程心理学，这时已发展成为一个独立的学科，并出版了像《应用实验心理学》《人类工程信息手册》这样的专业论著。1948年，在美国发行了《人事心理学杂志》，人事心理学成为了一个独立的研究领域。60年代开始，心理学家对社会学家进行的关于组织问题的研究产生了兴趣，从那时起，"组织变革"和"组织发展"等概念，就经常出现在心理学研究的文献中了。1955年，吉塞利（Ghiselli）和布朗（Brown）在《人事与工业心理学》一书中，已对组织心理学的内容开辟了专门的章节。1971年，科曼（Korman）首次出版了《工业和组织心理学》教科书。1973年，美国心理学会第十四分会由过去的"工业心理学"分会，改为"工业与组织心理学会"，组织心理学的研究内容被正式确立。

五、中国的职业与人事心理学研究

中国的封建社会对劳动的组织与分工问题，既有丰富的经验，又有大量的文字记载。但用近代科学方法和思想指导人们在这一领域中的活动，则开始于1916年。当时，清华大学校长周诒春为指导学生选择职业，曾在学校中开展了职业指导工作。1921年，中华职业教育社也曾采用自制的职业心理测验器,对入学的人员进行了测试。但由于这一时期旧中国在工业上十分落后,加上受各种社会条件的限制,有关工业心理学的研究工作,除在机械、纺织等行业开展过一些有关工作环境的实地调查外,大多只是发表了一些介绍国外有关研究成果的文章和著述。

在这一时期,陈立教授的研究工作应是较为突出的。他在1935年出版了《工业心理学概观》一书,尝试把科学心理学原理与中国的企业管理实际联系在一起。在书中,他系统地讨论了环境因素、疲劳、休息、工作方法及事故等与工作效率有关的因素,特别是详细分析了工厂中的组织问题,以及工作激励的问题。可以说,这部著作为中国的管理心理学,乃至整个工业心理学的研究与应用体系,提供了较全面的理论框架。在此之后,人事管理方面的心理学研究也产生了,如杨时雨在1941年进行了人员选择、职务分配、职业测验、人员培训、考核方法和环境因素等一系列的研究。

陈立(**1902-2004**)

1949年以后,随着社会经济的复苏与发展,以及中国心理学研究的新发展,在职业活动与人事心理学方面的研究也出现了许多新成果,如李家治、徐联仓对生产活动中安全与事故的分析研究,陈立、朱作仁等对细纱工技能培训的研究,徐联仓等对创造性思维与自动化方面的研究。这些早期的研究工作虽然零散、不系统,但却为现在我国工业企业中心理学的应用奠定了重要的基础。

改革开放政策执行以来,中国心理学的研究与应用进入到全面发展时期。一方面,许多学者相继编写了有关组织心理学、人事心理学等方面的著作;另一方面,许多大学和院校也开设了有关这一领域的课程,还在全国各地组织了大量的、多层次的培训班与函授学校。正是在这一广泛开展研究、教学的基础上,企业界的人士也参加到这一领域的研究与应用工作中来,并在1985年正式成立了"中国行为科学学会"。这些活动使职业活动与人事心理学的研究成果对中国企业的管理产生了较重要的影响。具体的工作可以从以下几方面得到体现。

（一）对工作动机的研究

对工作动机的研究,产生于中国企业工作责任制和奖励制度的改革,以及如何针对这一变化,在调动职工的工作积极性上做出适当的调整。1980年,徐联仓、凌文辁首先在国内采用问卷方法,对职工思想状况及其影响因素进行了调查。这一调查结果当时在国内外引起很大反响,国内多家报刊转载了这一报告,美国的报刊也做了摘要介绍。

80年代,王重鸣教授对工作动机问题开展过系统的研究工作。他从职工的需求入手,从对若干企业的现场研究中,了解管理人员、技术人员和操作工人等不同层次的人群,在奖金、技术学习机会、工作先进、良好劳动条件和令人满意的工作等因素上的需求程度。结果表明,不同层次与类别的职工有着十分不同的需求,应该在实际工作中运用不同的激励手段,设计出适合不同职工特点的奖励方案。此外,他还从不同经济责任制对激励效果的影响上进行调查。结果发现,不同工作与经济责任制方式,对于职工有关工作结果的归因、工作态度、动机以及工作绩效,都有显著不同的影响。在个人与集体两种责任制条件下,职工的归因倾向十分不同,这会直接影响到职工的人际判断、评价、交往,乃至整个群体气氛。他还据此提出了"工作责任制归因模型",帮助管理者从认知归因及其过程来分析和解释中国企业职工工作激励的动态特点。

（二）对领导行为的研究

在政府工作的重点转移到经济建设上以后,如何提高各级领导的素质,即怎样提高领导者的能力,怎样从现代管理科学的角度对领

徐联仓（**1927-2015**）

导者进行评价与选拔，怎样认识领导行为与管理情境因素，就成为一个很重要的课题。中国科学院心理研究所的502课题组，在徐联仓教授领导下开展的领导行为及其管理情境因素的评价研究，则是在这一领域中影响较大并在国内具有开创性意义的工作。他们从自1974年以来国际上28个国家有关领导研究的3000多份文献中，选出77种测量表，再结合中国的实际情况，从中确定了以PM调查表为蓝本，根据国内领导行为的实际问题加以修订的量表。这一量表是测量领导实现目标或工作绩效的职能（P），以及团体维系职能（M）这两种维度，并可以测量8种管理情境因素。他们在历时数年的研究基础上，又将其制订为适应我国国情的、可用于实际评估领导素质及管理状况的有效工具。到目前为止，该工具已在全国数百个企业、机关、医院、学校等应用。这在世界范围内恐怕也是少有的。

此外，在领导者的培训工作、领导团队的建设，以及领导素质的测评等方面，我国也开展了大量的研究。尤其是结合企业和机关领导班子的建设和干部年轻化的要求，为选拔和培训各级后备干部，在全国范围内开展了大量的数量化选拔与评价的研究与应用工作。

（三）企业的组织发展与改革的研究

企业的组织发展与改革在中国的改革开放过程中，一直是一个很重要的核心问题。组织心理学的研究从一开始就十分关注这一工作。1983年，陈立教授就从开放系统的观点出发，就职务设计中如何满足个体与社会的需求、企业对生产效率的要求、组织水平上的改革原则、组织发展中对个人改造的要求等方面做了理论性的论述。他还强调在中国企业的组织发展与改革的实践中，应根据自己的特色，寻求预诊、信息采集、反馈、计划、行动、再诊断的研究方式，建立组织的新秩序。

在实际应用工作上，王重鸣等人对四十多家企业就管理信息系统的开发与应用特点及其对组织发展的影响上，进行了一系列的调研与案例分析。他们构建了以计算机技能、系统联系和参与应用这三个维度组成的"人—计算机系统—组织"的界面层次模型,并用企业组织变革与新技术应用的数据证明,技能、系统和参与这三个维度上的强度显著地影响着诸如工作动机、能力感、工作负荷、任务配合、工作期望、工作兴趣、工作满意感和领导气氛等"界面特征",从而也影响到界面的不确定性与应用工作成效。

(四) 在职业与人事管理领域的研究与实践

最近十几年的发展在组织管理的人才资源管理领域及传统的人事管理内容方面,社会和企业管理活动都提出了较大的需求。比如,政府的公务员制度改革,以及越来越多的三资企业在国内的建立,产生了很尖锐的问题,如如何进行人事选拔、考评和培训发展等。针对这一变化,政府各级部门在人事测评体系的建立,包括人才测评题库建设、多种选拔和评价手段的引入(像面试、结构面试、情境测试等方法的应用),都做了大量有益的尝试,并积累了一定的经验。

徐联仓、陈龙、王新超等在对某大型中外合营企业进行咨询服务的过程中,结合文化背景的不同,以及管理方式上的差异,在为其解决中外领导之间、外方领导与中国职工之间的合作难题上,给予了较多的帮助。特别是在协助他们选拔、提升管理人员,对各级管理者进行培训,提供建议解决中外双方人员合作中的障碍方面,都收到良好效果。而且,这一套方法在厦门等地被普遍推广,受到合营企业的欢迎。

现在,随着大量中外咨询公司在国内的出现,企业的人事诊断、评价与发展工作也得到了较大的发展。当然,这也与经济环境的变化与发展是相适应的。

第三节 职业与人事管理活动的环境因素

对组织与人事管理活动的认识和分析,绝不能只从其活动本身的内容去讨论。现在的以整体、系统的观点研究在组织中的个体劳动行为,强调组织对个体影响的思想,正是对这一趋势的反映。以组织的观点对生产活动中人的行为问题的认识,是强调个体只有在组织中的工作岗位上发挥作用,才能即使个体能力得到极大发挥,并协助其实现个人目标,同时,又能实现整个组织的效率。这也正是现代组织活动的特点。即使是在研究工作中强调个体的差异性,这尤其在人事心理学的研究中表现突出,但也是强调处于一定的组织环境中的个体。如果说传统的人事心理学研究仅仅集中于个体的工作行为,那么,现代的职业活动与人事心理学则认为,一旦离开了个体所工作的组织情境,则将无法有效、全面地研究个体的劳动行为。

以系统的观点去认识问题,我们可以将组织行为的环境看作是由多个彼此相关的系统所构成。对此,麦克戈雷斯(McCrath)提出了多个系统构成的组织行为模型。该模型由物理和技术环境系统(A)、组织的社会环境系统(B)、组织成员的个人系统(C)构成,而个体在组织环境中的劳动行为(ABC)既决定于三个大系统的相互影响,又分别与行为情境(AB)、组织的任务(AC),以及组织角色(BC)这三个子系统密切联系(如图1-1)。

现在的研究观点则对人事管理的外在环境更为重视,这也是管理活动发展的趋势所决定的。由于竞争的剧烈及环境因素的变化迅速,人们感到组织的发展机会和竞争威胁,都更多地来自组织外部法律、经济、社会和人口的变化发展,国内与国际的政治形势,技术更新等多种因素的影响。特别是这些因素的变化更引起人们的普遍关注,因为,事实上组织的变革才是现代

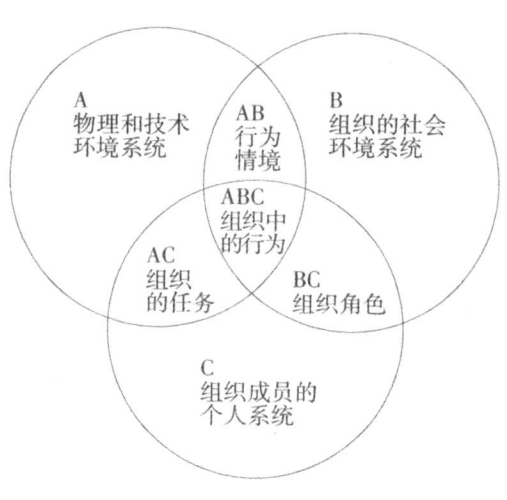

图1-1 组织行为系统

社会中的主要特征。比如，技术上的急剧变化、新竞争对手的不断出现、社会政策上的开放与限制的变化，这些都对组织经营过程的本质、组织运行的市场环境，以及各种结构性因素，产生了极大的影响。在这些变化中，与人事组织管理关系极为密切的变化，表现在人事管理职能上的一些重大调整，比如分权、精简、授权等，这些新事物不仅加大了在人事管理者身上的责任，而且也促进了在组织内部职权关系的逐渐调整与变革。

谈到此，应该涉及人事心理学研究的另一发展趋势，就是对个体的研究扩展到人力资源范畴，并把人力资源发展为一个整体系统、动力系统来考察。从人力资源的角度来分析这一问题，首先是肯定个体的存在并不仅是为了组织的目标服务，个体也需要在组织活动中得到满足，因为组织是由个体构成的，也是由人来管理的。组织的建立和发展过程中的成功和失败，必然也就与人的因素密切相关。更具体地说，个体和组织的目标应有高度的一致性。只有当双方目标的一致性程度较高，才会使双方的利益都获得满足和实现。

促进这一管理观念转变的因素，来自于以下两个方面。

1. 信息社会的人力资本已取代了工业社会中的金融资本，成为重要的战略资源。在工业社会中，资本是重要的战略资源，这决定了企业的唯一目标只能是追求利润。在信息社会里，知识、信息和创造性构成了新的战略资源，企业要获得这些有价值的资源，只能拥有具有这些资源的人。所以，人力资源变成信息社会中组织竞争的优势因素，对人力资源管理的工作，无疑也成为对人的因素管理的首要工作。当然，这种人力资源管理的思想与传统的人事管理观念相比，有很大的差别。如果说，人事管理更注重对组织内部员工的培养和发展，则人力资源更强调对企业最重要的两种人，即员工和客户的关注，因为企业对人力和利润都加以重视，要比单纯追求利润能获得更多的利润。

2. 传统的标准管理模式正在打破，中层管理者被大幅削减，组织结构趋于扁平。这种新型模式更强调用员工的自我管理取代管理别人的专职管理人员，特别是计算机管理信息系统的引入取代各种系统的管理人员。中层管理者曾是公司与企业管理层次中必不可少的重要一环，但由于现在的高层管理者可以更便利地通过计算机系统，直接获得过去必须通过中层管理人员提供的各种信息。这一趋势对现代公司的组织与人事的影响是极大的。它既使组织结构产生了新的变化，劳动的组织和关系都因此而与传统的方式有所不同，又决定了个体的行为的变化，要求个体在能力素质上，以及在训练和发展上，都要适应组织变化的要求。

现在，对人力资源概念的认识，有以下一些特点。

1. 人力资源是一种主体性或能动性资源，这也是它的首要特征，是与其他资源最根本的区别。主体性，是强调人力资源在经济活动中的主导作用。人的活动能引发、控制、带动其他资源的活动。而且，在经济活动中，也只有人力资源是唯一产生创造作用的因素。

2. 人力资源是一种高增值性资源，它在目前国民经济中收益所占的份额，正迅速超过自然资源和资本资源。这也决定了人力资源是一种特殊性的资本资源。这种特殊性表现在人力资源是一种需要投资的产物，它的质量高低也取决于社会、组织和个人的投资程度。而且，人力资源一旦形成投资，就会为投资者在一定时期内带来不断的利润和收益。当然，人力资源在使用的过程中也是会有损耗的。

3. 人力资源也是一种再生性的资源。其再生性主要是指人口的再生产和劳动力的再生产。对人力资源管理的强调，主要决定于管理活动发展的需求。如果说，传统的管理活动中，人事管理还主要是人事经理的职责，而现在的所有管理者，都必须要处理人力资源管理的问题。从一项对大企业的200名高级经理的调查表明，他们大约一周要花5~20小时来处理人事问题。正是人力资源管理的作用，才能帮助管理人员在工作中用人得当，降低员工流动率，激励员工努力工作，产生公平的评价和奖酬。而且，组织管理的计划、组织、领导、控制等职能，也是要通过人的活动来实现，管理者的工作就是要通过别人的努力来实现自己的目标，因此，在管理活动中，人力资源管理就显得比其他类别的管理更重要。

那么，职业活动与人事心理学，特别是人事心理学，与人力资源管理有什么不同呢？从所要处理的问题上，两者的区别并不大，都要涉及组织活动中人员的招聘、选拔、安置、评价和训练与发展等方面，但它们所强调的重点不一样。人力资源管理是从组织管理的角度认识问题，它也更重视操作性比较强的人事管理的技术与方法。而人事心理学则是从个体的心理活动角度来认识人事管理问题，它的理论性较强，并且是以心理学的理论与方法为基础的。可以说，无论是组织心理学，还是人事心理学，从其最初产生的时候起，就是尝试通过解决生产与管理活动中人的问题，来帮助组织提高活动效率，提高生产率。比如，发现并强调工作中的非正式群体的作用，其实，就是要分析人的情感需求在工作群体中的满足问题，并通过这种满足，来提高组织活动的效率。又比如，在强调生产专业化、标准化和分工的形式，以促使人们提高生产能力的同时，又强调以使工人感到满意和受到尊敬的因素，来提高他们的生产能力。因为，人是喜欢在集体中共同工作，而不喜欢单独工作的，他们也不愿意受到机械地支配，而喜欢感到自己是从事一种重要的工作，并喜欢工作的多样化和富有挑战性。

因此，通过职业活动与人事心理学的内容，我们应该认识到，人这一因素，才是使组织获得成功的核心变量，我们在管理中，必须要懂得如何指导人、激励人，怎样使人们亲密无间地一起工作。而要做到这一点，就必须学会运用心理学、社会学和人类学的知识和概念，来帮助我们认识人是怎样思考、感觉和行动的。

第四节 职业与人事心理学的基本问题

怎样去认识并学习职业活动与人事心理学的知识呢？在管理活动中，基本的人事管理工作主要反映是吸引、录用、保持、发展、评价和调整这六个方面。

吸引：是指确认组织中的工作要求，决定这些工作需要的人数与技术，对有资格的工作申请者提供平等的就业机会。吸引的过程包括对工作岗位进行工作分析，确定它们的任务特点，并对组织的人员需求进行预测。

录用：是根据工作的需要来确定最适宜的员工人选的过程。组织通常是根据一些标准化的测量手段，像面试、笔试、评价中心、情境模拟等方法来筛选，保证组织能从一定数量的工作申请者中，选拔出符合组织需要的人员。而这些方法，大都是以心理测量的理论为基础的。

保持：一方面是指如何保证员工有效工作的积极性，另一方面是指保证员工有一个安全健康的工作环境。个体的工作努力，很显然是一个心理问题，因为它涉及个体的行为动机和价值观。即使是安全健康问题，也包含心理的因素，尤其在现代生产环境中，紧张和压力所造成的心理健康问题已显得尤为突出。

发展：这是一种管理的职能活动，其目的是提高员工的知识、技能和能力等全面的素质，从而保持和增强员工的工作能力。这也有利于提高组织的竞争能力。在人事活动中，需要发展的素质，也被简称为KSAOs，分别代表知识（knowledge）、技能（skill）、能力（ability）和其他特性（other characteristics）。

评价：主要是对工作结果、工作表现和对人事政策的服从情况的观察与鉴定。这实际上是判断个体的行为是否有效，是否遵从组织的标准，并有利于组织目标的实现。同时，它也是对组织的士气和人员满意感的监察。

调整：这是在组织内部为保证员工维持组织所要求达到的技能水平，而进行的一系列活动。

这些最基本的人事活动，无疑也应该是本书的主要内容，具体反映在人事活动的选拔、安置、训练、评价和发展这些方面。除这些具体的工作活动外，我们认为还应该加上另一些内容，这就是对人的心理因素的认识，以及基本的心理测量理论与方法的学习。因为，个体的差异性是人事心理学的基础，而对这些差异的测量，则是人事心理学的主要应用内容。另一方面，我们还要加入人事组织内容，这也就是劳动的组织内容，它将包括组织设计的理论与方法，以及相应的组织活动的行为特征等内容。

当然，我们认为职业活动与人事心理学不应是一门纯理论性的学科，它应是为实践活动服务，是操作性的学科、应用性的学科。这一点，可以说从其研究活动一开始，就被人们确定了，因为，它的最终目的是帮助组织提高活动效率，也就是要提高生产率。心理学家希望应用心理学知识，为组织管理活动做出自己的贡献。但各种类型的管理者，尤其是人事管理工作者，他们更直接面对管理活动，更直接感受到人的因素对组织活动的影响，他们的经验也应该成为职业活动与人事心理学的知识体系的一部分。

此外，管理活动的新发展趋势，也会对职业活动与人事心理学的研究产生很大影响。比如，经济的全球化趋势、跨国公司的迅速发展，以及由此而产生的文化的多样性对管理活动的影响，都使管理活动中的组织与人事行为发生了较为明显的变化。国际化经营的方式，使资源的结构和利用都变得更为复杂，人力资源的状况也与传统的情况有所不同，这会影响到用人标准、奖酬体系，以及培训和计划等职能的调整。这仍是一个如何认识个体的需求，并根据组织的目标，怎样更好地发挥和提高人的能力的问题，只是条件和环境有所变化了。但正是这些新的变化，才能使职业活动与人事心理学的知识得到发展和丰富。我们知道，要使企业经营得好，其管理必须随着变化的环境而调整。同样，我们要想使职业活动与人事心理学的知识对管理实践更有帮助，也要不断地面对环境的挑战，发展和完善这门学科。

第二章　职业与职业的观念

不论在传统还是现在的中国社会，人们对"考状元"是相当重视的。努力学习，获得优异成绩，不仅能够得到好工作与事业上的回报，还可以提高个人社会地位，这是根深蒂固的观念。现代社会的状元就是"高考状元"，不仅家庭与个人有关，甚至全社会都在关心这件事。但"高考状元"对于个人、家庭以及社会的影响如何？真能对个人的工作与事业发展产生那么重要的影响吗？

自从1977年恢复高考以来就产生了不少"高考状元"，中央教育科学研究院对3300名"高考状元"发展结果的调查显示，他们中"没有一位成为行业的领袖"。社会对状元的曝光率越来越高，尤其在近十年，对状元的报道过热，但实际的社会效果是，除获得一些"商业的效益"，对于个人与社会并没有产生什么效益。状元考生大多进入重点大学就读，像北京大学、清华大学等集中了他们中的大多数，近些年，也有考生进入香港科技大学等港地学校读书。这些状元的学校选择越来越集中，他们在专业选择上，也是越来越集中。2001年前，状元的专业选择还能体现多元化，有外语、法学、数理化、电子信息、自动化等多个领域。2001年后，大多数状元都选择重点大学的经济管理专业。事实上，这些专业很难出科学家、发明家，却容易出企业家和高管。这能否说明现在大学毕业生就业职业选择倾向上的一些特点呢？不能不说，年轻人的价值判断与选择能力越来越受到社会世俗观念的影响，对物质利益的追求过多了。

不仅中国的状元情况如此，就是国外的情况也让人深思。对2007年哈佛毕业届学生就业情况调查结果，已经有工作机会的大四学生中，金融和咨询占了一半。2010年，50%哈佛毕业生和25%耶鲁毕业生选择金融和咨询两个行业，超过一半的宾夕法尼亚大学毕业生以及超过1/3的康奈尔大学、斯坦福大学和麻省理工学院的毕业生也是如此。2011年普林斯顿大学毕业生中，仅金融职业的就高达36%……

尽管金融和咨询已成为精英青年们追捧的热门职业，但在对大一学生进行的调研结果，在校的学生没有一个表示自己毕业之后更憧憬投身咨询或投行。为何如此多的名校毕业生最终选择这两种行业？耶鲁大学教授威廉·德雷谢维奇在《优秀的绵羊》一书中揭露了这样一个事实："现在的教育系统培育出了高智商、有成就的二十几岁年轻人，但却没有教育他们领悟生命的追求，他们甚至不知道如何去寻找生命的意义"。在常春藤盟校服务了24年之后，威廉·德雷谢维奇毅然决定辞去终身教职。他感觉"美国的精英教育已经陷入了误区，这套系统下培养出来的学生聪明、有天分、斗志昂扬，但同时又充满焦虑、胆小怕事，对未来一片茫然，极度缺乏目标感"。这种被培养出来的学生犹如被包裹在一个巨大特权泡泡里，所有人都老实巴交向着同一个方向前进。他们更善于解决手头问题，却不知为什么要解决这些问题。"他们按部就班生活，缺乏新生活的想象力，在内心深处，也缺乏勇气和自由来创造自己的道路。"

职业的发展与规划是个体职业生涯的问题，事实上，这个问题越来越关系到组织竞争能力，也应该是组织人事管理的重要问题。从社会整体人力资源竞争力以及社会发展的竞争力上看，这其实也是一个提升社会竞争力的问题。

第一节　工作与职业

作为一个社会成员，几乎所有人都有关于自己职业发展的梦想与追求，而且，大多数人都要在自己人生的一个时期选择一个工作，并努力在自己这个工作中来实现自己的职业理想。对于即将从学校毕业，初步职场的年轻人来说，树立正确的职业观，找到一个职业发展的良好开端，往往被其自己与家人看作是一个很重要的事情。

一、对工作活动的分析

工作，是人们很熟悉的一个概念。我们经常议论自己的工作，但很多人很少认真思考工作这个概念的真实意义。

什么是工作呢？从最基本的层面分析，工作应该是一个人在社会中扮演的一个特殊的、具体的社会角色。人类是群居性的，这个群体中的成员在行为上也应该带有群体的性质。初期的社会实践活动给每个成员分配了不同的角色，成员做好自己的事情，就是基本的工作意义。在现代社会中，不同的组织、团体、公司组成了社会结构，成员在这样的结构中需要有分工合作，他们的行为指向共同的目标，从而带动组织的进步，以及社会的前进发展。因此，工作就是一个社会成员的社会角色代表，这个角色有个人与社会两方面的意义。

工作对个人的意义，是在以这种手段满足人生基本需求同时，能帮助个人实现自己的人生价值，体现特殊的人生意义。社会舞台，人生如戏，戏中自有角色之分。个人的角色选择，取决于个人所喜爱，这是个人兴趣、爱好、志向决定，但这选择更重要的是决定于个体有什么条件，有什么能力或长处，以及有什么样的社会资源。个人能力也是可以逐步提升发展，在工作中所需的知识也可以再学习与训练。总之，工作对个人来说很重要，工作的选择决定了一个人的生活水平、居住地点、未来的社会地位的发展等，它也是对个人自我价值观的反映。

工作的另一意义是从社会方面看问题，体现一种社会意义。这方面的内容，一是体现社会发展进步方面，同时，另一侧面就是反映在每个社会成员的社会责任承担。随着社会发展，技术进步，工作的形式与内涵都在不断变换，甚至在一定时期内，工作概念也会产生颠覆性的变革。就像互联网经济时代，新的工作活动与工作行为的形式，都是用传统工作概念很难预测与理解的。我们习惯说"在社会主义国家，工作是社会分工中每个劳动者体现出的社会价值和自我价值的角色定位。所谓工作就是劳动者通过体力劳动或是脑力劳动，将生产资料转换为生活资料，用以满足人们生存和继续社会发展的过程"。社会教育我们，"工作是没有高低贵贱之分，而只有社会分工的不同。"因此，工作应该是社会活动的一种形式，是社会存在的一种体现。

工作的社会性特点也反映出企业或组织的性质。在这个层面上，对工作这个概念的描述与刻画带有更多具体的因素。因为，工作是实现组织目标的主要手段，它对组织的发展至关重要。作为具体组织管理上的分析，就要对工作活动有明确的规定，这包括：

1. 在组织中，由谁来规定每项工作的内容；

2. 谁有权力决定组织活动应该需要多少工作；

3. 为了有效地工作活动，组织中谁有权力规定工作中的有效组织与沟通的相互关系；

4. 是否应该有人从整个组织的角度来考察必要的工作数量、结构和内容；

5. 组织中什么机构或个人有权力决定承担一项工作的最低合格条件或标准；

6. 如何确定对工作胜任能力的培训应该强调什么因素；

7. 如何衡量成员在工作上的表现情况；

8. 每项工作的价值以及不同工作价值的差异需要怎样来估价与判定。

工作的社会意义也反映在社会成员在社会责任承担上。这涉及个人对自己工作的社会意义与价值的认识，这种认识的范围，以及认识的深刻程度，决定了个人在自己未来工作活动中的投入程度和对工作结果的负责态度。这种个人与社会责任认识是来自于其所受的教育，包括学校教育，在工作组织中接受的培训，以及品质和行为上的塑造等。

二、关于职业概念

对于职业这个概念，我们习惯将其看作是一种个人的兴趣，包括个人爱好的发展，以及理想的确立与实现。我们也可以说，职业并不是工作的基本属性，它只是对从事工作的个人的一种主观现象的定义。

在对"职业"一词的理解上，表现的形式还是很多样化的。一种解释，将"职业"看作一个人的职业生涯的发展过程，这是对个人一生所从事过的各种工作的统称，也被看作一种"客观的职业"概念。另一种解释，将"职业"看作个人的人生发展过程，这是对个人一生中价值观、处世为人态度，以及工作动机等方面发展变化过程的综合理解，这也被看作一种"主观的职业"概念。

但是，我们在说明职业这个概念时，不论客观层面的意义，还是主观层面的意义，只要涉及个人生涯，所包含的内容都体现出一种假设，就是强调"人们在某种程度上能够掌握自己的命运"，控制自己的命运，也就意味着个体能见机行事，竭尽全力谋求自己职业上的成功，并且他们应该能从这种成功中得到自己的一种满足。由于职业道路上的成功或失败对个体影响是整体性与持久性的，这也决定了个人观念、认同感以及对职业和生活满足程度的体验。因此，职业计划与成功体验对个体成长与发展显得十分重要。

现在社会发展，从技术进步，社会保障系统完善，到教育普及，劳动者素质提高等这些因素，使劳动者对职业发展的个性化与个人诉求越来越明显与突出，总体表现就是劳动者个人的自我意识更强了。这些因素影响到人们对职业的认识，对自己的职业定位，都产生与以往很不同的变化。个体在现在社会环境中，与传统社会中的人们相比较，最明显的差异就表现他们更重视职业生活质量和个人生活计划。由于社会的进步，在法律法规上也对平等就业机会更加强化，社会舆论在就业公平性上给组织造成的压力也是越来越高，再加上劳动者接受教育的机会再增多，这些条件的变化都给劳动者在职业认识与发展上的观念产生了积极的影响，但与此同时，也应该看到，这些条件的改变，对个体在职业活动上产生的负担与包袱也越来越大，由于个体需要承担的个人责任在增加，他们自己也能感受到这种越来越大的压力。再考虑到市场发展的竞争因素，普遍存在的经济增长速度的放缓，即使金融与资本市场还具有一定的活跃力，但实体经济的投资热情在降低，组织的发展动力不足，这也使人们在就业、进取的机会上不是感受到在提升，不是机会更多了，相反，他们的发展、进取的资源在恶化，机会相对在减少。

根据中国职业规划师协会对"职业"概念的定义：职业＝职能×行业，这是从"职业"的社会属性与组织的功能因素的考虑，并不是基于从业者个人要素的分析。

根据社会分工，在分工体系的每一个环节，劳动对象、劳动工具以及劳动的支出形式各不同，这些特殊性决定了职业间的区别。世界各国国情不同，发展程度不同，文化差异，也导致划分职业的标准有所区别。我们将职业划分为生产、加工、制造、服务、娱乐、政治、科研、教育等几个方向。这种划分标准帮助指导劳动者选择以何种具体途径参与社会分工，如何准备具体的专门职业活动知识和技能类型，在为社会创造物质和精神财富的同时，可能获取的合理报酬水平，也保证个人能得到物质生活来源，同时促进其实现一定程度的精神需求满足。

西方国家的学者根据他们的情况，在理论上把职业分类划分为三种类型：

1. 按脑力劳动和体力劳动的性质、层次分类。将从业者划分为白领和蓝领两大类。白领人员包括：专业性和技术性的工作，农场以外的经理和行政管理人员、销售人员、办公室人员。蓝领人员包括：手工艺及类似的工人、非运输性的技工、运输装置机工人、农场以外的工人、服务性行业工人。这种分类标准是根据职业的等级性来区别。

2. 按个体的心理差异分类。这种分类的依据，以美国著名职业指导专家霍兰德（John Holland）的"人格—职业"类型匹配理论为基础。霍兰德将职业活动相关的人格类型划分为六种，即现实型、研究型、艺术型、社会型、企业型和常规型。与其相对应的也就是六种职业类型。

3. 根据职业活动的主要职责，或"从事的工作"分类。这种职业分类方法也是应用较普遍的。比如，国际标准职业分类方法，把职业由粗至细分为四层次，包含8大类、83个小类、284个细类、1506个职业项目，总共可列出1881种职业。8大类分别代表：①专家、技术人员及有关工作者；②政府官员和企业经理；③事务工作者和有关工作者；④销售工作者；⑤服务工作者；⑥农业、牧业、林业工作者及渔民、猎人；⑦生产和有关工作者、运输设备操作者和劳动者；⑧不能按职业分类的劳动者。这种分类的好处，是有利于国际间交流，使交流各方相对有了一致性标准。

三、"工匠精神"

谈到"工作"与"职业"，也应该简单讨论一下"工匠精神"，这也是市场经济发展过程中很重要的一个概念。政府在对未来市场与社会发展的设计上，第一次将"工匠精神"作为很重要的因素来倡导，这也说明了这个现象的重要，以及在未来社会发展中的价值。

简单说，"工匠精神"是一种态度，一种倾向。从业者对自己热爱的事物的追求过程，也是表现出的一种主观心理状态。工匠对产品的精雕细琢，精益求精，追求更完美的精神理念。在不断雕琢产品、不断改善工艺的过程中，努力打造最优质产品，达到同行无法匹敌与超越的卓越。他们更是在享受产品在双手中升华的这个过程。"工匠精神"的目标就是追求卓越的创造精神、精益求精的品质精神、用户至上的服务精神。对个人的最大价值是一种心理上的享受。因此，真正的"工匠精神"与物质利益，物质回报是没什么关系的。

在过度强调竞争，过于看重机会成本的市场经济环境下，人们多重视追求"投资少、周期短、见效快"的即时利益，很容易忽略了对行为结果，对产品品质的追求。事实上，产品与服务的品质，才应该是真正的市场发展基础，也是职业活动的灵魂。这种"工匠精神"包含的精益求精、严谨认真、一丝不苟、不投机取巧、耐心、专注、坚持，以及强调专业、敬业的追求，应该是所有企业的追求，也应该是从业者个人的最高追求。个体对"工匠精神"的具体要求，就是在自己职业生涯上的认真、敬业。不是把工作简单当作赚钱养家糊口的工具，而是内心有一种对职业的敬畏、对工作的执着以及对产品的负责态度。这种极度注重细节、不断追求完美和极致、创造与产生无可挑剔的服务用户体验的精神，才能将真正的工匠精神融入工作的每一个环节，并创造与维护一流的产品和服务。

"一切手工技艺，皆由口传心授。"职业的技术与技能是代代传授，传授这些手艺的同时，也就传递了耐心、专注、坚持的精神。这种传统意义上的传授与培养过程，很大程度上是要依赖人与人的情感交流和行为感染，这是现代企业组织制度与操作流程难以创造的教导环境。"工匠精神"真正的价值，无法以文字记录，以程序指引，只能依靠言传身教地自然传承。"工匠精神"在另一个层面上分析，也可以被认为是"企业家精神"的体现。"企业家精神"的内涵就包括：创新这个内核，敬业这个行为的动力以及执着的追求。这种精神不仅是个人的重要价值品质，也是社会与经济发展的重要影响因素。

第二节　职业行为与职业的规划

对职业活动的分析，应该对这个活动内在因素，包括职业发展对个人的个性、品质、能力素质等方面的讨论。希波克拉底（Hippocrates，公元前460—前377）曾说过："生命如此短暂，掌握一门技艺却如此长久。"这内容应该与中国老话所说的，"活到老，学到老"，具有异曲同工的意思吧。

一、对职业成功者的研究

我们对那些职业上成功者的关注，通常只关心这个群体是怎样的一些人，有什么特别的个性品质，他们的才智因素如何，甚至他们的生活方式是否有某些特殊地方，与一般人相比有特殊的天赋吗？但从大量观察与研究的结论上，我们发现成功者大多是"累积效应"的结果。也就是说，成功者在职业发展的起点上并没有多少与普通人不同的地方，或许只是稍微比常人在某些品质上有一点优越，比普通人稍强一点。但他们在自己喜欢或擅长的职业行为上的追求，比普通人更执着，一定时间的累积，造就他们逐渐发展出一般人很难达到的水平。

可以说，成功只是一个人在能力、机遇和某一方面相对优势的综合体。决定成功的特殊才干，不仅是能力上的擅长，甚至也可以认为，正是由于有某方面的才能，才使成功者能抓住转瞬即逝的机会，再加上个人的勤奋努力，坚持执着，最终使其收获成功的结果。才干、激情、天分、勤奋，这些应该是那些有追求的人，在其获得职业成功上不可或缺的因素。

1990年代，美国佛罗里达州立大学心理学教授K.安德森·埃里克森（K.Anders Ericsson）认为，没有"与生俱来的天才"，如果与其他人一样仅练习很少时间，即使那些潜在的卓越者也都不可能成为佼佼者。比他人更勤勉工作的人，是不会允许自己只是停留在一个较高水平，他们会去寻求更大的突破。通过对体育、音乐和象棋等领域的成功者的观察与调查，埃里克森发现，一定程度的紧张练习对那些最终达到卓越成就的成功者是非常重要的。这种决定卓越成果的有效练习，一般要达到10000小时的实践。在1993年埃里克森和他的同事发表了这一研究的结论，全世界有很多科学家重复进行了几十次类似的研究，也包括了对商业等其他领域的调查研究，人们都得到与埃里克森他们相类似的结论。几乎在观察的每一个领域，都存在这样一个现象，多数人在从事这个职业的初期都学习很快，进步速度也很快，然后就逐渐放慢，直到最后完全止步不前。只有少数人，在今后几年甚至几十年中一直在提高自己，他们终将成为行业的出类拔萃者，取得杰出成就。因此，通过对职业成功者的研究，可以总结出以下的重要结论：

首先，不努力，谁也不会取得杰出成就。即使在某个领域有天赋，一开始就超群出众，但这也只是你的运气好，不一定最终会成功。研究的证据证明，甚至最有才艺的人也需要大约10年勤奋努力，才可能最终成为世界级人物。研究人员将这个现象称为"10年定律"。南加利福尼亚大学的约翰·霍恩说："10年定律是一种非常粗略的估计，多数研究人员认为这是需要的最低限度的时间，而不是平均需要的时间。"事实上，在许多领域，人们观察到那些精英们往往需要二三十年的经验，才可能最终达到他们事业的顶峰。

其次，成功也不是随便什么人通过大量艰苦工作和努力，就一定能取得的。努力、勤奋是最基本的，但这远远不够。大多数人数十年的辛苦仍未能取得杰出成就，甚至他们都难以取得重大进步。这是为什么？这其中缺少了什么？研究者的结论是，他们缺少了有意识地练习。任何领域的杰出者所以能最终成就，是由于他们把大部分时间用于"有意识的练习"。所谓"有意识的练习"是在个人的勤奋努力过程中，将行为集中在提高水平的明确目的，有超越自己能力的目标，还能及时对行为结果做出反应。也就是说，个体必须是高水平的重复练习，而不是简单重复。例如，简单地击打一桶球，这并不是有意识地练习。挥动8号铁球杆300次，目标是球离标号旗杆不到20英尺的次数达80%，不断观察结果，及时对自己的行为做出适当调整，每天这样练习几小时。这才是真正"有意识的练习"。多数高尔夫运动员不能提高自己成绩的原因，就在于缺少这种有效的职业行为模式。

从前面的结果看，似乎很多这方面的研究，都是用技能型为主的职业活动开展调查的，因为这些行为便于观察，也很容易及时得到数据来反馈修正行为。像埃里克森和同事对小提琴手的研究。类似迈克尔·乔丹为代表的篮球运动员的强化训练，以及很多顶尖运动员的极其严格的日常训练。著名的橄榄球接球手杰里·赖斯，一开始由于动作太慢被15个队拒绝，他勤奋练习，最终使其他队员难以赶上他。再有像高尔夫球手泰格·伍兹，他一岁半时就开始接触高尔夫球，到18岁已成为美国业余锦标赛最年轻冠军,他至少已练习了15年,但他从不故步自封,每天仍投入许多时间训练。正是由于这些人的独特训练方式,大量"有意识的练习",甚至圣诞节也不会放假,最终才使他们达到超群出众的结果。但我们要提出的问题是,"有意识的练习"行为在经商领域中有效吗?在科学研究、经商这类活动中,怎样开展"有意识的练习"?

事实上,"十年定律"在任何一个职业领域都是成立的。像商业活动的许多事情都可以转化为可以直接量化的指标,可以直接练习。比如,像我们在工作行为中经常从事的陈述、谈判、评估、解释财务报表等这些职业行为,都可以练习,并且是"有意识的练习"。但仅仅在教室中,在书斋里做这种练习是不够的。如果要寻求真正事业上的出色业绩,追求职业的成功,必须在具体工作环境中,在信息不完全、不确定的情境下,与事业的伙伴合作,与其他的商业伙伴一起商谈,寻求信息,并能做出判断和决定。

"对于某个行业的学习,不是通过文字,而是通过经验",有意识的练习,其实是在指导你怎样去做自己选择的工作。首先是对任务目标的确定,不仅是完成任务,而是要做得更好。我们在工作中做的任何事,从最基本的细节到最令人鼓舞的成果,都可以进行改进。当我们具有这种职业的思维模式后,职业的行为就将以新的方式开始。研究表明,在这种情况下,人们会对信息进行更深的处理,并且会有更长时间保存这些经过加工的信息。这种思维模式也决定了我们将在工作过程中要求得到更多有关工作的信息,我们会主动寻求多种视角对工作活动的审视。与此同时,我们也将逐步产生较长远的职业发展观点,不再仅仅是局限在做眼下的某件事,而将是明显地在追求在更大的意义上做得更好。

这种不同的职业状态与新式的职业思维模式,对于高水平的职业行为学习与发展非常重要。当一个业余歌手上音乐课时,他只能感到有趣、放松,使自己得到一种快乐。但同样的音乐课,对于那些专业歌手来说，首先，他们会有意识地增强自己的注意力，集中于提高自己的水平。其次，他们也善于注意自己缺失的地方，随时调整自己。因此，我们说这是同样的活动，但有不同的心态来对待。

对多数人来说，他们自认为自己在工作上是足够努力了，但事实上他们仍然没有做出更大的努力，或者可以说，他们是没有做出真正有效的努力。因为，那额外的几步似乎太难太苦了，几乎他们永远做不到。

总之，杰出的成就不是为少数人预先保留的，每个人都有机会，但不是每个人都知道自己的机会在哪里。

二、对职业规划的分析

职业规划在职业发展心理学领域也被称为"职业生涯设计"，是指一个人对自己一生各阶段所从事的工作、职务或职业发展道路进行的设计和规划。更深入探讨这个问题，职业规划包括具体的职业类型，在什么组织发展，计划在组织内，包括职业领域中，担任怎样的角色或具有什么地位，在一生发展的不同阶段需要对职业怎样变更，以及为实现职业理想计划接受怎样的教育和培训。个人的职业规划若想更专业一些，可委托专业咨询机构帮助自己设计，有些公司具有帮助员工开展职业生活设计的计划，我们个人也应学习一些这方面的知识，有一点自己设计职业的分析与思考。

习惯上，我们倾向于将职业规划或职业生涯看作是个体职业发展的历程，更具体地说，是指一个人终生经历的所有职业发展的整个历程。这个贯穿一生的职业历程过程较漫长，为分析方便，人们科学地将整个经历划分为不同阶段，并明确了每个阶段的特征和任务，这有利于个体更好的规划，并能有意只对自己职业的发展事先做准备，这对于个体实现明确的人生目标具有非常重要的意义。

如果我们更注重强调职业生涯的"规划"内容，就暗含着突出了个人的职业发展与组织发展相结合的关系。个体的职业发展过程，是不能脱离环境因素的影响的，决定职业生涯的主客观因素我们都应该分析、总结和评价,不能忽视任何一个环节,在确定个人事业努力目标时,也应思考并选择实现这一事业目标的职业,规划相应过程,编制相关教育和培训行动计划。也应该尽可能对每一步骤的时间、顺序和方向,都做出合理的安排。

考虑到职业规划的时间因素,这是一个跨越一定时间的经历,通常,这个过程被划分为短期规划、中期规划和长期规划。短期规划,为五年以内的规划,主要确定个体当前的职业目标,以及需要马上着手完成的任务。中期规划,一般为五年至十年,并要对最接近的三至五年内的目标与任务做合理的计划。长期规划,规划时间是十至二十年以上,也基本是个体职业发展的整个链条的思考,考虑到如此长时间的发展计划,一定会遇到更多不确定变量的影响,这样的长时间规划所能提出的目标都比较模糊,也谈不上更具体的任务。

不管哪种类型的职业规划,在设计时,都应认真考虑以下这样一些问题:

1. 可行性:规划要有事实依据。尽管是对未来的设计,也不是美好幻想或不着边的梦想,而应以客观事实为基础,作为思考的出发点。

2. 适时性:规划是预测未来行动,确定将来目标。设计的各项主要活动,何时实施、何时完成,都应有时间和时序上的妥善安排,这也可用来帮助检查行动结果。

3. 适应性:规划未来职业发展目标,尤其是时间跨度较长的,会涉及多种可变因素,应该在规划时考虑到弹性,灵活性,这样可以保证规划的适应性。

4. 连续性:人生发展是连续的过程,职业发展也是有历史继承性的,前期的发展结果就是后面发展的基础。对每个发展阶段的设计,应考虑到能保持职业领域的持续连贯衔接性。

对个体职业规划的影响因素,来自于主观、客观,以及个人、组织,甚至是社会环境等多种因素。从宏观方面考虑,像个体所在组织能提供的发展条件,当时面临的社会环境,以及可能预见的变革因素等,这些因素对个体职业规划的支持和相应的制约，是必须思考，不能忽视的。除此以外，个人的进取心、责任心、自信心等，以及个体自我表现的认识和调节、情绪稳定性、社会敏感性、社会接纳性、社会影响力等自身因素，包括品质特征与行为方面的，特别是那些稳定较难改变的个性品质因素，也要很好的考虑进去。

职业生涯就好像是个人在其一生中所经历的一系列职位和角色的总和，这些职位与角色与个人的职业发展过程相联系，也是个人接受各种职业培训、教育以及职业发展计划所形成的结果。并不是所有人的职业发展与规划的途径及方式都相同，都适合接受相同的教育与规划，这还是有个体差异性的。在考虑到组织条件，以及社会环境的资源状况后，个体的职业规划要结合自身特殊条件，包括个人需要、认识和情感特点、家庭环境、受教育程度，以及个人的年龄成熟等因素，都对职业规划产生重要影响。

个体行为受到兴趣、爱好影响，它们也是以个体需要为前提和基础。需要有物质与精神的区分，物质需要主要与生理要求有关，大多属于暂时的，较易满足，并且一旦得到满足，这种需要对行为的影响程度就将降低。精神需要大多与社会需要有关，大多数是持久、稳定，并且是会随着个体的满足而持续增长的。当职业发展在满足个体需要时，产生一定情感上的愉悦，这种情感的体验也有趣味的高低之分，如果职业发展仅考虑个人要求，这种相对自私的需求，产生的情感的快感相对不深刻，难以对社会与自己周围人产生更积极的效果。

因此，职业规划不能忽视个人的社会责任。最基本的责任，就是考虑家庭利益。每个人的心理发展都受家庭重要影响，家庭环境熏陶对个体职业选择产生十分明显导向作用，这使个人职业心理发展具有一定社会化特征。在家庭环境中感受到父母的职业活动对自己的影响，会随年龄增长逐步形成自己对职业价值的认识，家庭环境对个人职业选择时的影响印迹，主要体现在职业取向的择业趋同性与办商性。个人对家庭成员，特别是长辈职业的接受与认同，在职业规划和职业选择上产生趋同性现象。同时,个人职业发展定向与选择上,在决策时接受家庭成员影响,体现共同协商的结果。

个人所受教育的程度是影响职业兴趣,决定职业选择的重要因素。任何一种职业从客观上都对从业人员有一定职业的专业知识与技能要求,这些专业知识与技能的高低,也与个人的受教育程度有密切关系。受教育时间越长,学历层次越高,接受的职业培训范围越广,个人的职业取向领域就越宽。与受教育程度相关的因素是个人年龄,受教育越多,接受教育的时间越长,年龄上相对越成熟。年龄的成熟变化,对个人在职业兴趣的社会意义,以及职业兴趣的稳定上,产生一定影响。另外,年龄变化也是和时代变化关联的,时代的变迁,不仅是个人面对的物质环境、生活条件的改变,也影响个人的兴趣中心、知识积累等方面的转移。不同时代,社会整体也将产生新的职业兴趣变化趋势,在这个环境中,个体的目标与价值自然也将受到很大影响。

第三节 现代职业观念的特点

每个人都有一个自己的职业理想。大多数人对"职业"与"工作"的区分没有那么专业的认识,他们是当作一种现象。很多人将职业或工作看作是能为自己获得报酬的事情。我们需要生活,需要有社会上的位置,能使自己保持与别人一样的行为,同时还能保证自己的生活质量。

作为生活最基本的一个保障因素,社会对职业的普遍认可,就是将职业看作是一个人理所当然的事情,甚至有人肯定职业或工作是我们的一种基本心理诉求,是满足生理需要的基本手段。对于大多数人来说,对于职业技能技巧的过高的追求并没有多大价值与意义。从历史发展上看,人类的高超职业技艺确实也存在周期性丧失的现象,简单地说,就是当一项高超的职业技术传播到大众当中后,新的进入市场的从业者更热衷在价格战上的竞争,如此一来,技艺的质量和艺术性很快就被人们忽视了。现代社会也如是,所有的高质量、在产品、服务、技能等方面追求的高质量，都发生在创新的初期，随大众市场的需要，高水平的维持很快出现问题，产业只能接受"最低公分母"原则，也就是追求能让更多的人接受的条件，而不再考虑最有价值的个性化解决问题方案。真正的受害者是那些创新的人。面对如此残酷现实，创新者为能与后来的竞争者相抗衡，也只能削减成本，使用低质廉价材料。真正的职业理想追求只产生并存在于少数人中，当社会将一种职业行为变为大众工作规范时，谋生的意义与高质量的标准是没有相关关系的。

在人类社会发展过程中，职业活动是社会生活与个人生活的一个很重要活动内容，人们的职业观念也是随社会的发展有一个持续发展变化的过程，体现出不同社会阶段特征。在人类社会初期，温饱难以解决的情况下，职业这个概念对大多数人是没有什么意义的，只有在大工业生产时代，个体开始考虑在社会上生存的位置，为改变这个位置就需要有职业的发展与设计。传统的职业概念应是个人的一种生活使命感，为满足与实现类似宗教的一种信仰目标。工业化的职业概念，使个体的工作不再是做一件需要完成的事情，组织对工作的要求更不是个性化的活动，生产与管理需要的"唯一可以保证秩序和纪律的就是具有可更换性的标准化工人。他们可以解决工作中所有的问题"。这样，职业观念逐渐被演变成以时间度量的行为与活动结果，这个工作的内容不仅对个人行为有量化的规定，还包含了劳动者与组织的长期雇佣关系和收入的概念。

现代在社会的职业观念又有新发展和变化，从传统的在一个组织内部的职业资源规划概念，变成使用全社会资源的整合，这是现在求职者与企业人事管理面临的新问题。当个人的职业发展主要依赖组织中的条件实现时，个体的选择与能力的发展自然受到一定限制，与个人的志向与潜能的开发并不一定是符合的。而有机会能在更开放的环境中发展个人职业能力，就使个人有了更开阔的职业发展空间，但对于组织来说，组织利益具有更大的风险性，成本因素就增加了。

像计算机技术与互联网行业的出现，又在一定程度上改变了人们的工作行为，"远程办公"现象出现了，人们可以在家庭里延续办公室的工作。工作的内容不同了，工作的方式改变了，工作给人的体验也改变了。传统工作中的人与人关系，情感因素，团队伙伴支持等，这些形式都产生了变化。工作是什么，人们在一起工作为了什么，孤独的工作又是为了什么。压力总是存在，旧的工作压力形式未必消失，像隔阂、孤独、抑郁等这些新型的压力出现了。

职业观念上的改变，不仅体现在职业活动本身的特点，从就业者以及新一代人力资源的变化上，也可以很明显地体现出来。

2015年，美国财经网站登载艾莉森·施拉格的一篇文章，通过对美国年轻人行为的观察，比较自己年轻时的求职与就业行为特点，她认为："整整一代美国人将失去一些重要技能。"作者强调这些技能所以重要，是由于在未来职业活动中，它们代表了职业活动中需要与人相处的各种技能，她称之为"软技能"。在传统美国社会中，大多数年轻人利用假期时间找各种实习工作。像施拉格回忆，自己在读书期间做过诸如洗盘子、开货车等各种工作，这不仅使年轻人获得自信，感到自己有能力独立养活自己。更重要的是这些工作经验为年轻人在今后工作中待人接物奠定了基础。通过这些工作实践，年轻人意识到在社会工作活动中，"必须负责任，干各种脏活累活，听老板的话，同有着各种技能的和背景的同事接触"。现在的年轻人已不热衷于去做这些社会实践活动，面对社会压力，父母和学生更多地通过暑期班、课外辅导等"增值活动"来提高自己优势。殊不知，这种软技能的缺乏，导致美国经济衰退期中，年轻人的工作可能性降低了很多。另外，打工青年的减少又可能产生更加等级森严的社会，受过良好教育的人从不做低技能的工作，也没有机会让不同类型的人成为他们的老板或同事。事实证明，在数字经济中能够有实力获胜的赢家，应该是有能力将良好的社交技能与技术技能相结合的人。

我们或许可以将美国社会的年轻人价值观的变化总结为如下的表2-1所示。

表 2-1　对不同年代美国年轻人价值观与行为选择的比较

	50 年代	当代
总体特征变化	更合群,倾向融入稳定、紧密、具有约束力的关系,扮演持久的社会关系。	强调拥有更多个人自由,愿意生活在多元化、结构更为松散、灵活性更大的关系网络中。
家庭关系观念	认为选择单身的人是"不正常","有"神经病"。	单身人士构成的家庭已经多于已婚有子女的家庭。
政治党派选择	大部分人都加入某一"主要党派"。	更多的人认为自己不属于任何一个政党,而是"无党派人士"。
雇佣状态选择	大多数人加入大型公司,也加入工会。	终身雇佣现象已经减少,工会会员数量大幅下降。
婚恋关系选择	大多数年轻人愿意维持稳定婚恋关系。	目标不明确的交友文化取代了婚恋关系。
宗教信仰选择	多数人选择加入某个"主要宗教团体"。	发展最迅速的"宗教派别"就是无派别。

本书作者根据戴维·布鲁克斯于 2012 年 2 月 21 发表《纽约时报》的文章《才能社会》报道资料整理而成。

这种年轻人的"个人主义"价值观倾向还是表现很明显的。在行为上,就是更具有开放性,包括带有网络性特点。人们的行为选择,主要以当前个人需求为基础,从一个网络移动到另一个网络,与此同时,传统的将人们联系在一起的社会纽带关系或许变得更为薄弱。

在职业观念与发展层面,这种新的变化,强调对个人才能发挥空间的充分扩张。个体希望获得更多空间以发展自己的才能,更灵活探究自己的兴趣所在,发展自己的个性,改进自己的生活方式,并开发自己的能力。旧的固定社会结构对许多充满创造力的人而言,都会感到沉闷压抑,年轻人也对自认为沉闷的境况变得更不耐心。尽管信息革命,互联网和智能手机的出现,可以更容易的帮助人们建立范围广泛、灵活的网络关系结构,但这也增加了各种怀疑论心理,更多的人对稳定、封闭的环境感到不满意，对固定性的人际关系形式也越来越不愿意接受。出现了一种相互割裂、孤独寂寞、只专注于自我的行为现象。但迅速变化灵活多样的网络，也使雄心勃勃、极富才华的个体得以在惊人的机会中发展自己，他们能构建自己更加富有和多样化的生活，在信息时代有趣的工作场所里享受自己的工作与生活，他们可以在自我控制中寻找自己需要的激情，在自己设计的空间中找到一份宁静。但产生这些结果的重要基础，就是要发展并掌握更高水平的社会交往技能。缺乏社会资本的人更容易被人们忽视，被社会抛弃。人们只有加入某个组织并掌握某套技能，才有可能在这些变化无常的新社会网络中畅行无阻，而无法做出努力或缺乏社会资本的人，更可能的结果就是选择离群索居。这种新的工作与生活压力，在孤单的中年男性身上体现更突出，他们受传统的职业规范影响较深，也错失学习新技能的最佳时机，因此，他们更可能缺乏走出去建立自己朋友圈子的动力和必需的社会资源。

总体而言，现在社会的变化使一个事实变得越来越明确了，那就是"掌握技能的个体才能在这种人与人联系脆弱的社会中真正获得成功"。我们生活的这个社会，对那些拥有社会资源，能创造自己世界的人而言，将会变得愈发丰富多彩。但对于那些缺乏社会资源的人而言，尤其是生活条件更加贫困的未来年轻人而言，将是变得更为艰难。

第四节 个体职业发展的战略规划

在人事管理与人力资源管理的研究中，对个人职业发展现象的分析，通常是按时间轴将其分解为不同阶段，这样的分析观点与模型，比较有利于我们理解与接受。将职业发展过程从初期到成熟期的划分，明确每个发展阶段的个人行为与能力特点，以及需要培养开发的能力因素，还要联系前后不同发展阶段的关系。

比如，经典的道尔顿和汤普森模型（Dalton and Tompson，1986）将个体的职业发展分为四个阶段：第一阶段，职业发展任务是建立个体的职业自我意识，这也是树立自我意识的关键阶段，根据自己的工作经验和他人的反馈，明确"我是谁"的职业自我定位认识。这种自我意识的重要性在失业者身上表现尤其突出，失业者会由于失去职业上的自我意识感，影响到他们对时间的知觉，更伴随家庭紧张、个体自尊下降和情绪混乱的症状。第二阶段，职业发展任务是个体的职业能力发展。结合个体角色知觉，组织会为个体提供展示和提高自己能力的机会，并进一步支持和强化这种行为。个体需要发展的能力包括：管理自己时间，有效处理原材料、信息、客户和同事关系，获得组织信赖，并争取在成功的工作经验中得到自尊和他人的尊重。第三阶段，发展的主要任务是在职业活动环境中，与他人建立一种共同发展的关系。发展与他人相互促进的工作关系，这是影响个体职业发展的重要因素。特别是年轻人与有经验的年长者之间的教导关系，对年轻人的发展至关重要。在这个时期，如果企业内部提供的发展机会太少，就有可能导致员工将自己的注意力从组织内部转移向外部，这会直接降低员工对自己工作的参与程度，而转向寻求组织外部的认可。第四个阶段，这是一个相对高级的阶段，发展的主要任务是学会如何代表组织行使权力，个体要解决的问题，是如何为企业提供战略方向、代表组织行使权力。合理行使权力就是要求个体能掌握这样的一种权力，他们能学会利用组织提供的权力站在组织角度思考问题，而不是为自己或个人的家庭牟福利。能否合理使用权力，这也是影响个体职业进一步发展的关键因素。

当然，也有不以阶段划分来分析个体职业发展过程的，沙因就是一个主要的代表，他以个体差异为基础建立自己的职业发展分析模型（Schein，1978）。沙因提出职业锚理论是以个体的社会化过程和心理契约形成为基础，试图找到个体需要和组织要求的结合点。沙因认为个体的职业目标是自己收集活动信息的结果，这种信息主要来源于两方面，即实际工作经验和自我评价。通过评价企业提供的工作机会与自己职业设计的匹配程度，个体尝试找到自己的合理职业发展途径。通过对44名MBA学生进行长达10—12年的纵向追踪研究后，沙因发现尽管这些学生个人的工作经历不相同，但他们在解释自己职业决策时的原因却存在相似点。由此，他将个体进行职业选择的深层原因归结为五种，也就是提出了职业锚概念。具体内容包括：追求技术能力（technical functional competency）、管理能力（managerial competency）、安全与稳定（security stability）、创新（entrepreneurial creativity）、自主与独立（autonomy independence）。

如果说分阶段的观点，肯定个体职业发展任务的信息是需要组织提供的，个体是被动接受的过程。职业锚概念则强调，这是一种个体对职业发展品质与能力的自我感觉过程，信息来源于个体对自己过去工作中取得成绩的总结。这种自我感觉的动力和需求，也是来源于实践中的自我诊断和他人反馈。在这种自己感觉中产生的态度和价值观，是个体在与各种组织规章制度的互动中形成的。如果我们对这两种典型观点做一比较，似乎个人职业发展阶段观点更代表了一种理论上的模型，而职业锚概念则强调了个体在实际工作中的职业能力与品质的形成过程，也揭示了在这一过程中外界环境的反馈作用。

现在年轻人对职业规划与发展的思考，比传统职业发展行为要更复杂，难度更大。主要是环境变化太快，组织为控制成本因素的考虑，能提供给个体的资源也相对越来越少，而个体的需求与目标却是越来越多。这导致在现代社会中，个人在职业发展上的思考，多了一些盲目性、不确定性。

近些年，大学毕业生的就业压力越来越大，与此同时，社会上出现一种声音，提出大学生接受这么多年教育，却在就业上还不如农民工有竞争力。一位大学生的家长谈起自己孩子的就业，对孩子未来找工作前景颇为担忧。他的直观感受是，大学毕业生越来越多，"我认为，现在大学刚毕业的新生，收入和农民工差不多了"。根据人力资源与社会保障部的数据，2015年农民工月均收入为3072元，比过去10年增长了251%。与之对应，2015届大学毕业生，工作半年后的平均月收入为3726元。大学毕业生对农民工的收入优势，已从2005年

底约1.8倍缩小到约1.2倍。(《21世纪经济报道》,2015年9月19日)

"大学毕业生不如农民工",这肯定是个"伪命题"。无论什么时候,在任何社会,多接受教育、多学习知识,都是提高劳动者素质,能帮助劳动者在劳动市场上提升竞争能力。前面提到的农民工父亲对自己大学生孩子的言论,其实他只是根据孩子刚参加工作的新人薪酬来跟成熟的劳动力相比较,这应该不是对职业发展与规划的正确观点。不从发展的眼光看年轻人的未来,单从收入这一项指标,而且还是一个暂时性的指标,就来判断年轻人发展的未来,断言教育是否有价值,显然这是片面性。对职业发展的分析,除收入这个基本指标之外,像个人发展潜力,以及职业前景,这都是非常重要的分析指标。可以肯定,随着年轻人工作经验的不断增长和职位提升,在个人职业发展的前景上还是非常有前途的。

彼得·德鲁克在《哈佛商业评论》上发表的《你为什么没有成功?》的文章,教导年轻人怎样正确认识、选择、发展自己的职业规划。他分析问题的角度,是一种战略性的观点:

1. 了解自己的长处,知道自己的优缺点,明白怎样寻找适合自己的途径,知道什么时候改变。

2. 通过对自己过去经验的总结与分析,专注努力在自己的长处,发挥并加强这个优势,并且主动调整与改善自己的技能或学习新技能,不断纠正自己的偏见与不良习惯。

3. 要善于从过去的工作经验中,发现自己的工作方式,自己获取信息的方式是主动型的,还是被动型的,是善于观察的,还是长于倾听的。

4. 改变自己,从改变学校教育的错误学习方式开始。每个人的学习方式不同,并且在不同情境中,学校的学习环境,与工作中的压力、不可预测、快速变化的环境特点明显不同,学习的方式应该表现不一样。

5. 要明确自己的价值观，树立正确的职业发展目标，选择正确的职业发展方式，在行为上有一个好的基础。

6. 要清楚自己的职业理想实现的客观条件，明确怎样的组织才能提供给自己需要的资源。

7. 强调合群性，在职业发展中寻求正确的合作与协作关系。这也是对社会资源因素的强调。

职业规划是根据个人兴趣、能力、素质等多方面影响因素进行综合分析、评估而确定的。我们可以尝试借用波特有关战略管理的"五力分析模型"，帮助我们认清组织情境中，准确定位个人在组织中发展途径的问题。

作为一个战略管理的研究者，迈克尔·波特（Michael E. Porter）比较重视组织的发展与环境的关系，他关于组织战略的"五力模型"是对组织发展中，同行业竞争者，供应商的议价能力，购买者的议价能力，潜在进入者威胁，以及替代品威胁等五个因素的分析，从而认识这些因素对组织发展战略计划的影响。这种战略管理的思维方法被人们广泛接受，也被比较全面的应用在很多方面。我们在讨论个人职业发展的问题上引入这个概念，就是将个人的职业发展看作是一个类似战略规划的问题，也要考虑到自己的特长，更要全面认识个体所面对的客观环境因素，要根据这些因素，以及各种因素之间的关系，找到正确的解决方案。

图2-1是一个"五力分析模型"的典型内容，波特的分析原来是针对组织竞争环境的分析，竞争者、买方、供应方、潜在进入者、替代品的生产者等，这都是对不同组织角色的认识。但在应用于个人职业规划时，我们也可以对其中的"五力"因素做如此的理解：

1. 组织内部的人力资源管理政策：主要分析组织发展方向、业务重点，以及在此基础上制定的人力资源管理政策，人才使用的价值取向，员工培养与发展相关措施，组织准备投入资源的程度等。

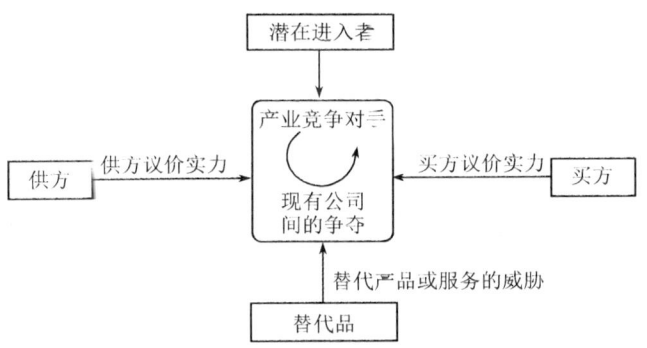

图 2-1 迈克尔·波特的"五力分析模型"

2. 内部竞争者分析：主要分析现有职业发展方向上，对自己存在直接竞争的人，包括自己与竞争对手在能力、技能、经验、性格、素质等因素的比较，处于怎样的水平，在竞争中具有的优势与劣势，应该采取怎样的策略。

3. 内部潜在竞争者分析：在组织内与自己职业生涯发展将会发生关系的人员，他们的条件，在什么时期他们的发展将能够与自己相关，这种相遇的几率有多大，自己是通过辅助他们成功以达到促进自己成功的目的，还是将其远远抛开。

4. 外部潜在竞争者分析：依据组织发展战略以及人力资源规划，不可避免会从外招聘人员，对这些人员组织怎样定位，对他们的定位又会对自己的职业发展产生怎样的影响。

5. 自我职业发展定位分析：依据对上述四个因素的分析，结合自己的现实情况，以及在组织中的人脉关系等，对自我的职业发展进行定位。

运用类似这样的模型，可以帮助我们更全面地认识事物，以及相关的影响因素，这样周全的分析，可以实现对自我职业发展的准确定位，并促进个人在短时间内得到快速发展。

总之，客观认识，全面分析，科学定位，从发展观点看问题，这是个体职业发展与规划很重要的解决问题方案。

第三章 从人事测量了解职业发展的基本因素

职业发展也需要考虑基本的人事测量方法,这也是认识职业活动,了解职业发展基本因素的基础。人事管理工作不能依靠经验,要根据科学概念,利用精确方法。在观人识人的方法上,古往今来已经有不少前人总结的经验。在东方,像面相学、手相术,尤其在三国时期的刘劭写的《人物志》,应该是世界上最早的对人格类型分析研究的专著,不仅对中国相关的研究影响之深,就是在世界范围也是有相当的影响。在西方,有骨相术、星象学,还有笔迹分析等手段。直到现在,也有不少流行的方法影响力也很强大,比如各种关于血型与个性、星座与个性等方面的观点。这些方法可能有一定的道理,甚至在一些情况下,也能做相当准确的预测,但我们不能对这些方法信赖。最简单的道理,这些方法没有稳定的结论,我们不可能在组织管理的过程中,利用这些经验的方法作为大规模人事管理工作的主要依据。即使作为个人行为来说,恐怕我们也不能将自己未来的职业发展,人生的成长,交给这些模糊说不清道理的方法来测量。

本章将要介绍的人事测量的方法,真正是科学的心理学与统计学发展形成的测量体系,这种精确的科学方法的使用,距今也不到100年的时间。在促进这些测量技术发展的过程中,一方面,是过去将近一个世纪在制造业和商业领域的高度竞争,促使组织需要开展大规模的人才选拔。另一方面,也有这之间的两次世界大战的推进作用,战争需要在短时间内动员人力资源,包括对人力资源的能力进行测量,并适才安置使用。商业活动与战争需求这样的活动特点，仅凭借小规模的甄选和密室中神秘力量影响的决策，都已经无法适应组织的新的需求。

"工欲善其事，必先利其器。"开始我们的组织人事工作，应该首先学习具有科学的手段。现在看来，在所有人事管理科学化的领域中，没有哪个环节能比人事测量这部分内容，更具有如此强的技术性特征。这也就决定了，测量方法可以给我们的人事组织工作提供有力的帮助与支持，并且，这还不是简单的加强实践活动的问题，它更能帮助我们提升组织人事管理工作的科学水平。

第一节 人事测量的基本问题

一、为什么要测量

无论是中国传统社会对人才的认识、判断、选拔与使用，还是西方文化在这个领域上的实践，从总体思路与经验总结上，尽管有初步的科学和客观的研究手段，但这主要还是针对物质世界的认识与规律揭示，在对人的心灵和人类社会问题的认识，还是比较落后，不太尊重客观科学的道理。这其中的原因可能是多方面的。

首先，传统宗教和文化将人过分神圣化，这直接影响人事测量的发展。西方主流的宗教观念视人为上帝创造物，其本身体现神性所在。对上帝的完美作品测量，被认为是无法想象的事情。中国古代把人看成是"天地之灵气"交融产生的造物，也和西方宗教异曲同工。

其次，在历史上，人们长期以来过分高估人的心理活动和社会活动本身的复杂性，这可能也是影响人事测量比较迟才发展起来的第二个因素。人类对自然现象逐步深入的认识，使人们逐步否认了固有的对自然现象各种"活力论"观念。比如，当人们否认了作为内源动力的物体"内部活力"，人们对运动的客观研究才可能发展起来；当人们否认了

"燃素"这种毫无根据地导致燃烧或化学反应的根源之后，对分子运动的客观研究才能开始；当人们否认了生物体内的"活素"这种致活因素，对动植物生理学的研究才产生和发展。但是，对于多样化的人的行为，在这种比动物行为复杂无数倍的人类行为面前，破旧创新并不是一件容易的事情。

再有，如果选拔只在小范围发生，没有时间和失误率的限制，精确、科学的测量手段也不是很必要。即使在人事测量技术相当发达的当代，不论国内还是国外，仍有不少公司、企业在他们的人事工作中，并不依赖人事测量的技术。据估计，在美国使用面试进行人事管理的公司占公司总数70%以上。另一项研究是对全美国852名雇主的调查，结果证明，其中99%的人使用过面试方法。当我们只在3、5个人中选拔1个胜任者，做一对一的面谈困难并不大。但如果面对成百上千的应聘者，1个人只谈20分钟，100人就需要33.3个小时。如果1000人，则需要333小时的工作量。伴随人数的增加，我们的工作量将是翻倍地增长，难以应付。重要的是，这种一对一的随意面谈，不仅难以做人和人间的比较，而且常常也无法揭示个人是否能够胜任未来的工作。

人事测量的技术与学科的发展，正是面对这种大范围的人事选拔和科学管理的需求而产生。在管理学上，人事测量肇始于20世纪前期的两次世界大战。1917年3月至1919年1月，美国军队首先使用心理测验进行士兵的选拔，短短的两年间共对两百多万士兵候选人进行了测量，验证了人事心理测量作为一种技术的威力和强大潜能。两次大战之后，人事测量工作逐渐进入工商领域，并取得了丰硕的成果。

二、人事测量的两个方面

人事测量通常分人事心理测量和人事生理测量两方面。人事生理测量技术的发展得益于生理学和生物仪器工程的发展，而人事心理测量技术的发展得益于实验心理学和心理测量学的发展。

人事生理测量技术很多，基本上属于对生理健康状况、动作方面进行的测量。在生理方面，一般性的体格检查对人事管理相当重要。此外，针对特殊任务的需求，测量人的静态强度（如负荷量）、动态强度（如引体向上）、身体协调（如跳绳）以及耐力等也很重要。一些特殊的工作，如体育运动、野外工作、具有体力限制的工作等，对于生理检查的需要更为重要。

在健康方面，首先应该强调对各种急慢性疾病、身体素质、神经系统的特征等的检验判别。特殊的要求，比如，对在与食品相关的行业人员检验中，各种传染性疾病的判别就极为重要。

生理和健康检查不但能确定候选人是否有胜任未来工作任务的身体状况，还能预测未来工作中的出勤率和可能患病率，它还能为未来企业组织对其确定医疗保险费用或福利费用提供依据。

人事生理测量的内容可以进一步阅读《工程心理学》方面的材料。在这里将集中探讨人事心理测量内容。

人事心理测量以心理测量为基础，针对特定的人事管理目的，如招聘、安置、考核、晋升、培训等，对人的素质进行多方面系统评价，给人事管理、开发提供参考依据（王垒等，1999）。要介绍人事心理测量内容，首先应澄清人的心理包括哪些侧面，然后才能有的放矢地进行评估和测试。

心理现象，一般被分成心理过程和个性两部分。心理过程包括认知、情感和意志三大过程。认知过程，是获取知识和运用知识的过程；情感过程，是人认识客观事物时产生态度体验的心理过程，这种体验提供了对认知对象趋近或回避的意愿；意志过程，是在认识过程中，自觉确定目标，能克服各种困难，实现预定目标的心理过程。

在人事选拔中对心理过程的考虑，是揭示个体认知的特征，感知觉的清晰度，注意的深度、广度，思维的各种特征，记忆的各种特征等。例如，选拔新闻媒体的工作者，需要在注意方面具有极好品质，不但能对新闻具有超常敏感性，而且注意广度、深度、思维敏捷性和深度等都必须相当成熟。现在，对情感特征的测量已开始更多地引起人们的重视。近些年来，对领导干部的情绪稳定性要求越来越高，只有高度情绪稳定，才能在复杂情况下处变不惊，做出恰当管理决策。另外，以克服困难为代表的意志特征也在人事选拔中占据一定地位。

除了心理过程，人的心理现象还包括个性。个性也叫人格，这个概念来源于希腊文面具（persona），指舞台上角色所戴的特殊面具，这种面具可呈现角色的身份。以面具一词发展过来的个性或人格，既指一个人在生活舞台上的种种行为，又指一个人的真实自我（陈仲庚等，1986）。心理学家艾森克（H.J.Eysenck,1955）认为，个性是个体由遗传和环境所决定的、实际的和潜在的行为模式的总和。吉尔福德（J.P. Guilford,1959）也认为，个性是人的特质的独特模式。这些定义告诉我们，个性这个现象至少有如下几个鲜明的特征。

个性能整体地反映一个人的精神面貌，它不是几种要素的简单组合，而是许多成分或特征错综复杂交互联系、交互制约而组成的整体。个性的整体性表现在它能和谐地将自己的内心世界、动机和行为统一起来，协调一致。当出现病态时，这种统一性就会崩溃。这种整体性还表现在良好的组织方面，即个性是一个有组织、多层次、具有中心性和构筑原则的整体。

个性的第二个特征是稳定性。个性一旦形成，在相当长时间内保持稳定。

个性的第三个特征是独特性。人心不同，各如其面。这种独特性决定于生活条件的不同，世界上没有两个完全相同的个体。

个性的第四个特征是具有积极性或称倾向性。积极性指人对客观世界的反映不是消极被动，而是积极能动的。主体的各种需要可转化为活动的动机，形成对事物的态度，并产生自觉的行为。个性的积极性能调节人的活动，使人成为生活的主人。

所以在人事心理测量中强调个性测量的重要，是因为管理者了解个性的整体性，就可以对人的许多相互关联的行为进行预测。比如，一个意志力坚强的人，能在纷繁复杂的局面下迅速地做出决策；一个想象力丰富的人，情感体验也将很丰富。所以，我们只要选取认识整体的某些侧面，就能预测多种情景下个体的行为。另一方面，个性测量可以使我们区别不同个体，使充分发挥每个人的自主、独立和能力成为可能，也为人事工作者选拔合适人才进入合适岗位提供了基础。当然，个性中也常常含有不适应环境的因素，通过个性测量，就可以帮助我们对人才进行合理地任用和调配。

第二节　如何测量

一、纸笔测量法

这是一种以严格设计的问题或表格向被研究对象收集资料和数据的方法，通常也被称为问卷法。问卷法的优点是省时、省力、省费用，可以很快获得资料数据。

（一）测验题目的来源

问卷设计的起点是根据需要调查的个性侧面，根据所服务组织的用人特征，广泛地收集理论或实践资料，以构建问卷项目。

例如，对人生价值观进行调查时发现，在心理学和哲学领域，人生价值观被分成工具性价值观（实现人生价值的手段）和终极性价值观（实现人生价值的目的）两方面。在这种理论引导下，关于人生价值观的问卷内容也可分为两大系列：一方面，通过诸如"人活着究竟是为了什么"一类的问题考察目的性价值；另一方面，通过对"主观为自己，客观为别人"一类的问题来考察人生手段价值。再如，编制教师工作问卷时，权威性的教育科学著作可以作为参考。下面是日本《现代教育学基础》中提出的教师工作的内容，这些方面明显是受到其他教科书的肯定，所以可以用来指导问卷的编制。

表 3-1 日本现代教育学基础提出的教师工作内容

项目	教师工作内容
1	教材方面
2	教法方面
3	德育方面
4	生活指导方面
5	学生评价方面
6	班级管理方面

如果所要测查的领域是前人很少关注或研究尚未取得有效结论的领域，则可以采用一种开放性问卷提前进行小规模预测性调查。如对教师的创造性问题，前人研究比较少，于是，要求一些教师或校长、学生随意写出他们认为具有创造性的教师的特点。下面是一个在 2000 年 1 月针对教师创造性在北京市海淀区教师进修学校进行调查得到的结果。63 位教师参与调查，将他们回答的结果按照含义进行归纳，得到如下的内容。

表 3-2 北京市海淀区教育管理干部对创造性教师特征描述的词汇汇总表

项目	词汇汇总归类
1	自主、主见、自信、坚定、勇气、不怕挫折、不计较个人得失
2	兴趣广泛、好奇、开放、具有探索的热情
3	乐于接受不同意见、待人宽、环境宽松、宽容、不计较他人小过失
4	接纳不同人、信任他人、尊重他人个性、欣赏他人创造
5	鼓动他人创造、精力旺盛、工作效率高
6	志向大
7	幽默

开放式问卷只是编制测验的第一步，接下来是将这种开放式问卷得到的内容进行认可度统计，即要求另一批富有经验的教育管理干部对所

得到的词汇和短语进行同意程度的回答，再根据回答频度比较高的一些词汇进行问卷编制。

表 3-3　频度资料收集样例

词汇	请在同意的词汇处打钩
自主	
主见	
自信	
坚定	
勇气	
不怕挫折	
不计较个人得失	
兴趣广泛	
好奇	
开放	
具有探索的热情	
乐于接受不同意见	
待人宽	
环境宽松	
宽容	
不计较他人小过失	
接纳不同人	
信任他人	
尊重他人个性	
欣赏他人创造	
鼓动他人创造	
精力旺盛	
工作效率高	
志向大	
幽默	

（二）测验题目的编制

在确定问卷基础后，就可以着手编制题目。首先是尽可能多地根据基础的范畴征集题目。题目的出法和形式可多种多样，答题的方法也可灵活选择。以下是一些可供选择的方式。

（1）是否式：以是、否或者正、误对问题做出回答。

例如：你对你的工作感到满意吗？

是（　　）　　　　否（　　）

（2）选择式：在数个备选答案中选择最符合自己想法的一项。

例如：你觉得你所在单位的领导在工作中采取了哪一种领导作风？

专制（　　）　　民主（　　）　　放任（　　）

（3）排列式：按照重要性或时间性等标准，对备选答案排出等级或序列。

例如：在下列领导者品质中，哪项重要？请排出等级。

使命感（　　）　　责任感（　　）　　信赖感（　　）

积极性（　　）　　热情（　　）　　忠诚老实（　　）

进取心（　　）　　忍耐性（　　）　　公平（　　）

勇气（　　）

（4）填空式：在列出的问题后填入自己的情况或看法。如：

姓名_____，性别_____，年龄_____，

单位_____，职务_____，收入_____。

（5）量表式：以一定的数量代表状态的程度。

如：你觉得领导与你的关系怎样？

请用1~7个等级进行选择，1代表非常不好，7代表非常好。

又如：你对工作的满意程度有多少？请给出一个百分数。

不同的问题有不同的功能，根据功能，可将问题的类型分三类：

接触性问题，也称首批问题，一般包括几个彼此联系又同所要研究的课题具有某种程度上接近的问题，通常都是较有趣的。接触性问题不

用于结果分析,但对于消除调查对象的顾虑,调动他们作答的兴趣,是必要的。接触性问题本身要简单明了,回答也简单容易。

实质性问题。是分析、整理调查材料的主要来源,是为获得研究所需的事实材料而设计的。形式可以多样(上面已提及),问题的编制要准确、严谨、科学。

辅助性问题,是增加问卷质量的问题。

我们将对辅助性问题做更进一步的介绍,这类问题主要有以下几种:

过滤性问题,也称测谎题。它通常安排在实质性问题之前,与实质性问题配对安排,用来鉴别调查对象对所回答的问题是否具备资格或是否作假。例如:

你喜欢文体活动吗?

(1)根本不喜欢　(2)不太喜欢　(3)一般

(4)比较喜欢　(5)很喜欢

如果调查对象的回答是"根本不喜欢",而他对后面的实质性问题(你主要喜欢参加哪类文体活动)就难以回答。前后答案矛盾,就有作假可能,其结果应不予统计。

校正性问题,为了检验实质性问题而设计的问题。例如:

你往常看管理专业的报纸和杂志吗?

(1)是的　　　　(2)不是

请你写出自己经常阅读的管理专业报纸或杂志(包括名称、出版单位)。

这里第一个是实质性问题,为了检验对这个问题回答的正确性,还需利用校正性问题(即第二个问题)。如果前后问题的答案是矛盾的,则结果应删去。

调节性问题,主要用于消除枯燥、疲劳、紧张以及由于问题突然转移而使被调查者产生的不适感。调节性问题既能起到调节作用,同时也能起到联结作用。当一组问题向另一组问题过渡时,可安排一个调节性问题。

提高答卷真实性的基本前提,是被调查者正确地理解问题。为此,问题的表述在技术上应注意如下几个方面的因素。

第一,避免两个以上的概念在同一问题中出现。如"你喜欢看电影和进行体育活动吗"?这是个让人为难的问题,有些人看电影,但不从事体育活动,有些人恰恰相反。两样都做或者都不做的人也是有的,但不是全部。像这样的题目最好分为两个小题目,从而避免受试者"半同意半不同意"的犹豫现象。

第二,不能使用专门术语、行业语。如"社会整合"这个词,被调查者并不都知道。某些行业语可能仅为一个群体所知,或者对不同的群体有不同的含义,因此要尽量避免非大众化、非普及性的语言。

第三,不应出现带有某种倾向的暗示性问题。如"你喜欢饮誉中外的小说《红楼梦》吗"?既然饮誉中外,显然暗示回答者不喜欢似乎不应该。有时很难区分哪个问题是有倾向性的,哪个问题是不带倾向性的。例如,下面四个问题到底哪一个算是中性的呢?

你赞成废除体罚吗?

是否应该废除体罚?

是否应保留体罚?

废除体罚是否行得通?

这几个问题都有自己的某种倾向性。做到绝对的无倾向性,几乎是不可能的,但是,应当十分注意所提问题不带较为明显的暗示或倾向。

第四,应该尽量避免使用不确定的词,例如"某些""相当""通常""经常"等。非使用不可也要给予某种解释。例如:

你是否常去图书馆?

(1)很经常(每天);

(2)隔三五天去一次;

(3)不经常(一个月去一两次);

(4)很少去(几个月去一次);

（5）不去。

第五，不应使用可做多种解释、意义含糊的词。如"你属于哪一个社会阶层"，由于"属于"一词含糊不清，可以理解为目前是在哪一个社会阶层，也可以理解为最终或应该属于哪一个阶层，以致同是中等阶层，有人回答"中等阶层"，而有人回答"上等阶层"。

第六，尽可能不用否定句（特别是双重否定句），以免答卷人忽略其中的否定词。

第七，不应使用带有刺激性的词，以免伤害调查对象的感情，使人受窘，引起不满。如"你家里有人是酒鬼吗"，"酒鬼"这种贬义词常引起回答者反感且拒绝回答。

第八，除以上因素以外，问题表述得通俗易懂也是编写问题时不可忽略的因素。

第九，当问卷题目涉及敏感性问题，或出于某种调查目的，调查者不愿意让回答者知道调查的真正目的时，问题的设计就需要更高的技巧。这些技巧包括迂回式提问、投射式提问、委婉性提问等。

迂回式提问，就是间接提问。通过迂回获得所要调查的内容，使受试者难以了解测试意图，从而增强测试的可靠性。但要特别注意的是，以间接问题了解所要测的内容，常常容易导致测不到要测的主题。如一份了解科学家工作热情的问卷中，出现了"工作迟到时，你感到遗憾吗"，这个题目一般仅能测查到人对遵守纪律的看法，而不是工作的兴趣。若改为"如果你在实验室少工作一个小时，感到遗憾吗"，其测量的结果就完全不同了。

投射式提问，指不直接问其自己的看法，而是让回答者对周围其他人的想法做出评定。回答者常会把自己的看法投射到周围人身上，从而做出真实的反应。例如：

人们对于中学生能否谈恋爱，有不同的看法，你能对下面的不同看法做出评定吗？

（1）应公开提倡　　（2）应任其自然发展　　（3）应对其进行淡化

（4）应旗帜鲜明地反对　　（5）其他

委婉性提问，指用婉转的、令人愉快的方式或言词提问，使回答者产生接纳心理。如称环境卫生员而不称清扫垃圾的工人，称管理员而不称照管房屋的工友，称老大爷、老人家而不称老头。

最后，题目的编制要特别注意防止出现社会称许性。社会称许性，指人们为了希望获得社会好评而故意按照公认的"正确"答案回答问题的倾向。克服社会称许性的技术多种多样，后面将详述。

（三）问卷的合成

一份问卷，包括指导语和问题两部分内容。指导语，是问卷的开始部分，通过有关说明，使调查对象积极合作。通常，指导语说明问卷内容和作答方式，问卷填写规则。针对不同的对象，指导语内容强调重点应有所不同，文字要简洁、亲切，但又不要太随便，要仔细推敲，不要遗漏所要传达的信息，更不能因表达之误，使回答者产生困惑或歧义。

问卷的正文由题目构成。一般来说，接触性问题放在最前面，其次是实质性问题。在实质性问题的前后，根据需要穿插不同功能的辅助性问题。当一个实质性问题转向另一个实质性问题，或者连续出现几个实质性问题之后，则需安排调节性问题。

过滤性问题与校正性问题都可检验回答的准确性，但过滤性问题一般放在实质性问题之前，校正性问题则放在实质性问题之后。同时要注意过滤性和校正性问题均不能与实质性问题靠得太近，以免调查对象察觉而失去意义。

敏感性问题和开放性问题最好放在卷末。如关于信件、同事关系、家庭生活等敏感性问题，放在前面可能引起回答者的反感而拒绝回答。把开放性问题放在前面，容易引起被调查者产生畏难情绪而不愿完成。

在问卷编制中，常采用"漏斗技术"（funnel technique），即按漏斗的形状排列问题：先问范围广的、一般的问题，再问具体的问题。内容上相互有联系的问题可放在一起，即先问同一个主题的问题，再问来自另一个主题的问题。同一个主题的问题一般也须按逻辑次序、时间次序或内容体系排列，以维持回答者的注意力和思维序列。但这样安排时，要注意避免建立"反应倾向"。所谓反应倾向，指人们习惯性地按照同一标准选择答案，如在5级量表中总是选择4，或者总是选择中间的答案。为克服反应倾向，可以考虑不断将提问的形式进行改变，加入调节性问题，等等。作答数字的含义也可以经常改变，以造成被试者必须不断调节自己的作答方式。问题的长短也可在排列时适当变化。

问卷编制结束后，应进行预测。预测所用样本，应与将来进行人员选拔时所遇到的样本情况相近。预测的目的：一是考察问卷的信度、效度，二是进一步发现具体的不足，如问题是否合理，问题的表述是否确切等，以便在正式测试前改进。

对预测后的问卷进行项目分析，删除没有区分度的题目，将问卷进一步修订、完善。依据信度和效度的要求，对问卷最终定稿。最终保留的项目，应是那些直接代表测量的特征和内部一致性高的项目。通过项目分析，保留高相关的项目，删除低相关项目。

在问卷最终定型后，要收集信度和效度数据，以指导未来的使用和对人员的测量与推论。

二、结构面试法

面试至今仍然是各企业和事业单位广泛使用的人员选拔方法，它仍是人们愿意使用的人事测量手段。尽管面试方法科学性较差，鉴于其使用的广泛我们有责任提高其科学性。

面试，是用设计好的口头提问和口头回答的语言方式收集申请者个人信息过程的一种方法。人事活动中的选拔性面试，是根据口头问题得到的口头语言回答来预测未来工作绩效的方法，通过直接交谈，或将被选者置于一定情境中并对其进行观察，从而对被选者的能力进行评价。

人们所以喜欢使用面试方法。首先，是因为面试不需要太多的准备；其次，直接见面能带来一种亲切感，比纸笔测验更具有人情味。对于管理人员，亲自和未来员工直接见面，能获得第一手信息。再者，面试避免了纸笔测验中题目呆板、无法调整的毛病，可及时对过程中出现的问题进行转向追问，更可以将纸笔测验无法揭示的个性侧面展现出来。

但面试也存在四方面的主要问题。首先，是主试者和候选人的角色不同。考官处于揭露者位置，考生则具有防范性。这种相对地位的不同，常造成面试焦虑，包括比非面对面测验更加难于回避的角色问题。其次，面试中考官和候选人之间的交互作用无法控制，当考生的面试技巧与经验较丰富时，考官的谈话和引导会使反应朝不自然的方向发展。第三，由于缺乏系统的评分规则，面试常受考官主观好恶的影响，无法避免偏见。最后，面试的效度直接受到考官水平的限制。

欲消除这些可能存在的问题，只有通过科学化的改进面试程序，使面试更加具有结构化。

（一）面试内容的结构化

传统面试具有非结构化特点。所谓非结构化面试，也称非指导型交谈，通常没有事先预定的结构，想起什么就问什么。问题也没有安排，不能知道如何进行评价和处理。这种面试时间长，但收集的信息却相对较少。人事测量范畴的面试与非结构化面试不同，称为结构化面试或指导型交谈。这种面试的问题事先要进行选择，对回答如何评价也事先确定好。整个面试根据某个预先确定的表格中的问题进行。如"你现在的工作是怎么得到的"，这个问题之后的评价则是"他或她是（或不是）依靠自己得到当前的工作"。

结构化面试要考虑针对性、可测性和经济性等原则。在针对性和可测性方面，结构化面试考虑特定工作始终如一地使用事先确定的评价标准，提出与工作相关的问题，就可以对人的行为潜能进行良好评估。在经济性方面，结构化面试比非结构化面试节约时间并利于评分。

从面试中，我们可以考查哪些内容呢？首先，应该对需要雇用人员的岗位进行工作分析，写出工作任务、责任及需要的知识、技能、能力和其他任职资格描述。在这个基础上评价工作责任信息，给每项内容在工作成功方面产生的重要程度和所需要的相对时间长度进行打分，确定重要责任的权重。在确定了工作信息后，开始根据信息开发面试问题。

曾经有一个对中国387家企业进行的调查，调查在学术性价值上虽然较差，但从中还是能发现一些有趣数据。调查认为，我国大多数企业在面试中存在的问题：出现概率最高的问题为专业相关知识，占75%；涉及身体条件的，占69%；文化程度问题，占68%；工作能力问题，占60%；了解人的言谈举止问题，占55%。还有一些诸如，求职动机（49%）、工作经历（46%）、对工作期望（33%）、兴趣特长（29%）和自己性格特点（18%）。这些问题多集中在两方面：一是背景问题，但这些问题的答案已经填写在报名表上，面试提问只是检查报名表的准确性。第二类问题是工作知识方面，这类问题更适合笔试。

从心理学角度看，面试的问题应以行为为基础，根据职位职责而提出，即经过工作分析得到。要系统化地编制能揭示候选对象能力的问题，寻找的行动、反应、行为方式应该与要测评的能力有关。在编制问题时，还应考虑对象可能产生的多种回答和反应。

近年来，面试的问题特别关注候选人过去与工作相关的行为方式，认为这样的问题可真正揭示出候选人的能力水平。与让候选人臆想在未来的某种情境中会怎样相比，过去做过什么、是否成功、怎样成功才是将来能做出什么业绩的最好预测源。通过这样的面试，主试官才可以对该候选人真正了解。换句话说，"您在过去都做过些什么，实际上您是怎么做的"比"您觉得这个事情应该怎么做"更加能考查出候选人的能力。

生成与过去工作相关的面试问题，有一种称为"STAR"的方法。STAR不是星星的意思，它是下面四个英文单词的缩写。

Situation（情境）：完成过什么任务，出现的问题是什么，当时的背景如何，问题的细节怎样。

Time（时间）：完成任务的起止时间。

Act（行动）：采取了哪些行动。

Result（结果）：行为取得了怎样的效果。

为验证被试者的回答，还应要求他提供一些证人，以备今后进行核查。STAR方法还强调，在需要更加深入的细节时，应不断追问，例如"你是如何知道的""过了多久你知道的""结果如何""你的原话是什么""他是怎么回答的"，等等。

STAR方法可以减少或避免考生回答含混，避免主观感受过多，避免许多对申请者工作经验方面的误解。

(二) 面试过程的结构化

在题目编制后，结构化面试的过程大致有如下几个步骤：

首先，产生相关的参照答案。参照答案一般使用5级进行评分。参照答案分数的确定，由出题的人共同讨论决定。

其次，是实施操作。先确定一个面试委员会，一般由3~6人组成，最好请出题的人参与。面试委员会也应该有该岗位的上级领导、与工作具有业务关系的人、同事、人力资源部门代表参与。所有候选人的面试过程应该由同样的面试委员会进行，不要分很多组，以致相互之间不能比较。面试委员会组成后，应在面试前研究所有文字材料，将任何材料中模糊的地方、能揭示候选人优点或缺点的地方，一一记录下来。组织面试委员会成员重新阅读关于职位的素质要求，在头脑中形成清晰的理想候选人的图像。

然后，开始面试。面试应在单独房间，不受电话及其他人和事的干扰。面试室布置也有一定要求，应肃静、清洁、明亮、舒适。

在面试中，只由一个面试委员会成员介绍候选者并向候选者提问。得到回答后，面试委员会的所有成员都要给他评分。但是，与候选人交流的人始终保持一个，他不但要提出问题，在面试结束时还应该告诉候选人下一步去什么地方或者什么时候来看结果。这个人也可以回答候选人提出的问题。

在面试过程中如何调节节奏和速度，处理可能出现的问题，是研究者常关注的热点。一种针对普通面试过程推广的方法称为"VIDEO"法。VIDEO 也不是录像的意思,它是下列五个英文单词的缩写。

V(Visalize):首先应该激活问题。

I(Individual):应该考察候选人本人的行为。

D(Detail):面试要考察具体行为,而不是空泛的东西。

E(Event):应该对完整的事件进行考察。

O(Outcome):在了解行为之后,要查清候选人当时所获得的行为的结果。

在面试中,面试委员会成员只在自己的表格上进行记录。为避免受到首因效应影响,不要在刚开始面试时就在表格上写出取舍意见,尽量不在面试过程中做出决定,决定要放到事后重复分析记录时做出。

面试结束后,应该形成报告,既有对该候选人的整体分析和评价,又有各个分别项目的分析与评价。有必要的情况,还应提供一些处置建议。

面试的管理可分成多种方式。一个个按顺序由统一的面试委员会面试,集体出现在面试委员会面前面试,或使用电脑管理方式等都可以考虑。当前,一种使用计算机辅助面试的方法已经开始。先由计算机向候选人呈现一些结构化问题,由计算机根据既定的方式进行评分。计算机辅助面试可用于面对面的面试的前期筛选。

为提高面试质量水平,还可以参照如下建议:

首先,面试时应关系融洽,问题要从最简单的内容开始。在见面的问候之后,开始的问题应该没有"刺激性"。交通或天气正是这样的话题。

其次,自始至终应沉浸在良好、友善的气氛里。每个候选人都应得到彬彬有礼的对待。要能观察出对方所处的经济和生活状态,如果确认属于特殊人群(如失业者、下岗职工等),就更应增加友善行为以减轻其焦虑程度。

再次,提问时应尽量按照事先安排的顺序进行。

第四，面试中避免提问那些只用简单的是或否便可以回答的问题。这种问题无法探测出更多的信息，而且提供的选择也不能涵盖行为的所有可能。要提开放式问题，让候选人进行充足地解释。

第五，不要以"打电报"的方式将答案是否符合你的要求传送给他。所谓打电报，指像打扑克时常用的作弊手段，以眉目传情、微笑或者点头。

第六，反对以质问、讽刺、怠慢的态度对待候选人，也反对屈尊俯就。

第七，不要随意发问以占用时间，也不要让对方讲个没完，以致无法完成全部问题的提问。

第八，在没有得到详情时，可以重复候选人上一个问题答案中的最后一句话以追问。

第九，应该让事实讲话。当提问一般问题时，尽量让对方举例。当他讲自己的优点或缺点时，可以追问："告诉我一个例子来证明您这方面的特长。"

第十，结束时应该留有时间给候选人提出问题。如果觉得场合合适，也可以顺带宣传自己正在服务的这个单位。

第十一，要将谈话结束在积极点上。

第十二，如果候选人想弄清委员会是否已经做出了决策，可以委婉地回避，如："您的经历的确相当好，但是其他候选人的背景也不错。我们要平衡才能决定。"假如他仍然希望知道，而且你所服务的组织也允许，就答应在做出决定后马上告诉他。

最后，当候选人离开时，可以回顾表格和记录。如果当时没有来得及记录下来，马上补齐。重复脑中的面试场景。请一定记住，匆忙下结论或对人预先就有的消极假设，是面试中误差的常见来源，而回顾可以减小这种误差的影响。

提高面试质量水平，还包括避免常见的面试失误。下面列举的一些产生面试偏差的原因，也可供读者参考。

第一类偏差称为"直达结果"。这是指在面试刚刚开始,甚至还没有开始时,主试已经得到了对候选人的评价和看法。直达结果的原因很多,比如,读过候选人的传记材料或知道他在心理测验上的分数。有研究认为,预先获知候选人在测验上得低分会影响面试结果,获知候选人是高分者则不会影响结果。还有一项研究证明,85%的案例中,评价者早已根据申请表和候选人的外貌做出了决定。此外,从心理学对人的第一印象的研究中可以知道,多数人在相互见面之初的几分钟里已经决定了对对方的好恶。因此,候选人最初表现出的行为显得极为重要。

面试的第二个误差称为"消极假设"。如果事先得到关于候选人消极的推荐资料,会倾向于将候选人过去的失败归咎于他本人,并给他的能力打低分。而且,最终的决定直接与这种参考资料的好坏相互联系。人们受到消极信息的影响远比受到积极信息的影响要大,人们的印象从积极到消极比从消极到积极要容易得多。如果面试最开始就给了候选人低分,后期再转化成高分就难上加难。

面试的第三种误差来源于缺乏工作本身的知识。如果面试委员不知道或不全知道候选人最终将从事的工作,他将对候选人进行错误的模式匹配。换言之,如果面试委员清晰地了解候选人未来的工作,将会对面试非常有用。

面试的第四种误差来自雇佣紧迫性的压力。组织在雇佣上的紧迫性程度,会影响到面试效果。例如,告知一组面试委员,他们的工作远落后于其他面试小组,而对另一组则进行相反的告知时,得知落后组将比得知超前组,更倾向于给候选人打高分数。

第五类误差称为"候选人对比误差"或"顺序误差",即面试的顺序影响被试的得分。研究证明,当面试委员对几个较差的候选人面试后,再对比较一般的候选人面试,会使这个人得到比实际水平更高的分数。另一些研究证明,只有一小部分候选人的评分是基于他们的真实潜能,大多数人的得分是根据他们到底是在杰出的人后面还是较差的人后面。

第六类误差来源于非言语的行为。如果人的眼光接触较多、头的运动较多、笑容较多或其他得体的肢体语言较多，容易得到好分数。一些人甚至认为，这样的影响可能达到分数的80%。性别和吸引力也在面试中起作用。男性较强的吸引力与获得白领工作有关，而女性较强的吸引力则与获得非管理性工作相关。如果是管理性工作，女性的吸引力似乎反而是她们受雇用或制订工资起点的绊脚石。在解释这种现象的成因时，人们认为可能与女性化有关，即管理工作是男性的工作，即使是管理女人，也需要非女性化的人承担。

面试的第七类误差称为"打电报"，即主试太希望候选人符合标准而在问题中隐含了答案。例如："这个工作需要面对非常大的压力，你能应付，对不对？"这种"打电报"的方式有时是直接的，有时是间接的，如笑容、点头等。有时"打电报"现象并非是人为的，只是将自己的想法潜意识地转换成了行为而已。

第八类误差称为"讲得太多或太少"误差。如果主试讲得太多，候选人无法获得充足的时间讲话；如果主试讲得太少而候选者讲个没完，则无法将所有问题问完。

第九种误差称为"当警察"。由于面试者常常要决定候选人是否能进入公司，因此会感到自己像一个检察官一样具有至高无上的权力，愿意事无巨细地对候选人的所有行为进行揭露和分析，好像一个盘问罪犯的警察一样了解多方面的情况甚至个人隐私。

参考材料：国外普通面试问题表（Gary Dessler，1997）

首先是询问工作兴趣，包括询问姓名、所申请的职位：你觉得这个工作职位会包含些什么内容？你有什么条件申请这个工作？你对薪水有什么要求？你了解我们公司什么？你为什么想在我们这儿工作？

其次是当前的情况，包括：你有工作吗？如果没有，你已经失业多长时间了？你为什么失业？你为什么申请这个职位？你什么时候可以开始与我们一起工作？

再次是工作经历。从当前职位开始回顾，将所有工作情况都包含进去，至少要追溯12年。当然要根据申请者的年龄来定。这些题目包括：你现在或最后的公司老板的姓名及其他（她）的地址。在这个单位干了多久？现在或最后做的是什么？你的职责是什么？在这个公司，还干过其他工作吗？如果干过，请描述一下。每种工作你坚持多长时间？每项工作最主要的职责是什么？你最初得到的薪水是多少？你现在工资标准是多少？对此你有什么评论？你最后的或当前上级的名字是什么？我们如果和他联系询问情况，你反对吗？对干过的工作，你最喜欢什么？最不喜欢什么？你为什么想要离开？为什么立刻要离开？你在找到最后一项工作之前在做什么？你在哪儿被雇用？干什么？负责什么？在那家公司还干过什么？请描述你的初期薪水是多少？你的最后薪水是多少？你为什么离开？在该公司你最后上级的名字是什么？如果我们向他询问情况，你反对吗？你希望再回去干吗？你更喜欢那个公司的什么？你还有其他工作或经历吗？请简单描述，并讲讲所负的责任。你在过去5年里失业过吗？如果有，你通过什么努力找到工作？你具有的其他经历和训练将会有助于你现在申请的工作吗？有其他经历或得到过怎样的培训？在哪里得到的？在这个过程中，如果发现不同时期的雇佣方面的任何差距，请详细询问。

第四方面是教育背景。问题包括：你受过哪些正式教育？你受过的那些教育或训练有助于你申请这份工作吗？

第五是岗位之外的情况。如：在工作之外，你通常会做些什么？有兼职工作吗？做什么运动？观看什么运动项目？参加什么俱乐部？有其他爱好吗？请具体回答。

第六是特别性问题。这是针对当前工作的特别性而发问。

第七是个人信息。问题包括：你想搬家吗？你喜欢旅行吗？如果旅行，最长能出去多少时间？你能超时工作吗？周末工作怎么样？

第八是自我评估方面，问题包括：你觉得你的优点是什么？你觉得你的弱点是什么？

以上问题提出后，要对候选人的回答进行详细记录，如果可能，可以录音分析。然后，对照个体特点和职业要求进行细致分析。在申请人离开前，面谈者应提供有关组织和工作的基本信息。如果可能，申请者可以得到关于职位、工时、工资及其他报酬等方面的信息。

申请人离开之后，面试人将自己的印象用4级评分进行整理，在4级中，最高为1，最低为4。分数之外，还要进行简短评价。

个体表现得分（＿＿＿＿）评价＿＿＿＿＿＿＿＿＿＿＿＿
姿势和仪表得分（＿＿＿＿）评价＿＿＿＿＿＿＿＿＿＿
谈吐得分（＿＿＿＿）评价＿＿＿＿＿＿＿＿＿＿＿＿＿
与面试者的合作得分（＿＿＿＿）评价＿＿＿＿＿＿＿＿
在本工作上的经验得分（＿＿＿＿）评价＿＿＿＿＿＿＿
在本工作上的知识得分（＿＿＿＿）评价＿＿＿＿＿＿＿
人际关系得分（＿＿＿＿）评价＿＿＿＿＿＿＿＿＿＿＿
工作效能得分（＿＿＿＿）评价＿＿＿＿＿＿＿＿＿＿＿
总评得分＿＿＿＿＿＿＿＿＿＿＿＿＿＿＿＿＿＿＿＿＿
总评内容＿＿＿＿＿＿＿＿＿＿＿＿＿＿＿＿＿＿＿＿＿

三、其他方法

（一）工作取样

根据采用能测量应征者工作绩效的真实任务来对应征者进行测量的一种方法。由于选取的是真实工作的样本，所以出现假相的可能性较小。工作取样也消除了用其他模拟的办法预测工作绩效时的两者相关度的估计问题。对个人来讲，工作取样也不会像测量性格或成就时那样，常使被试者产生个人隐私被侵犯的感觉。

采用工作取样时，首先，选取一些工作中具有代表性的任务要求人们完成，并请有经验的评分者根据预定的评分标准进行评定。在这些人的工作过程中，对工作步骤、所使用的行为种类和频度进行严格记录。比如，安装一个电机传动装置的过程大致分如下四步：首先是装上滑轮和传送带，然后是分解和重组齿轮箱，第三是装配和连接电机，第四是将套管套在齿轮的齿上。从这些行为上可看出，在每一步工作中都具有多种行为选择，在这些行为中，一些行为显然比另一些行为更有利于完成任务。记录下这些行为并给每种行为一个权重分数。最后，将这套评价的方法和权重用于一些被试的测量，看测量的结果对最终他们进入工作岗位上的工作是否具有良好预测性。一旦肯定所选择的工作样本可以良好预测该工种任务执行者的未来表现，就将这套测量方法固定下来，正式投入使用。

(二) 管理评价中心

管理评价中心是一种情境，要求候选人身处其中对一些假设问题做出决策，他们的绩效被评价者进行评分。管理评价中心主要用来选拔领导者。对候选者的评价过程为2—3天，以10—12人共同参与真实的管理任务方式进行。整个过程中，一组专家一直观察所有候选人的行为。管理评价中心可能是一个明亮的会议室，也可能是特别设计的地点。在管理评价中心中，常使用如下一些测量手段。

文件筐测验：在被试者面前摆着一大堆文件、报告、备忘录、便条、电话记录、信件和其他与工作有关的材料。候选人被要求对这些材料进行适当的管理处理，如写信、写便条或者安排会议日程。所有的行为都被有经验的评价者评价和计分。

无领导小组测验：一个没有领导的小组被要求讨论一个问题，他们必须达到一致。评价者对每一个参与者的人际关系技巧、对群体的接受程度、领导能力和个体影响力加以评价。

管理游戏：参与者参加到一个现实问题的解决中。通常是两到三个企业正在与你所参与解决问题的企业进行竞争，你将要做出如何进行广告宣传或者制造什么、应该保存多少库存等问题的决定。

个体陈述：考察个体沟通能力和说服技巧，在候选人对给定的题目进行口头讲演时进行评价。

客观测量：各种纸笔测验都可以在评价中心加以使用。

面谈：通过单独谈话，对每一个人当前的兴趣、背景、过去的绩效、动机等进行评价。

下面的一个例子是典型的两天管理评价中心活动的日程。

第一天，定向会议。

管理游戏："聚合"。四人一组参与共同的贸易活动，以建立各种形式的群体。群体建立各自的目标并负责实现它。

背景面试：一个评价者对每人进行半小时面试。

群体讨论："管理问题"。把关于各种不同管理判断的四个短篇案例呈现给四个组员，一个小时中，小组成为咨询机构，必须解决问题并将建议写出。

个体事实发现和决策练习：研究预算。参加者被告知，自己刚刚被安排在部门经理的位置。他被告知一件事情，那就是自己的前任刚刚拒绝了一项预算要求，这个预算是关于继续某项研究的。现在，研究主管要求重新审议这个预算。参与者有15分钟提问的时间，以发现案例中的更多事实。在这个事实发现过程之后，他应该口头将决定表达出来。这个决定是支持这项研究的，并且，他应该回答各种关于这个问题的质询。

第二天，文件筐练习。

部门经理的文件筐。文件筐的内容是模拟性的。参与者被告知，如果他突然被安排在这个职位上，该怎样处理这些文件。他要依据这些文件去执行解决问题、回答问题、授权、组织、定日程表、订计划等行为。一个评价者要检查他所处理的文件，并用一小时与他谈话，以获得更多信息。

分配好任务的无领导群体讨论。"补偿委员会"，补偿委员会是一个分配8000美元给6名管理者和督导者的会议。这个工资的增长总量已经确定，如何分配由委员会决定。每个参与者都代表一个部门领导，他要为自己的员工争取得到更高的工资。

分析、表达和群体讨论。"饼干厂"。这是一个角色扮演的财政分析活动。参与者扮演成一个咨询人员,他打电话到饼干厂解决两个问题,对于企业一直在亏损应该怎样办以及企业是否应该扩大。已经向参与者给出企业的数据,他们必须将建议提出来。当他们在小组中达到统一的建议之后,要将自己的建议用7分钟表达出来。

第三天和第四天,总结会。

这是评价者的开会,给每个人的总体潜力和各项表现打分。

许多人认为,管理评价中心法对预测管理成功非常有用。这是一种有效度的、偏差较小的预测方法。在一项由辛里克斯(Hinrichs)进行的研究中,47名被评价者被随访达8年之久。结果,总体评价与岗位表现相关显著,有30人仍然在该公司工作。

(三)微型工作训练和评价

让候选人进行一个任务样本的短期训练,然后对其绩效进行测量。这个方法的假设是,如果候选人能够很好地学习工作样本,就能很好地学会将要完成的工作。例如,一个选拔海军的微型工作训练是教会他们如何看航海图,如何进行船只关系的计算以避免相互碰撞。学会这个工作样本后让他们进行计算操作。在这个小任务中学习良好的学员也是在未来航海中能够胜任工作的人。

微型工作训练和评价的优点是直接与工作相关,任务也比纸笔或模拟的测验更加具有直接性。但是,这个任务有时花费多,一些现代化的实际工作模拟器就需要数万元或更多的支出。

(四)背景调查和材料分析

大约90%的组织对申请人的背景资料和推荐信进行分析,80%的组织通过电话进行更深入地调查。这种分析和调查是进一步澄清背景资料是否准确,和发现一些未被申请人或推荐人报告的资料,如是否有犯罪前科、是否伪造证件等,对过去工作的经历、学历等也常常进行核实。正式的背景资料研究有许多方法,向先前的公司核实申请人的职位和收入，看他的申请表是否准确；也有通过电话问及原先公司的领导或者推荐人，了解其技术能力、人际关系能力等。通过信用公司还可以了解候选人的信用情况。

如果数据准确，背景资料通常是有用的。但也有弄巧成拙的情况。如先前的组织故意对申请人表达出不满；有的组织为尽快把这个人赶走，故意将他的无能说成很有能力。因此，如何提出适当的问题，如何通过回答分析情况，是人事工作者需要具备的能力。

有些研究者怀疑背景资料分析是否有用。一个研究曾证明，12%的人力资源管理者认为推荐信"非常有价值"，43%的人认为"有一定价值"，30%的人认为推荐信"很少价值"，而6%的人认为推荐信"毫无价值"。当问及人力资源管理者倾向使用电话查询还是使用信件查询，72%的人告知喜欢电话查询，因为这样的方式坦率，可以有更多的信息交换，不留下文字记录也是一个原因。当问及什么工具对人力资源管理者最为有效时，他们排列的顺序是：面试、申请表、学术水平记录、口头推荐、能力和成就测验、心理测验、推荐信。可见推荐信被放在最后的位置上。

如何使推荐资料变得有效，这里有一些建议。

首先，使用设计好的问题去询问。下面的问题就是关于如何不漏掉重要信息的电话或个体面试的内容提示。

1. 我希望核实一些由×××提供的事实信息。×××向我们的组织申请，他是何时被你们的组织录用的？从哪一年到哪一年？

2. 他的工作性质是什么？开始时是干什么，离开您的组织时干什么？

3. 他告诉我们他离开时的工资是×××，他说得是否属实？

4. 他的上司对他怎么想？

5. 他的下属对他是怎么看的？

6. 他是否具有领导责任？如果有，他是怎么完成的？

7. 他的人际关系如何？

8. 他的出勤记录如何？准时吗？

9. 他离职的原因是什么？

10. 你们是否想再聘他？如果没有，为什么？

11. 他是否有过因家庭的、经济的或个人方面的问题影响工作？

12. 他有酗酒、赌博或其他恶习吗？

13. 他的优点是什么？

14. 他的缺点有哪些？

当向推荐人询问时，请先讲明："您能否告诉我其他了解情况的人，以便我们向他查询。"这样将使该推荐人更加客观地回答您的问题。为更好地了解情况，可以在候选人原先的单位选取两个上司、两个同事、两个下属，从他们所有人提供的信息中全面地了解候选人。

在背景信息收集方面，注意不要触犯法律和侵犯个人隐私。

（五）笔迹学

笔迹学的原理是相信人的笔迹能显示人的个性特征。笔迹学也被用于人事选拔工作。通过笔迹，可了解候选人的需求和心理伪装。例如，如果笔迹潦草，说明该人可能缺乏责任心。在美国，虽然多数人认为靠笔迹不能了解人的特点，但仍然有上千家企业使用笔迹学选拔人才。

第三节 使测量更加科学化

一、信度

信度，指测量结果反映出的系统变异的程度。信度就是对测量的可靠性，即准确性的反映。在测量理论中，把信度定义为是测量结果受到机遇影响的程度，或一组测量分数的真变异数与总变异数（实得变异数）的比率。

在心理测量学中，人们将信度分成几种类型：

重测信度，指当相距一段时间、对同一样本重复使用某种测验而得到的前后一致性系数。可以计算两次测验的相关，如果相关系数高，说明这种测验在测量某种特质方面具有稳定性。但是，重测信度由于使用了两次同样的测验，具有一定的学习效应，这也会影响信度准确性。

副本信度，又称等同信度，指以两组等效测验分别测量而得到的一致性系数。这种测验使用难度、内容和形式都相同，而具体项目不同的两套题目进行，这可以弥补重测信度的不足。但是，两套题目要做到等值是相当困难的事情。

分半信度，指在测验之后，将题目奇偶分成两半，分别计算分数，以两半分数之间的相关作为信度指标。由于这样做只测得了题目一半的信度，还应该根据斯皮尔曼-布朗公式来确定整个测验的信度。

内部一致性信度，是从测量构思的层次入手，使测量项目形成一定的内部结构，并以内部一致性程度对测量做出信度评判。这种评判主要有以下两种技术。

首先，是库德-理查森公式：

$$r_{KR20} = \frac{K}{K-1}\left(1 - \frac{\sum pq}{S^2}\right)$$

式中 R_{KR20} 为库德-理查森值。其中 P 代表测验中通过某项目的比例，Q 为没有通过该项目的比例（$q=1-p$），$\sum pq$ 是 p、q 之积的总和；S 为测验总分的标准差；K 是整个测验所包含的项目数目。

另一种内部一致性信度的估计方法称为克伦巴赫 α 系数。公式为：

$$r_\alpha = \frac{K}{K-1}\left(1 - \frac{\sum S_i^2}{S^2}\right)$$

式中，R_α 为克伦巴赫系数；K 为测验所包含项目数，当测验包括一些子量表时，K 为子量表项目数；S_i 为各项目的标准差；S^2 为总得分的方差。

在心理测量中，有很多因素影响信度。首先，是被测验者的身心因素，如动机、注意力、持久性、作答态度等。其次，是主试方面的因素，如不按照规定程序进行施测，故意制造紧张气氛，给予被试者特殊协助，评分的主观性等。再次，是测验内容方面，如题目是否对要测量的东西进行了很好的取样，都影响到测量信度。当选择的题目不能很好代表所要测量的东西时，信度就不能说明问题。还有题目的数量和质量因素，如果数量过大、题目太难或者毫无趣味，被试者干脆采用随机方法回答问题，也会造成信度的失误。最后，是施测环境方面因素，如现场条件的好坏、前后几次测验的环境差异等，都影响信度系数的变化。与信度相对的指标是不可信度（score of unreliability），不可信度的分数计算可以由信度推算出来。

二、效度

效度是一项测验测到所需求的东西或达到某种目的的程度。在心理测量学中，效度指测量的真实性、正确性，是量具对其设计功能或目标达到的满意程度，也是测量的有效性，即从测量分数可以适当地做出何种有关心理特征的推论。

效度的计算比较复杂，有兴趣的读者，可进一步学习《心理测量学》的内容。这里，只对一些常见的效度种类简单介绍。

内容效度，指测验题目对有关内容或行为范围取样的适当性，即测量包括了工作所需的任务或技能的最好取样。要想得到好的效标效度，必须具备两个条件。首先，是内容范围定义完好，其次，是题目应该在界定的范围内抽取有代表性的样本。

构想效度，指测验所测出某种理论概念或特质的程度。

标准效度，又称效标效度、实证效度、预测效度，指测验对我们所感兴趣的外在行为能做出怎样的预测。它展示测量分数与相关工作绩效的相关程度。这里，工作绩效是效度的标准，称为效标，而测量分数称为预测分数（predictor）。

同时效度，指如果无法进行预测效度的分析，无法等待今后的结果，可以用当时的心理测量数据和当时行为表现或工作绩效之间的相关作为效度指标。同时效度的效标可以是业绩，也可以是他人的评定。

除上面提到的几种效度之外，还有聚合效度和分辨效度。聚合效度，指运用不同测量方式测定同一特征或构思时，测量结果相似的程度。分辨效度，则指运用相同测量方法测定不同特征或构思时，辨别不同特征的程度。显然，不同特征测量结果不该有高的相关。

影响效度的因素很多，像测验的组成、施测的程序、效标是否合适、参与者的各种因素都是值得考虑的问题。

三、其他注意事项

对于人事组织实践中如何使心理测量更加有效，解决实际问题，这里还有进一步的建议供读者参考。

首先，要做好详细的工作分析。任何一个测验都是针对特定目的编制的。无论是通用测验还是特殊目的测验，选用时都要考虑是否适合本单位的使用。为此，对本单位各种岗位进行工作分析，将工作的各种细节和描述清晰体现出来，在这个基础上选择或编制测验，才能做到有的放矢。

其次，在工作分析的基础上对所有通用的测验进行选择。测验的来源大致有两个：一是购买，要到专门的心理测量机构购买正版测验。要注意根据心理测量的理论和指标来选择测验。信度、效度、常模样本等都要认真分析，看是否已经达到了使用的标准。购买测验特别要注意将测验的题目、评分方法和工作手册购买下来，要考虑制作心理测验的商业机构的信誉，签订后期服务和咨询的协议。对于心理测验的软件，应该检查其要求的电脑运行环境，还应该要求在软件版本更新的时候能够迅速得到通知。

下面的表格是一个对心理测量信度和效度方面的简单要求，供读者参考。

表 3-4 有关心理测验的信度与效度的参考表

测验技术指标		要 求
信度	内部一致性信度	大于 0.7(常模样本取样应在 100 人以上)
	重测信度	大于 0.7(常模样本取样应在 100 人以上,间隔应在 1—3 月以上)
效度	同时效度	与标准测验的相关应在 0.4—1 之间(常模样本应在 100 人以上)
	预测效度	大于 0.3(样本量应充足)
	表面效度	问题不应过分枯燥;完成时间不应过长
	内容效度	应该尽量与需要相互符合

源自 John R.Beech & Leonora Harding, *Testing Pelple-A Practical Guide to Psychometrics*,1990。

如果要测量的群体属于特殊群体,如残疾人等,则要求特殊样本的信度、效度等数据,而不能仅仅套用一般人的数据。

第三,关注测验的常模。通常,在测验用于个体比较时,根据得分的高低就能获得相对结果。比如,需要从 15 人中选拔出 3 人,只要挑选前 3 名高分者便可解决问题。但是,如果要进一步了解这 3 个人与过去选拔的同类人之间的差距是什么,他或她与从事这一行业的其他人之间到底具有怎样的关系,这就需要将个体的得分与某种特定群体的得分进行比较,然后确定出个体在群体中所处的位置。这种用来确定个体位置的群体测量结果就是常模。

各种组织在人事组织活动中使用或编制测验,获得合适的常模是非常必要的。如果是外部购买,从说明书中就可以找到该测验的常模数据。请不要匆忙地将数据抄录下来就用于本单位人员的选拔。详细阅读测验编制者所选取的常模群体相当重要。一些测验刚刚从国外引进,根本没有国内被试的常模信息,只是将国外的同样问卷常模翻译转载在上面。这样的常模,在使用中可能毫无用处。还有一些测验,虽然有常模数据，但其选取的样本代表性很差，如将大学二年级学生作为常模群体，但大学生与现实工作岗位上的职工，在心理活动的许多方面有着重大差别。成熟的心理测验，通常都有多种常模。这些常模来自不同的常模群体。但即便是常模群体选择对了，也要看这个常模的时效性，如果说明书上明确标示出该常模取自 10 年前，则对今日选拔的作用也将受影响，特别是在中国改革开放日新月异的变化中，常模的时效性显得非常重要。最后，常模群体所包含的样本数量也值得分析。虽然常模数据随着常模样本的人数增加而逐渐显现出边际效应，但外购测验的普通常模群体应该超过 1000 人。当然，对于特定群体，无法找到这么多的样本量则另当别论。如果在自己单位编制量表，则常模群体自然取自本单位的职工比较有效。

第四，进行测验组合。选择心理测验是一种根据自己的人事工作要求寻找工具和组合工具的过程，因此，在确定人事行为的目标之后，可以将不同的测验组合起来，以达到更好的预测效果。

第五，要良好地控制测量过程。应该完全按照测验手册上规定的要求实施测验，不要忽视测验的条件控制。在很多情况下，测验的准确性受到环境条件的限制。如，把适合于单独施测的测验应用于群体，必然会受到群体心理效应和动力学的影响，也会在很多情况下不适当地使社会称许性发生改变。

第六，一个测验是否适合于本组织，还应当进行多种研究，特别是将测验结果和效标之间相互结合，以检查其显著性。在自己的单位取得测验的效度，是非常重要的。有条件的单位，还应做更加长期的效度检验。

测验有效化还有很多方面需要注意，但是最重要的是选择好的测验和培训出好的使用者。从这个意义上讲，人事组织部门雇用合格的心理学工作者显得特别重要。合格的心理学工作者对心理测验的各种指标非常熟悉，也能够根据自己单位的特征进行调节和组合。

第四章　人员选拔对职业发展的影响

　　选拔活动是有效的人事管理活动,乃至整个管理活动有效性的基础。也有一些专家认为,有效地选拔可以帮助解决人事工作的很多后续问题。因为,如果真正有效的选择合适的人员,我们也就不用在培训、安置、发展等各环节上投入更多的精力,可以更多地调动个体的主动热情,他们内在的积极性,更能有效的实现个人绩效,从而获得合适的组织绩效。

　　人员选拔任务,首先就是能获取组织工作活动信息,确定工作的条件和标准,然后才能依据这个标准从组织外面的人力资源市场,或从组织内部,寻求组织需要的合适人员,这就是选拔的基本过程。选拔工作的成功,将保证组织节约费用,又能真正有效地提高组织活动效率。

　　在公司里,人们经常会产生这样的叹息:"这孩子看着挺不错的,怎么就不出活儿呢?"明明是从名校招来的优秀毕业生,为什么在工作岗位上,业绩表现却总是差强人意?不仅如此,刚毕业的好学生有时还会冷不丁冒出各种毛病,吓得你一身冷汗。曾有一个国内顶尖高校毕业生,被直接领导批评后极度不满,直接冲到公司领导面前理论:"我的老师、父母、同学都说我很棒,你们凭什么说我不行?"好学生进入公司,就一定会成为好员工吗?这个想法在人力资源管理领域早已经被否定。好学生和好员工,是两个体系下的事情,二者之间没有必然联系。

　　首先,校园和职场的评判标准不同。校园评价的标准是态度,而公司要的是结果。在学生时代,只要听老师话,按照老师教育的去做,你就能获得各种荣誉，被评价为一个好学生。好学生即使某次考试失利，但只要足够努力，老师也会安慰你，耐心指导你，直到你取得更高分数。而公司里不同，领导要的是结果，要的是"出活儿"，能按时按质按量地完成任务。能完成的，就是好员工，完不成的，就是需要淘汰的员工。有些女生哭着说："我已经很努力了，为什么还要批评我？"在公司里，"我努力了"这种解释没有用，只有"我完成了"才能体现你的价值。

其次，校园和职场需要的能力不同。学生时代靠智商，工作以后更看重情商。在校园里，考试拿高分，文科生靠记忆力，理科生靠逻辑推理和演算能力，这都属于智商范畴。进入职场，要想使自己成为职场的成功者，更需要你的人际关系、协调沟通、团队协作能力，这些多属情商。为什么一些在学校里所谓的"边缘学生"，到了公司里反而如鱼得水，不仅工作业绩出色，而且深获周围人好评，就是因为这些学生虽然智商不高，但懂得为人处世，能很快融入团队中。这一点，常常是最容易被好学生们诟病的："他们那是在混社会，我们才是做学问。"事实上，我们的学校教育，一直在教如何做事，却很少教如何做人。而在现实生活中，与人相处的能力，尤其与众多的人同时相处，协调平衡各方力量，共同完成任务的能力，是职场最重要的能力，也是刚毕业的学生最缺乏的能力。这种能力的高低不仅决定一个人是否能顺利进入职场，还决定他在公司里能走多远，做到多高位置。

第三，校园和职场的评价维度不同。校园的维度很简单：一条主线，分数越高越好；一条副线，社会活动越多越好。而公司里的评价维度要丰富得多，不同工作岗位需要的能力可能完全相反。同样是广告公司，在策划文案部门，领导希望你头脑灵活，创意无限，鬼点子多。而在市场调查部门，则需要你认真仔细、严谨踏实，对数据高度敏感，一个细节也不放过。岗位职能不同导致对人才能力需求的不同。一个人做这份工作可能非常失败，而换一份工作可能马上脱颖而出。所以，公司招聘的最高目的不是招到最优秀的人，而是最合适的人。

第一节 工作分析

工作分析是选拔活动的基础,它也是整个组织人事活动的基础。有效率的管理活动是建立在合理分工与合作基础上的。分工过细,增加工作活动环节,不利于发挥人的能力,也不利于提高组织的效率;分工不够细,提高了对人员能力和责任水平的要求,因而增加培训的成本,不利于发挥群体协作性,也不利于提高组织效率。再从个体行为特点来看,工作分析是分析并取得有关个体所从事的工作方面信息的过程,它帮助我们了解工作活动对个体能力特点和责任性的要求,也就是确定工作胜任的资格和条件。这不仅有利于员工在进入职业活动前,就能对适合自己的职业及其知识有所了解,而且,它也为工作之后的评价和培训提供了有价值的信息。

一、工作分析概述

工作分析,也称职务分析,是指完整地确认工作整体,以便为管理活动提供各种有关工作方面信息,所进行的一系列对工作信息的收集、分析和综合的活动。具体地说,工作分析应该提供给管理活动有关工作的信息,包括七个方面的内容,即在工作活动中,我们要用谁(who)、做什么(what)、何时做(when)、在哪里做(where)、如何做(how)、为什么做(why)和为谁做(for whom)。

(一)工作分析中的一些术语

在更详细的介绍工作分析内容前,我们首先应确定这一工作中很重要的一些术语。心理学家麦考米克(Mc Cormik)曾对工作分析的基本概念作了精确定义,它现在也为世界上大多数专业人员所认可。

1. 元素,工作的最小单位。在这一水平上,已不能对工作再进一步划分成任何的动作、运动,或其他任何心理过程。

2. 任务,为一个明确的目的所进行的工作活动。它可能由多种工作元素按一定的顺序来构成，并从这一系列动作中可以实现最基本的工作目标。

3. 职责，由一个人担负的一项或多项任务组成的活动。它代表了一个人在工作中应完成的任务数量。这与我们平时所说的工作责任感是无关的。

4. 职位，在一定时期里，某一特定组织中由一个特定的人所担负的一个或多个职责组成。在一个组织中，员工的数量应与职位的数量相对等，即有多少员工，就会有多少职位。

5. 职务，相当于我们所说的工作，是指一组具有明显相似职责的职位。一个职务可能只有一个职位，也可能由几个职位组成，这与组织的规模有关。

6. 职务族，也被称为工作族。它是由两个或两个以上的工作所组成，这些工作或者要求工作者具有相似的特点，或者包括多个平行的任务。

7. 职业，由在不同时间内不同组织中的相似工作所组成。它与职务（工作）概念的区别为，工作是一较窄的概念，主要指组织内部的，而职业是跨组织的。

8. 职业生涯，指一个人在其工作生活中所经历的一系列职位、职务或职业。

对这些看起来比较零乱的概念，我们不妨用一个例子加以说明。图4-1通过职业棒球工作研究中的例子，说明了每一个专业术语的概念及其相互的关系。

(二) 引起工作变化的因素

工作或职务在大多数情况下，被人们理解为是完全静态的，即一旦某一工作被定义了，这一工作的操作行为也就被固定化了，它们也不再随时间、场合的变化，以及任职者的改变而产生相应的变化。在实际情况中，问题往往要复杂得多。有时，我们为获得较全面与完整的工作分析结果，就必须要考虑各种能够引起工作变化的因素，以及这些因素将

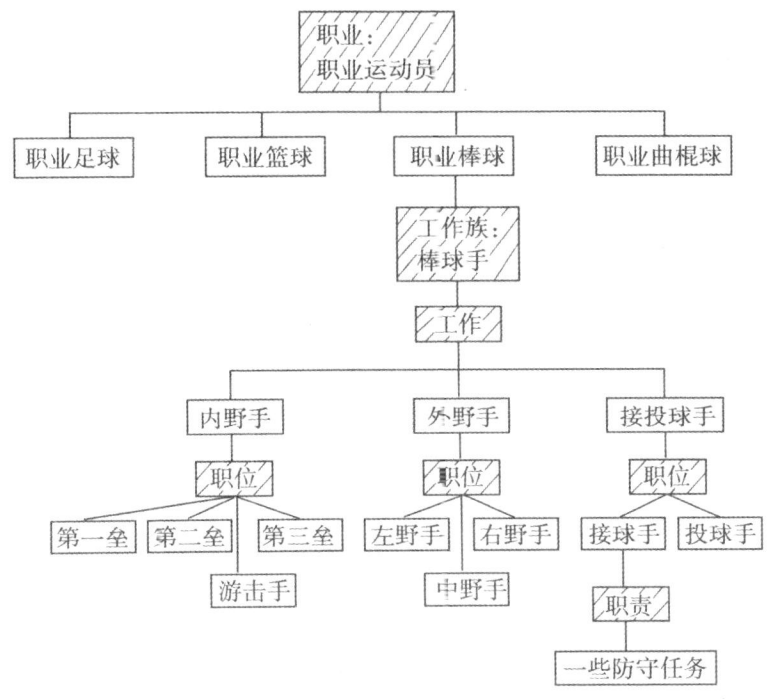

图 4-1 职业棒球队范畴的职业、工作族、工作、职位、职责的关系

会产生的效果。这就是对工作的动力特点的了解。

1. 由于时间、技术等外部因素决定的变化。有些工作随着季节的改变而发生变化,像救生员、冰场管理者、夏令营服务员、导游等工作。还有一些工作将随着技术水平的进步而发生变化,在现代社会中,特别是信息技术的发展,使许多工作都已发生了迅速的变化。由于这些因素所导致的工作上的改变,人们可以预测其变化,并能预先把适合的行为条件定义下来,因此,这些变化是能够通过精确计算的工作分析反映出来的。

2. 由于工作者的因素导致的变化。在工作中,个性的特点,像能力、技能、价值观和兴趣等,也会影响工作特点。在实际情况中,个体经常根据自己过去的培训和经验,如工作时的态度、工作的理解,以及当时的工作情境,调整与改变着自己的工作行为方式。这实际上就是在操作的过程中,对工作内容与职责的重新定义。特别是对一些工作来说,它们允许有比较宽松的操作者的个人表现空间,而工作就是由任职者的平时表现所组成,因此,就造成了工作操作定义的多样化。像教师、研究人员、足球运动员等工作,都存在较大自由发挥空间。对此,邓尼特(Dunnette)认为,说明工作分析中操作者决定性变化的最好方法,是考察许多员工在同一工作中成功地完成工作目的的不同行为模式。然后,再选择一种可预测、可接受的行为模式,并确定该模式下员工的个性特点。

3. 特殊环境因素造成的变化。由于环境的突发性、特殊性,因而由环境造成的变化通常较难预测。比如,当一条船失火了,船上任何人的工作性质都会因此而发生变化,不论是船长、大副、水手,甚至是船上的厨师,大家都变成了救火员。因此,全面的工作分析活动,可能就应该涉及"救火"这一任务,必须考虑与火有关的那些工作特点。有可能影响工作的环境因素应包括劳动的物理环境因素(像噪音、照明、湿度等)、劳动的社会心理因素(工作中的上下级关系、与同事的关系,以及工作群体的影响等),还可能包括聘用条件的变化趋势(像人员流失率、劳动力市场的特征和需求变化等)。

因为,工作分析是对任何有关工作的信息进行收集、分析与综合,因此,对这些变化因素的考虑是非常必要的。如果我们错误地估计了这些潜在的变化趋势和发生的概率,就不仅会影响人事选拔与安置的过程,还会对工作人员的效率产生不利的影响。而如果我们正确判断了这些因素,就能利用这种分析结果,在人员选拔中筛选出能够应付各种不可避免的变化、具有合格素质的员工。

二、工作分析的过程

工作分析过程是系统地收集与工作有关的信息,并对工作的实质进行评价的过程。这一分析活动首先是在一定的目的指导下开展,这一目的应产生于管理活动的需求,具体地讲,要根据将来对分析结果的使用,来选择和确定被分析的工作。

明确了目标,也在某种程度上确定了信息收集的来源、分析的对象,以及使用的分析方法和系统。比如,通过管理活动的需求,决定了将获得的工作资料运用于解决管理中某个问题,这就使我们对工作分析应选择的方法、分析的组织规模、信息收集的范围等,有了正确的认识。对收集情报的类别和方法的确定,将使我们能够节约时间、精力和费用,而且明确了对具有典型性、代表性工作的选择,也保证了工作分析的质量。明确了分析的人员,分配了分析活动中的责任和权限性,也就保证了分析活动的协调。

(一) 工作分析的内容

对工作信息的收集、分析和综合,应是工作分析的核心,也是活动质量的根本保证。从原则上看,信息的全面性与客观性,决定于我们是否考虑到,不同层次的信息提供者所提供的信息会存在不同程度的差别。因此,我们要站在公正的立场上去接受信息,而不能存有任何偏见。特别是在活动中有必要做好充分的心理准备,只要双方有良好的合作行为,就能获得真实、可靠的信息。从具体的分析内容上分类,工作的有关信息应包括以下几种。

1. 工作名称的分析。要求命名必须准确,因为标准化的命名,使人能从名称上了解工作的性质与内容。

2. 工作活动与程序。要达到全面认识工作整体的目的,具体的工作有:对工作任务的分析与描述;明确规定工作行为,包括对工作的中心任务、工作内容、工作的独立性和多样化程度、完成工作的方法和步骤、使用的设备和材料等的规定;对工作责任的分析;对工作相对重要性的了解,并据此来配备相应的权限,从而保证责任和权力的对等;对工作关系的分析,了解在工作中与其他员工的正式人际关系,以及接受领导的性质和范围;对劳动强度的分析,目的是确定标准的工作活动量。

3. 工作环境的分析。可以分为工作的物质条件和社会条件两方面。

物质环境指数有湿度、温度、照明、噪音、震动、异味、粉尘、空间、油漆等，以及工作人员每日与这些因素接触的时间长短。社会环境则包括工作所在地的生活方便程度、工作环境的孤独程度、上级领导的工作作风，以及同事之间的协作程度。也可以从劳动群体的成员数量，以及工作操作所需要的人际反应量上去测量社会环境指数。还要注意的一点，就是对工作的安全环境的思考，包括工作的危险性、可能发生的事故、过去事故的发生率、事故的原因及对人员造成的危害程度、劳动安全卫生条件、易患的职业病及其发生率。

4. 对聘用条件的分析。这是对工作人员履行工作职责时，应具备的最低资格的确认。每一项工作，都会对执行其职责的人员，提出像特定的技能、特定的教育和训练背景、与工作相关的工作经验、身体特征，以及必要的态度品质等与工作有关的特征要求。通常，我们可以将这些要求概括为必备的知识、必备的经验、必备的操作能力，以及必备的心理素质。

（二）工作分析的结果

根据以上各方面信息的分析，我们就可以产生工作分析所要达到的结果。它们包括工作描述和工作说明两个主要内容，前者是对工作任务需要的说明，后者则是对任职者个人需要条件的说明。

在工作描述中，通常是把工作分析的数据结果列成一个表格，这样可以使人方便地了解工作任务的特征。在实际应用上，是形成一种书面文件，上面记录着任职者在工作活动中应做什么、如何去做，以及在什么条件下完成这些任务。这一文件的格式应包括：

1. 工作认定，像工作头衔、工作身份、工作部门、工作地点、工作分析的时间；

2. 工作定义，要说明工作的目的，这项工作存在的理由，这项工作如何与其他工作以及整个组织的目标相联系，以及这项工作的绩效标准；

3. 工作说明，这是对工作的主要职责、工作任务、受监督程度、工作者行为的范围和工作条件等的概括说明。

工作说明也可称为工作规范,它要说明哪些个人特征和经验才能胜任这项工作。应注意的是,这种说明只是对个体承担工作在教育、经验和其他特征上的最低要求,而不是最理想的工作者的形象。另一方面,对于许多职务来说,工作说明提供的标准也不应死板,而要有一定的灵活性。它提出的条件标准,实际上应取决于能够接受的操作水平和某些能力可以被其他能力代替的程度。比如,在某些工作任务的要求上,个体虽然在此项品质上差一些,但他其他的能力品质可以补偿这一不足,他也可以胜任这一工作。有时,在实际工作中,就是由于工作说明中规定的选员条件过高、不灵活,甚至已失效,导致了在选员过程中受到限制。

随着人事管理研究的发展,现在已有一些定量的调查分析问卷,来进行工作描述和工作说明的活动。其中,1985年美国控制数据经营咨询公司设计的职业分析问卷(简称OAQ),就是一种定量的工作描述的测量工具。而1981年洛佩斯(Lopez)等人设计的阈值特征分析问卷(简称TTA),则是一种定量的工作说明的测量工具。

OAQ是一个包括各种职业的任务、责任、知识技能、能力以及其他个性特点的多项选择问卷。在整个问卷中,软件职务被划分为19种责任、310个任务和105种个性行为特点。其中,责任"为用户、顾客提供技术帮助"就包括以下任务:

1. 为用户、顾客提供热线和电话服务,帮助解决软件问题;
2. 为没有预约的用户和顾客提供软件技术帮助;
3. 在软件安装过程中,为用户、顾客提供现场技术指导。

在操作上,OAQ是让工作的执行者评定每一个任务与自己的工作是否相关。如果相关,则在一个九点评定量表上,评定完成任务所花时间的相关程度。最后的评价信息经计算机进行数据整理。图4-2则说明了用这一方法对进货人员的责任情况的描述。

责任	平均重要程度					花费时间
	不重要	有点重要	一般	较重要	极重要	平均百分比
1. 计划和预测		0.3 0.1	0.8	1.6		23 / 15 / 13 / 5
2. 确定材料供给的来源		0.4 0.2		1.8 1.8		5 / 5 / 3 / 2
3. 分析和选择售货员		0.4	1.3	2.1	2.3	7 / 10 / 13 / 4
4. 对于价格进行磋商		0.7 0.4	0.8 1.0			6 / 8 / 12 / 11
5. 为进行谈判计划制定策略	0.0	0.6		2.1 2.0		7 / 7 / 3 / 0
6. 签订订货单或合同		0.1 0.2	0.6 0.7			3 / 5 / 1 / 4
7. 货物发运		0.2 0.1 0.0 0.2				0 / 1 / 0 / 1
8. 管理调查		0.2 0.0	0.6			1 / 1 / 0 / 8
9. 对售货员的绩效评定		0.4	0.6 0.7 0.7			4 / 7 / 9 / 17
10. 人力资源管理		0.3	0.6	1.6 1.4		26 / 23 / 18 / 11
11. 沟通		0.5	0.7	1.2 1.1		8 / 8 / 11 / 6
12. 行政活动		0.5	0.6 0.6 0.8			11 / 10 / 15 / 30
13. 其他	0.0 0.0 0.0	0.3				0 / 0 / 1 / 0

□ 管理者　▥ 高级进货员　▤ 中级进货员　▦ 低级进货员

图 4-2　运用 OAQ 对进货人员的工作分析结果

最后要强调的一点，就是工作分析的效度问题。在测量活动中，效度与测量结果有关，实际得到的测量结果是不是我们预期希望获得的内容，是否能达到我们的目的，这就是测量效度所指示的。在工作分析活动中，工作描述的效度表现在它所正确代表的工作内容、工作环境、工作聘用条件的程度。而工作说明的效度，则表现在它所正确代表对某一工作的操作所必须具备的个性特点的分析程度。如果工作分析结果缺乏效度，那么工作分析要发挥的作用就会受到不同程度的影响。而且，工作分析结果如果不伴随工作的变化而加以相应的修改，则工作上的动力性特点的变化，将使工作描述和工作说明的结果与实际情况有较大出入。

麦考米克针对这一问题，曾提出用间接效度来代替直接效度，从而提高工作分析效度的解决方案。因为，对于大多数工作和组织来说，获取直接效度是较困难的，而间接效度是在不同的情境条件下，将工作信息在一种情境中的效度，在另一种情境中引申和扩展。其具体做法是，分析工作的特点，确定工作之间的共同特点，并因此而决定其效度。其假设的基础是，如果工作分析结果在一个工作上具有效度，并且我们也能确定另一个工作在一系列的工作环境特点上与此工作的特点相似，则我们就认为工作分析信息在这个相似的工作上是间接有效的。

对间接效度的分析，是从四个工作特点的相似性因素上进行比较的，它们分别为：

1. 工作的总的性质；
2. 对胜任此工作的个体特征的评价；
3. 工作任务的定向元素；
4. 工作者的定向元素。

三、工作分析的方法

工作分析的方法问题，是考虑如何从工作实践活动中，收集到与工作活动和职责有关的资料。目前，存在的信息收集技术有很多，这也从一个方面反映了这一工作的困难。关键是,从具体活动中抽取信息容易带有主观色彩,由于分析者所处的角度不同,会产生片面的结果。所以,不论是定性的方法,还是定量的方法,其出发点总会有一个选择信息的原则。这也就是在众多技术中,会出现或存在两种倾向的原因,或是以工作任务为取向,或是以员工为取向。因此,我们认为,不可能有一种完美无缺的技术手段,理想的做法是将不同特点的方法结合使用,这才可能收到较佳的效果。

下面,我们将对实际工作中运用较广泛的几种方法加以介绍。

(一) 工作实践

从工作的实际活动中直接获取信息,可通过直接观察职务的操作过程,或是由专家直接操作工作过程。在具体的观察或操作过程中,获取的信息可通过叙述的形式或多项选择量表的形式记录下来。由于这两种方法都假定职务是静止的,即不随时间、操作者及操作条件的变化而变化,因此,这种从工作实践中直接操作而获取信息的方法,较适合于需要大量手工劳动的、标准化职务活动的、短周期的工作活动,而不适合需要大量脑力劳动的工作。而且,它也要求工作分析专家能自己很快掌握要分析的工作的操作,这样,才有利于更好、更准确地观察与分析。

在直接观察与操作的活动过程中,应注意两个问题:一是观察应选择有代表性的工作行为样本。因为专家的观察时间有限,而一些重要的工作活动出现要有特定的条件,我们不一定能等到这一行为的出现。以一名维修抢险人员的工作为例,他平时的活动主要是保养和等候,在紧急情况下的镇静和恰当处置是很关键的,但我们很难直接观察和操作这些行为。二是观察者不应介入所观察的工作过程,并应尽可能减少对观察结果测量的影响。这是保证观察的客观,使获得的信息更能反映正常的工作过程,避免观察者成为一个干扰变量。

由范(Fine)和威利(Wiley)设计的功能职务分析(FJA)方法,就是一个比较典型的结构性工作观察记录表。FJA方法试图准确地记录员工在工作操作中的行为及其结果,也就是对员工完成的任务的记录,因此，它是对工作进行的任务取向的分析。从其最终提供的记录内容上看，它要了解在工作活动中，员工做什么、为什么这样做、怎样做，以及员工的功能和水平。其中，"做什么"有两方面的信息：一方面是了解操作的行为是什么，另一方面是了解操作的对象是什么。"为什么"要求工作分析专家要判断该行为的目的。"怎样做"则要描述工具设备，以及特殊的工作指导等多种工作辅助条件，而且，还要指出任务是怎样"规定"的以及员工应注意的问题。在最后的"功能栏目"中，主要是从信息、人、物三个方面评定员工活动的水平和程度。信息，代表了工作提供的一定程度的信息；人，是工作中涉及的相互作用的其他人员；物，是完成一定任务的设备。对三种因素的判断，可以根据劳动心理学专家制订的评定量表来评价（见下表），而各因素的程度，则反映它们在整个工作活动中所占的百分比。

表 4-1　信息、人、物三因素的水平评定表

信息	人	物
0 综合	0 影响	0 建立
1 协调	1 调解	1 精确的工作
2 分析	2 指导	2 控制操作
3 编辑	3 领导	3 启动操作
4 计算	4 娱乐	4 熟练操作
5 复制	5 劝说	5 照顾
6 比较	6 言语-信号	6 供给
	7 服务	7 处理
	8 任务指导	

FJA 的应用是较广泛的，它提供了一种对多任务、多职务在同一基础上进行比较的方法。它的观察结果可用于工作描述，以及建立职务操作标准和工作设计等众多方面。

（二）会谈法和问卷法

会谈法是一种应用最为普遍的工作分析方法。会谈可以是非结构性的，由会谈者在实际活动中，根据情境随机设计和提出问题。但在大多数活动中，结构性的会谈更能提供有价值的信息。而且，会谈法的应用范围更广泛，无论是体力劳动还是脑力劳动，都可通过会谈法对职务的任务、职责、必需的个体行为条件等进行工作分析。由于在会谈过程中，员工本人就是自己工作的观察者，因而，许多不能经常观察到或周期较长的工作活动和行为，都可以在报告中有所反映。而且，由于职务的操作者对自己的行为应有最深入与全面的了解，他们有时可以报告和提供一些工作分析专家很难得到和想到的信息。虽然，会谈活动有其较为有利的方面，但在实际工作中是否能有效地实现其目的，则在很大程度上取决于对会谈技术的运用。

在实际操作过程中，工作分析专家都应在会谈活动之前，接受全面、深入、有计划的会谈技术培训。但更重要的，还应该对会谈的内容有明确具体的规定，保证在与工作者会谈过程中，能有效了解工作内容、原因和做法。所以，为保证会谈结果的效度和信度，采用标准化问卷以及标准化的记录格式，是一个很有效的手段。这种标准化的工具，可使我们将问题和回答限制在与工作直接有关的范围内，又使我们能方便地比较不同工作者的反应。

会谈中最主要的障碍就是信息的歪曲。一般认为，信息的歪曲是由于员工的戒备心理造成，因此，创造一个轻松愉快的会谈气氛，使其能无拘束地讨论自己工作的职责和责任，将能保证我们获得准确的信息。事实上，戒备心理只是众多影响因素中的一部分，由于会谈是一个双方互动的过程，因此，会谈双方都会对活动的进行产生某种影响。比如，如果工作分析专家在提问和讨论中较多地引入个人观点和价值倾向，对工作的结果和待遇表现出较多的兴趣，在工作内容难度和任职资格方面表现出与当事者较大的认识上的差异，对工作方法和组织活动提出批评和建议等，这些反应都将影响到员工的态度和判断，或使他投其所好，并不真实反映工作活动,而是赞同工作分析专家的见解;或是让他更多地强调自己的责任和重要性,以引起人们对他的重视;或是产生反感与对抗情绪,导致报告信息的失真。

因此,保证会谈获得成功,工作分析专家应注意一些细节问题,比如,与工作主管密切配合,找到最了解工作内容、最能客观描述职责的员工。在会谈开始时,尽快地与会谈对象建立融洽的感情,产生信任关系。对会谈的问题要做到有计划、有结构。一方面要全面、深入,另一方面又要做到先重要、后次要,并允许对方可以提出补充问题。最后,在活动结束时,还要对结果进行回顾总结,并应请主管人员对记录的材料进行判断和整理,以便修改和补充。

问卷法无论是作为结构性会谈的程序,还是独立使用的手段,它都是在工作分析中较普遍使用的方法。在会谈中,一般涉及的问题包括:你做哪些工作?主要的职责是什么?如何完成?在哪里工作?工作需要的学历背景、经验、技能或专业资格是什么?基本的绩效标准是什么?工作的环境和条件怎样?工作有哪些生理要求和情绪情感的要求?工作的安全和卫生状况是怎样的?等等。而问卷法的使用,则使对这些方面信息的了解更系统、全面和准确。

以麦考米克的职务分析问卷(PAQ)为例来说明。这是一个著名的并被广泛使用的工作分析问卷。PAQ 是一个员工取向的工作分析问卷,它要描述员工完成各类任务的行为特点。完整的 PAQ 由 194 个项目或职务因素组成,这些项目包括以下几部分。

1. 信息来源:工作者从哪里怎样获得他工作所需的信息?

2. 心理过程:在工作中需要的推理、计划和决策等心理活动过程。

3. 工作成果:工作者在工作中的体力活动,以及他们要使用的工具和设备。

4. 与他人的关系:在工作中的责任、义务,以及可能的人际关系的压力和挫折等。

5. 工作环境:工作操作所处的物理和社会环境。

这些项目一方面是用来检查工作中的分项内容,另一方面也用来评价工作的重要性、花费的时间和困难程度。

从实际应用和研究结果的总结上看,PAQ 的评定者内部信度为 0.79,评定者之间信度为 0.80。而且,个体和组织因素对 PAQ 的结果影响均很小。从工作分析专家方面来看,无论他们的性别如何,对工作了解的程度如何,以及对工作的兴趣如何,这些因素对 PAQ 结果的影响在统计水平上均无显著差异。

(三)关键事件法

关键事件,是指在实际工作中,对工作者特别有效或者特别无效的行为。对这些行为的了解,通常是先从上级主管、员工或其他熟悉工作的人那里收集一系列工作行为事件,然后,再确定并描述"特别好"或"特别差"的工作绩效。这种描述方法,可以保证对工作的静态特点和动力特点的分析。具体的描述内容应包括:

1. 是什么因素导致事件的发生,事件是在什么情境下发生的;
2. 准确描述个体做了什么,并且,这些行为中哪些有效,哪些无效;
3. 这些行为可能导致的后果;
4. 这种结果是否在员工的控制范围内。

关键事件法使工作分析可以直接描述工作者在工作中的具体活动。因为,行为是可以观察并测量的,并且,这种观察和测量的焦点集中在工作行为上,因此,我们可以从这些描述与分析中,判断行为的任何可能的利益与作用。关键事件法存在的主要问题:一是费时费力,对信息的分类和整理都需要耗费不少资源;二是片面,因为它只针对"有效"和"无效",或"特别好"和"特别差"的事件,这使平时人们工作中的大量行为和事实被忽视,也就是说,它很难使全体的员工被包括到工作分析的活动中来。特别是考虑到,工作分析的主要目的应是对一般状态下的工作行为形成总体概念,因此,关键事件法是无法满足这一要求的。

从以上介绍可以认识到，任何一种分析方法和手段，都会存在自身的长处与不足，因此，全面、准确的工作分析活动，应尝试借鉴不同的方法，吸取各方面的优点。除此之外，像组织的培训检验材料、专家召开的技术会议、任职者的工作日记等，都可以作为工作分析的辅助方法，提供有效的资料和帮助。

第二节　人员招聘

在工作分析确定了工作的标准后，人事管理活动就应集中于如何根据标准要求，征召适宜的并且组织也需要的工作岗位上的人员。招聘活动是一项计划性和组织性较强的活动。首先，从组织确定自己在工作职位上的空缺开始，它要了解这些空缺的性质，并对此进行人力资源需求的研究，包括人员数量、技术组合、等级和时间要求等。然后，才是根据工作分析和任务分析，确定所需工作行为和工作者的个人特征。最后，才是考虑通过何种途径和方法，怎样招聘适宜的人员。下面主要讨论和考察，在这一活动中选拔标准和选拔方法的问题，因为，这也是比较重要的理论性问题。

一、人员选拔的标准

招聘过程是对现有的人力资源市场进行考察，并选拔适宜的人员。因此，最重要的工作，应是在选拔活动前确定一个客观、科学的标准。对任何人或事物的判断，都要依据一定的标准。

（一）人员选拔标准的内容

人员选拔标准应包括两方面内容：一是标准的要素组成；二是这些要素的关系，也就是它们各自所占的比重。

比如，在工作分析活动中，我们确定了工作的各种特点，并区分了不同工作之间的共同点和差异，除此之外，我们还需要了解和认识工作分析的结果在组织活动中的作用，它们的各种要素在组织管理上的重要程度。这一工作也被称为职务评估。职务评估的结果一般是根据分析职务对组织的重要程度的差别，来确定组织内的报酬系统。很显然，这一工作是与工作绩效的考核及组织利益的分配有关系，它还影响到员工的公平感，是否能使员工满意，从而激励他们努力工作，并保持对组织忠诚与认同。我们在这里提出这一问题，是由于它也影响到员工对工作的认识，以及怎样吸引有能力的员工进入组织中来。所以，它也是影响人员招聘的一个手段。

职务评估系统建立的目的，是形成组织的理想报酬系统。所谓理想报酬系统，是强调这一系统的科学、合理和公平性。如果报酬水平太低，有能力的个体就会离开组织去从事报酬更高的工作；而报酬若太高，组织的支付过大，这无疑是一种资源的浪费。而且，个体在组织中对报酬满意的体验，并非完全来自于个人所得报酬的绝对水平，这种心理上的感觉是与报酬的相对水平，即个体之间的报酬公平性的评价和认识是有关系的。因此，一个好的报酬系统应使个体报酬之间的差别公平化，也就是要确定不同工作之间的科学、合理的比率。

职务评估的做法是以反映职务的组织价值标准为基础的，其比较的具体方式有两种：一是从职务的总体角度进行比较；二是从职务的各个构成角度进行比较。具体方法有以下几种。

1. 等级法

又称职务比较法。这一方法以组织中职务总的价值为评估基础，比较不同职务间的差异和重要程度，从而确定报酬系统的等级顺序。这种方法要求评定者必须对所要评定的多个职务有高度了解，才能保证其评价的效度较高。因此，当需要评定的职务种类过多时，由于找不到适宜的评定者，就会限制这一方法的使用范围。

2. 分类法

这一方法是将评价的不同职务按照理论上假定的类别进行分类，其中，每个类别都有理论上的标准说明，每个职务根据自己的总价值，按照类别标准定义的要求归入某一类别中。比如，销售、生产和行政管理等代表了不同的类别，每个类别应有自己的总价值。那么，对于某个具体的职务，首先是确定它归属于哪一类别，然后，可以判断它在类别总价值中的地位。这种做法简单，易操作，但在实际工作中，它常受到组织中已有的职务报酬差别影响，导致对职务分类的不公平。

3. 点评估法

这是经常被使用的一种职务评估方法。它先要确定职务被评估的因素；再用计点来表示不同因素水平或程度上的差别，同时，也要把每一职务中各因素的水平或程度进行评估，它们的差别也是通过点数来表示；最后，根据每个职务各因素点的总和，即可判断在报酬系统比率中的权重。

表4-2　用点评估法进行职务评估的例子

	因素	1级	2级	3级	4级	5级
技能	知识	14	28	42	56	70
	经验	22	44	66	88	110
	创造力	14	28	42	56	70
	生理条件	10	20	30	40	50
	心理条件	5	10	15	20	25
责任	设备或过程	5	10	15	20	25
	材料或产品	5	10	15	20	25
	他人的安全	5	10	15	20	25
	他人的工作	5	10	15	20	25
职务条件	工作条件	10	20	30	40	50
	危险	5	10	15	20	25

4. 职务构成法

这一方法的理论依据是，各种职务之间其职务构成不管组合怎样，只要具有相似的职务构成，也就应该有相似的报酬价值。因此，首先要确定各职务构成要素的分析。在这方面，前面提到的PAQ为我们提供了不同职务基本构成结果。根据对各个职务的因素分数统计加权，就可以获得职务总的价值点。

(二) 职务因素构成及其评估的应用

我们可以从一个实际工作中，认识另一种重要的评估方法，即因素比较法。因素比较法需要较为专业的复杂设计过程，但它在组织实践活动中往往有较好的应用效果。

典型的因素比较法的执行过程，是首先在组织中选择15—20个关键职务，它们经过评估专家认可，评定为报酬合适，即报酬不过低，也不过高；然后，将这些职务与其他职务在职务的共同因素上比较。这一方法的首创人本吉(Benge)等提出的职务共同因素包括心理需要条件、技能需要条件、生理需要条件、责任、工作条件。

在确定并比较这些因素的基础上，由评估专家对这些关键职务进行等级排序和评定。按照现行的比率对这些职务每一因素应付的报酬进行"比率"分配的评定，再根据这种分配比率的等级顺序排列职务。一般来说，评定和等级排列的结果，都是由多名评估专家的结果进行加权平均产生的。

在许多实际应用过程中，组织可自行设置并评价要素。尽管与标准化的方法比较，其科学性、合理性不能保证较准确，但指导意义和参考意义还是有价值的。比如，在对各行各业的工作功能要素进行一般性的思考时，我们常根据各因素在体系中的重要程度和作用大小来区分，总体上分为高层次因素和低层次因素，以及特殊因素和一般因素两种类型。高层次因素同工作者的素质结构、智力结构、能力结构和绩效结构中的因素，或这几个结构中有关的因素有较大的相关性。它们对工作者的职务功能有较重要影响，常是评定人员选拔、晋升的重要依据条件，也可被称为决策因素。同时，低层次的因素，主要是各类人员必须具有的工作性条件，它们不是最主要的影响工作者工作功能的因素，也被称为非决策因素。

另一方面，特殊因素是专业性或某种特性较强的工作者的工作功能因素，它们对人员的工作功能也产生决定性的影响。但与高层次因素的区别是，高层次因素常与工作功能结构中的多种结构或因素同时有较强的相关性，而特殊因素只是与某一结构的有关因素有相关。一般因素应是各同类人员的基本功能，它们构成工作者的基本工作活动条件。

表4-3 企业管理人员的测评因素体系

人员分类	素质结构	智力结构	能力结构	绩效结构
经营管理人员	1.政策观念 2.事业心 3.市场观念 4.责任心	5.生产技术知识 6.知识面 7.综合分析能力	8.处事能力 9.控制能力 10.发现问题能力 11.灵活性 12.信息沟通能力 13.决策能力 14.谈判能力 15.社交能力	16.社会经济效益 17.工作效率
技术管理人员	1.政策观念 2.事业心 3.经济观念 4.责任心	5.专业知识 6.知识面 7.对新技术新产品敏感性 8.思维能力	9.技术鉴别能力 10.灵活性 11.信息沟通能力 12.协调能力	13.科技成果 14.社会经济效益
行政管理人员	1.政策观念 2.法制观念 3.纪律性 4.责任心 5.公平	6.工作经验 7.知识面 8.综合分析能力	9.处事能力 10.信息沟通能力 11.表达能力 12.决策能力 13.控制能力	14.工作效率 15.社会效益

参考陆红军：《人员测评科学教程》，能源出版社1988年版。

在具体的测试和选拔工作中，素质结构被确定为政治素质、思想素质和品德素质，具体的内容像政策性、事业心、廉洁性等，但还应包括对组织的认同与忠诚，也就是信任和心理契约的内容。因此，我们可以发现，此处的素质与心理学概念体系中的素质是不一样的。心理学中的素质概念，意指人的遗传、先天的一种条件或基础。智力结构应包括人员的一般能力和知识结构，一般包括知识、认知能力、观察能力和思维能力等因素。能力结构是指工作者的特殊能力和专业知识与技能的结构。这是工作者完成组织中工作任务的基础，以及各种心理特征的总和，常用的项目包括工作经验、人际技能、组织能力、领导能力、表达能力和创造性等。绩效结构表现为工作的效率和效果，它们也是体现各种素质和智能因素的一个客观化的指标，与组织的工作任务有更紧密的关系，既有速度的标志，也有任务完成的质量和数量的标准。对于这些结构及其因素的重要性评定，以及其评价权重的确定，比较科学和精确的做法，应是通过一定的问卷，在调查统计处理的基础上，确定各因素的权重水平。但比较常用且方便的方式，仍是依据多名专家的评价结果。下面表格中我们提供一个企业管理人员的测评因素体系，供大家参考（见表4-3）。

（三）选拔及评价标准设计的原则

标准的设计不应是一个完全主观的活动，必须以一定的客观事实为依据。否则，如果任意根据个人需求与爱好来评价事物，由此导致的不一致与冲突是显而易见的。在日常生活中，由于使用的标准不同而造成的判断分歧现象，普遍存在。这其中，个体的价值观经常会影响我们判断标准的选择。比如，戴尔（Dyer）等人对管理者与员工用于工资增长标准的一致性问题进行研究发现，管理者在工资预算过高时，会对员工绩效评估有偏低的倾向，但他们自己并没有意识到这一点。而这种标准的不一致性，会严重影响到员工的工作动机和满意感。

在人事管理活动中，对标准确定的基本心理学问题，应是人们对"好"员工的认识，在这一点上人们必须在观念上统一。所谓观念上的问题，也就是从理论上，我们认为"成功"的员工或其工作行为的构成因素是什么。很显然，这只能是一个理论上的结构，而不是实际上可以测量的标准。如果需要在实际工作中真正去评价和考察员工的行为，就必须找到理论标准的诸因素在实际活动中的表现形式。所以，真正的标准只能是理论上的一个抽象因素的结构，在实际工作中，则是要判断用什么指标或变量来作为实际标准。而实际标准并不等同于理论标准，它只是近似地代表理论标准。

比如，如果确定"好"员工的标准是工作努力、对组织忠诚和个性发展成熟，佢这只是理论标准的因素结构，我们很难去测量和评定。如果选择工作的质量和数量来代表工作努力，以缺勤率和离职率代表对组织的忠诚，并以员工在组织情境中的人际关系表现来反映员工的个性成熟程度，则后面的因素所构成的实际的"好"员工标准就很容易测量。但我们必须清楚，这后面的实际标准只是近似地代表理论标准。也就是说，我们不能完全肯定工作的数量与质量就能等同于工作努力，它只是能够在某种程度上反映工作努力的程度。

1. 史密斯（Smith）提出的三维度模型

史密斯曾提出了一个适用于选择实际标准的三维度模型。他认为，对于任何标准的测量，都可以从对行为的时间、普遍程度和所代表的社会组织目标程度这三方面进行观察。

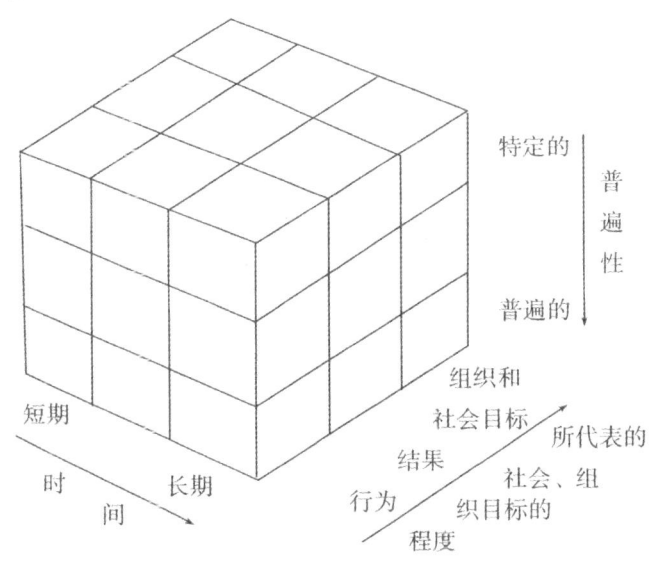

图 4-3 标准的维度分类

（1）时间。对个人或事物的评价，在短期与长期的标准上往往是不同的。其中，短期决策的标准通常称为近期标准，长期决策标准被称为远期标准。比如，从近期标准上，组织更多会考虑产品的现金流，而从远期标准上,组织要了解产品潜在创利的情况。而且,即使对同一标准的测量,由于时间不同,也会导致产生不同的结果。

(2) 普遍程度。特定性,是指标准的明确具体,针对一个特殊的项目,比如以产量、人事变动率为标准。而普遍性,则反映了广泛、一般的标准内容,比如员工的工作绩效、组织目标的完成情况等。

(3) 组织与社会目标的接近程度。对个体行为评价的标准可能与组织社会的目标毫无关系,但也可以通过某种联系来接近组织社会目标。

2. 布拉姆和内勒(Blum & Naylor)提出的14项指标

在具体的操作活动中,其实,工作分析专家是根据自己从事活动的具体目的、要求,来选择合适的标准的。布拉姆和内勒提出一个对职务评价标准考察的14项指标,即可靠与稳定性、现实性、代表性、与其他标准的关联、是否适用于工作分析、是否适用于管理、在各种情形下的一致性、可预测性、经济性、可理解性、可测量性、标准的关联程度、不污染、敏感性。这些指标又可以被进一步综合为三方面的指标,即:

(1) 适当性,标准能代表所评价的职务,并与职务关联;

(2) 稳定性,在不同情形、不同时间进行测量,标准均具有稳定性;

(3) 实用性,标准的成本不高,并易于测量。

3. 有代表性的测量标准

在我们对行为的测量中,存在许多测量类型,也就存在多种多样的标准。但在与工作行为相关联的测量标准中,较为有代表性的有以下几种。

(1) 操作标准,主要指个体完成一定工作任务的能力。这类标准通常有两个维度。一是量的测量,它是在一定单位时间内,一定的生产单位上量的反映。比如,用天、月或年为单位来计量的生产件数、销售利润等。当然,对于不同性质的工作,这类标准之间是不可比较的。另一个维度是质的标准,它一般涉及个体在操作过程中的错误,并从绩效期望的标准,以及对绩效导致的结果上,可将这一类标准的形式分为延误的时间、损坏的产品、错误的功用和错误的时间。

(2) 脱离工作标准,又被称为投入工作标准。像人事变动(个体在职务上能工作多久)、缺勤、怠工等,都属于脱离工作标准。人事变动通常给组织带来很大损失,但道尔顿(Dalton)等人认为,人事变动也会给组织带来益处。他们将自愿的人事变动分为功能障碍性(个体想离开组织,但组织挽留)和功能性(个体想离开组织,组织对个体的评价也是否定的)两类。他们进一步提出,组织应将这两类问题区分对待,因为,只有降低功能障碍性人事变动才是有益的,而不应降低功能性人事变动。相类似的现象也存在于缺勤标准上,从测量上可以将它分为自愿缺勤(无请假、无借口、没有获准的缺勤)和非自愿缺勤(有病、受伤、家中有事)。很显然,对它们的态度和处理也应是不同的。

(3) 事故标准。主要用于分析安全问题中的环境及个体因素。有时,它也被用于评价工作绩效。此类标准的特点,一是不稳定和缺乏一致性,因为事故的发生是无法预测的;另一方面是其标准意义的变化,即如果我们以不同的方式测量事故的发生,像每小时事故发生的数量、百公里的事故率等,这种以不同目的和统计方法确定的标准,有可能得到不同的结论。这也使事故标准的广泛应用受到限制。

(4) 生理标准,主要包括心率、血压、皮肤电、耗氧量等指标,它们多被用于对劳动环境、劳动负荷、工作时间和工作方法等的评价和比较中。

(5) 地位标准。这一标准最常见于人事行政管理中。"地位"的含义在不同的情况下是不一样的,有时,它代表组织中成员的位置,像职业上的地位或教育水平的差别;有时它则指有关个体的某类信息,像被提升的次数、任职时间或工资水平等。一般来说,这些指标都不能对工作绩效做出直接的反映,像在这些指标的高低上,很难反映出个体在工作努力和工作质量上的必然结果。

（6）主观评定标准。这是在绩效评价中最普遍使用的标准。

二、招聘的方式及其影响

对招聘活动中人员心理因素影响的认识和分析，应从招聘者和被招聘者两方面去考虑。我们也可以将招聘活动分为组织内部应征和组织外部招聘两种类型。

（一）组织内部应征

主要是由组织现有的员工来填充工作职务上的空缺。据统计，50年代，在美国有50%的管理职位是由公司人员内部填补的，但目前，这一比率已上升到90%以上。组织内部应征开始于在公司内部张贴工作告示，其内容包括工作说明书和工作规范的信息，还要有薪酬情况的说明，交代清楚工作机会的性质、任职资格、主管的情况、工作时间和待遇标准等因素。通过工作告示，不仅使组织成员有公平的竞争机会，也使人们有机会将自己的技能、工作兴趣、资格、经验和职业目标，与工作机会所要求的条件加以比较。这也是组织内部吸引人才的一个常用办法。由于组织内部应征的对象是组织成员，其情况和各种表现都被组织所熟知，因此，主要的评价和组织工作都将由人事部门进行。这就要求他们必须完整、准确地掌握工作机会和组织内部应征人员的材料，并能客观地对人员进行公正的评价。

组织内部应征活动的成败，首先决定于消息的公布是否适当，也就是如何给人们提供工作机会的性质和内容的材料。这关系到组织对其成员的指导和诱导性。如果我们过于强调了条件的严格和标准的高度，这可能会使人们失去期待和努力的欲望，达不到我们的目的。如果过于强调工作的待遇和报酬，也会使人们只重视个人利益的获得，而忽视了工作发展和个人职业发展的规划，过于追求工作的外在因素。这也不是我们所希望的目的。因此，要使人们认识到这一工作机会是发展性的，并更关注个人能力的提高和工作的挑战性与责任感。

当然，组织内部应征会使员工感到组织对其才能的承认和肯定，给他们的发展创造希望，也会提高他们工作的热情和积极性，促进他们提高工作绩效，并有利于促进员工对组织的忠诚。而且，由于应征的员工对环境非常熟悉，对人、职位都比较了解，有利于更好地发挥自己的长处，尽快进入职务角色，这会使组织的工作和发展都比较稳定。但是，这种招聘活动也不那么简单。比如，我们要表明工作机会的平等，因此张贴告示，并评估所有提出应征的人员，并与他们面谈。但大多数情况下，组织中的主管人员都会有自己心目中的候选者，有些也是经过考察证明是适宜的人选，这就会使招聘的活动形式化，并造成许多评估和面谈活动的浪费。而且，这种升迁和变动，也会产生组织内部人员的一些矛盾和冲突，落选之人必然会产生不满和嫉妒之心，甚至会无端地将个人条件的不足，归因于主管的偏袒或他人的不正当竞争手段。这将不利于组织今后工作的开展。为此，说服教育和平息矛盾，会凭空增添不少工作量。而且，如果组织内部形成了内部选聘的惯例后，会造成在组织急需人才而内部一时无法满足时，组织内部人员对外来招聘人员的抵制，他们感到外聘的人抢占了他们"应得"的机会。

（二）组织外部招聘

外部招聘通常是通过广告招聘、职业中介机构推荐、应聘者的自我推荐，以及有关熟人和关系户的介绍等方式进行的。有证据表明，大多数的经理人员差不多只重视从内部调剂劳动力，尤其在招聘管理人员时更是如此。其结果，必将导致所招雇员技能层次的降低。因此，组织外聘活动对组织的人力资源质量和组织发展非常必要。首先，它使组织在更广的范围内选拔人员，人力资源的储备也更丰富，这会提高选拔的质量。其次，组织外部人才的引进，会平息组织内原有人员的紧张关系，也给组织带来新活力。而且，外部招聘本身也是一个宣传企业形象的机会，它使更多人员了解到企业的性质、产品和服务。

因此，外部招聘首先也是要考虑信息的发放和传播问题。其中，发放的方式在不同渠道上有各自的优劣之处，而传播的内容则影响到人们的认知和判断。比如，如何在众多的招聘消息中，使组织需要的人员能迅速地得到消息，并使他们能准确地判断组织和空缺职务的要求，以及怎样在介绍的内容中，能促进和引发应征者的注意、兴趣、欲望和行动，这些方面都有赖于组织在招聘活动的策划阶段，对工作条件、劳动力市场特征，以及需要招聘的人员的心理特点，有较充分的了解和分析。从实际情况看，在招聘广告内容中，强调较多的是工作地点、任职资格、工资、职务、责任、公司、相关经历和个人素质，对于工作前景和福利等细节涉及较少。的确，在吸引组织外部人员注意力上，如果没有一定条件上的优越和诱惑，是很难有效果的。因此，在实际的招聘活动中，人们事实上大量依靠了非正式关系，不仅是管理职位上的人选来源于私人的介绍，现在，几乎在任何层次上的雇员应征，都会利用私人关系。而且，人们发现这的确是较为有效且方便的方式。

外部招聘中，问题较多的环节是招聘者。与内部应征不同，外部招聘首先是人事管理部门寻找和组织候选者，但实际需求部门并不是人事部门，这就造成了在人事部门与其他部门之间沟通上的矛盾。通常，我们会看到人事部门从接受招聘任务起到消息发出，这中间要有一定的时间。若考虑到回收应聘材料（像个人简历），组织人员的初选和面谈，再进行业务上的考查，可能还要通过短期的业务培训，所以，一般一个新的员工真正开始他在组织中的工作，平均要经过近四十天的时间。因此，部门管理者抱怨人事部门拖延，而人事部门抱怨自己的工作不被人们理解。这之间的冲突是显而易见的。但实际的招聘活动是不可能由任何一个部门单独完成的，所以，加强合作并保持良好的信息交流是招聘成功的基础。

决定组织招聘成功的重要因素，在于使应聘者的个人需求与组织需求的配合。任何人都会对自己的职业选择有一个人的标准，只是有些人更强调工作条件，而有些人更看重职业责任和发展。而且，随个体的职业状态不同，他选择职业的标准也会有所变化。有的人迫切需要新工作，他可能是刚进入工作选择时期，刚开始他的职业生涯，急需要用工作机会证明自己的能力和社会地位。有的人则只是考虑选择一个更好的职业，对他来说，职业发展的基础较好，起点较高，甚至可能已经在某一职业中较为成功，因此，他可能更重视未来的职业给他的发展机会，或者是创造一个更有挑战性和刺激性的机会。另外，不同性别的人对职业的认识也是不同的。在工作上的期望和要求也有差异。尤其对于女性来说，她们处于年龄和婚姻的不同时期，对工作的期望和需求也不相同。

与此同时，每个组织为更好地实现自己的目的，就需要有一个高质量并稳定的人力资源。而且，组织是有结构的，为了完成共同的目的，其中的人与工作是多样化的，每一部分都有独自的要求，它们又必须协调一致。所以，组织与组织中的人，双方的需求并不一定总是一致的。每天都有大量的人员进入组织工作，他们需要通过组织来满足自己的需求，在组织中实现个人目的。另一方面，各种组织在社会上竞相争夺自己需求的人才，它们将人们看作是自己实现目标的工具，也就是它只看重个体对组织有用的方面，它也只承认这些价值而不会去承认其他个体认为有效的价值。因此，协调组织与个体需求之间的关系，的确是一个重要的因素，它不仅决定了组织人力资源管理的质量与成本，也会影响到今后员工的绩效和工作满意感。

三、招聘活动中的面谈

面谈，也可被称为面试或访谈。这在人事管理活动中，是一项很重要的技术手段。在不同的人事管理活动阶段，都有相应的面谈问题。招聘活动中的面谈，虽然由于其主观性较强，在评价和判断人的行为能力上存在一些不足，但至今，它仍是人们使用最广泛的人事选拔技术，也被认为是较为有效的技术。对此类面谈的研究，一是确定以这种技术为基础所做出的任用决定是否可靠并准确，二是了解影响面谈判断的各种心理因素。

如下面图所示，作为一个双方交流和判断的过程，面谈双方的相互影响对面谈结果的可靠性和准确性起决定性作用。比如，人们比较熟知的由于面谈中主试者的兴趣爱好、疲劳效应、第一印象、对比效应、晕轮效应等因素造成的面谈结果的偏差或失误；另一方面，由于面谈中应试者的心理因素，像情绪的失控、动机强度的不当，因身体条件造成的心理上的自卑或信心不足，以及一些情境的因素，像环境的意外变化、安排的临时调整，甚至一些很细微的改变，都有可能造成面谈结果的差异。

通常，为保证面谈的准确有效，对其条件是有所规定的。具体的条件包括：

1. 面谈的内容应仅限于与工作有关的因素，并且，这些内容经工作分析被证明对工作的成功是很关键的；

2. 要对面谈主试者进行事先的挑选和训练，使他能客观地评价行为；

3. 要根据事先规定的规则进行面谈。

这其实是希望通过对面谈活动的规范化，从而达到提高其有效性的目的。即使如此，仍避免不了主观因素的影响。对这方面的总结，可有以下几方面的表现。

1. 面谈主试者对理想求职者的想象。在面谈主试者的心目中，总会有一个自己对求职者的理想形象的认识。事实上，人的这种标准的想象常常是超越现实，并且是大大高于实际工作要求的。这当然对求职者是不公平的。这种偏见现象甚至会造成面谈主试者对他人十全十美的要求的不合理结果。

2. 面谈主试者在面谈中，未能对对方的反应保持高度的注意力。疲劳、单调、无变化等一些因素，会使面谈主试者暂时精力涣散。这会影响他对一些细节信息的判断和分析。

3. 面谈主试者忽视了对方的困难。求职者的反应和表现，有时会达不到面谈主试者的要求，这时，面谈主试者应善于判断，这种不足是由于其能力的不足所致，还是有客观条件上的原因。这会影响到我们对求职者的公平判断和裁决的结果。

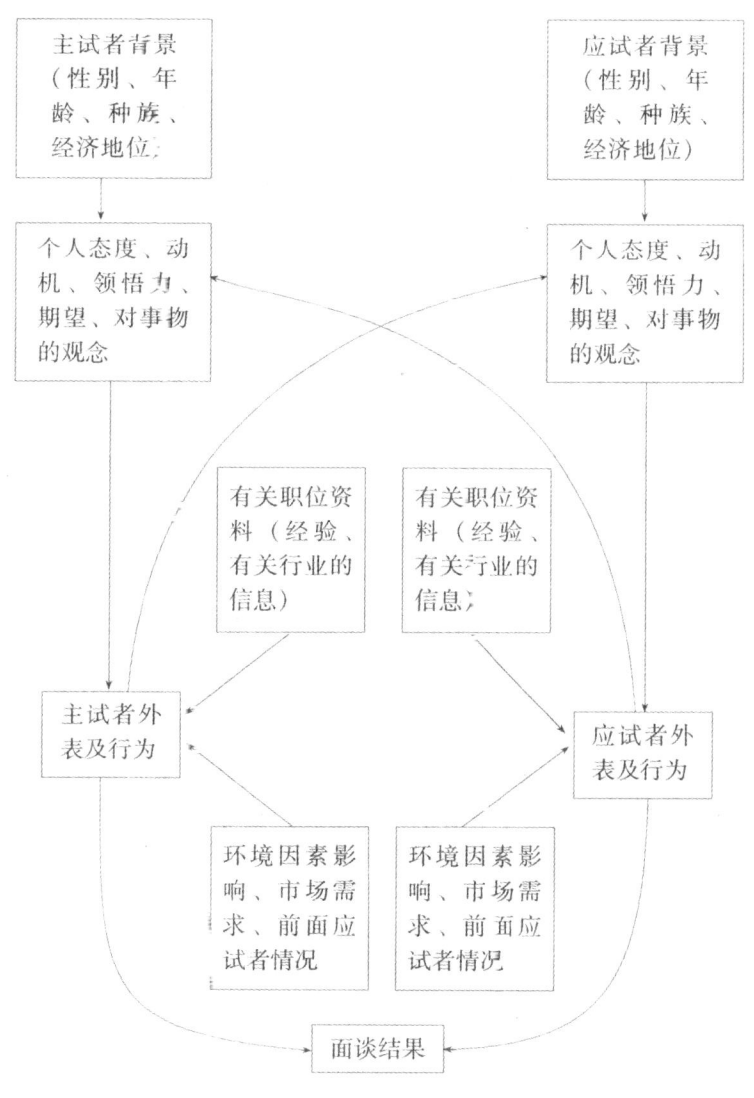

图 4-4 面谈的相互影响因素

资料引自：N.Schmitt, Social and Situational Determinants of Interview Decisions: Implications for the Employment Interview, *Personnel Psychology*, 1976, 29: 79-101.

4. 面谈主试者的信息交流方式有误。比如，在介绍工作信息时离题，让人们产生虚幻的认识；在面谈过程中讲话太多，不能使求职者有充分的时间和机会表现自己；向求职者提问的方式不能保持前后一致，使信息缺乏可比性；使用带引导性的提问，造成对方的应和与赞许性的行为反应；或在面谈中表现出厌烦，缺乏耐心的表现，干扰或阻止了对方的反应。

5. 面谈主试者过早做出综合性的判断，较早得出结论，产生了光环效应。甚至，有可能在面谈过程中，忽视了人才选拔的标准，而以自己个人的主观标准来代替。

除此之外，面谈主试者的行为的确也存在一些不利因素。比如，在有限的时间内，对求职者的特征进行判断，而且还要对未来的行为表现做出预测，这本身就是一件难度较大的任务。而且，还会在活动过程中，遇到一些无法预测的偶然性情况。因此，保证面谈的质量，应从面谈主试者的控制做起。有关面谈的其他问题，请读者参考本书有关人事测量方面的章节。

第五章　人员安置及职业行为管理

有效的选拔是为了保证员工进入组织后的有效工作行为及工作质量。其实，在工作分析和招聘录用的过程中，就涉及人员的未来职业行为的管理问题。它们一方面为员工进入组织后的工作行为制订了标准，另一方面则保证了人员的能力与工作要求的匹配，以及个人需求与组织需求的匹配。

阿莫克公司曾经是英国的一家石油公司。从公司的政策到公司的经理人员，都非常重视公司的人力资源投资问题，他们清楚保持组织人力资源发展对公司的长期利益的影响作用。因此，在阿莫克公司对员工才能发展工作从来是放在战略的高度上考虑，如同公司对自己的核心石油业务发展做同样重视的处理。这样就使员工在公司的战略、结构和技术上发生变化时，他们可以迅速调整以适应新技能的需要。要实现这一点，就需要仔细地对个人才能和组织需要之间的矛盾进行有效的平衡。

阿莫克公司在人员安置与职业管理上的具体工作是这样的：公司成立特殊工作小组，设计一个保证员工发展的职业管理系统。工作小组成员通常包括高层管理人员，有来自人力资源管理部门的大力支持，工作小组的每个成员，都需要对他们将要指导与合作的员工进行咨询。这样，通过职业管理系统，公司把来自各个层次的500多名员工联系在一起，在职业管理系统中，形成广泛的合伙关系。通过近两年多时间的努力，公司开发并完善了自己的职业管理系统。整个系统由四个关键部分组成：(1)教育。(2)评估。(3)发展。(4)结果。教育活动，由公司的高层管理组通过召开动员大会来启动，所有员工都要参加，接着要开始一个自愿参加的半天教育活动。评估活动也是开始于培训会议，分析员工与公司目标有关的技能，员工有两种选择：一是集中在当前的技能评估上，另一是集中在未来职业计划和工作丰富化上，也被称为是最大化职业选择。在这两种活动中，管理者和员工一起，共同识别他们职业目标相关的优势与劣势。发展是第三个组成部分，要求员工与管理者一起进行职业讨论，员工将自己的个人发展计划带到会议上，管理者也要提供一个团队的发展计划。最后，就是要将发展培训计划与能够测量的企业绩效有机地结合在一起。将员工的能力与组织目标结合在一起，并根据其对团队贡献的大小对其结果进行测量。

阿莫克公司的实践经验证明，要保证这样一个系统运作成功，就必须创造相应的条件：首先，为获得来自高层管理者的支持，职业安置与职业发展活动必须依靠组织战略，有战略层面上的支持；其次，应该尽可能在这种安置与职业管理设计中，创造针对个人的改造计划，而不是强制执行一个"适合于人人"的方法；第三，在这样的系统执行中，沟通至关重要，参与的方方面面要保持顺利的沟通，可以说沟通应该被看得与设计和完善一样的重要；第四，职业管理必须与其他人力资源工作联系起来，比如招聘和培训，这样才能强化组织目标与个人目标的协同；最后，整个系统的最终目标，是促使人们思考如何保持自己长久的职业竞争优势，而不是针对于短期得到提升。

通过这个系统，阿莫克公司不仅使自己的公司文化得到了加强，也促进员工承担起自己的职业责任，并且，也保证了员工将正确的能力，在正确的时间，用在正确的岗位上。

像阿莫克公司这样重视并科学的设计与安排员工职业管理工作的组织并不是很多，大多数公司更强调短期利益，不太关注员工的职业发展。在下面内容中，将主要对人事决策中的心理问题，以及如何保证员工绩效行为管理，并保持积极的工作状态进行分析和讨论。

第一节 人事决策与人员录用

人事决策实际上可以是个很宽泛的概念，在人事管理的录用、安置、培训、晋升以及解雇等活动中，都涉及人事决策问题，因此，它也是影响个体工作状态的一种决策活动。事实上，人事决策应包括两方面的内容：一方面是组织根据自己的标准，最大限度地实现生产效率并降低成本；另一方面是个体根据个人的标准，最大限度地达到个人满意和获得成就感。

一、人事决策的一般过程

组织的人事决策是根据组织需求判断做出的，它的结果应是对组织资源，尤其是人力资源的重新合理的配置。

根据乔纳森·斯迈兰斯基（Jonathan Smilansky）提出的人力资源管理观点，人力资源管理应该服务于组织的建设上，而这种服务的范围应包括五种类型。

1. 为组织的发展战略服务。主要包括人力资源管理应参与组织战略的形成和评论，要关心组织结构和工作流程的形成和检测，在评价和改进组织文化和价值，及确定它们在支持组织长期战略方面的影响上发挥作用。

2. 对组织资源配备的服务。资源的配备是为支持组织战略目标的实现。这需要根据组织战略需要，制订相应的计划，并采取措施招聘新的成员，对组织现有人员的调度，以及必要的对富余人员的遣散等。

3. 对组织开发工作的服务。开发也是为了配合组织的战略，为此，人力资源管理应形成并保持开发的战略，制订加强个体和群体绩效的计划，制订并监督工作流程，加强培训以改善个体的绩效能力，以及促进个体的长期发展和促进团队的发展。

4. 在奖励管理方面的服务。奖励计划也应与组织的战略相配合，因此，形成并保持全面的奖酬制度与计划，建立不同人员的奖酬标准，以及对员工的福利和待遇加强管理。

5. 对雇员关系的服务。它包括组织发展服务和传统关系服务两种类型。组织发展服务，是形成并保持与雇员关系有关的战略与计划，保证雇员在组织发展中承担自己的义务与责任，提高组织内部交流的效率，保证组织战略的成功。而传统关系服务主要是提供对雇员的支持与保证，像参与、福利、健康、安全，以及必要的法律上的保护和就业机会的平等。

从这些服务的功能来看，人事决策不仅是人事活动本身的问题，它也渗透到组织管理活动的各个领域，尤其在战略发展和规划上，现在人们比以往更强调对人力资源管理的重视。事实上，现在的人事管理活动也需要组织各部门、各层次人员的参与，比如，人事活动所服务的对象或主要顾客、有责任提供服务的团队和对服务有间接领导作用的部门等。

当然，在有效的决策系统中，最重要的还是要确定决策所依据的指标体系，也称为预测源。因为，只有提供了准确、可靠的信息，才能保证决策的质量。从组织水平考虑，人事管理决策的因素应包括以下几类。

1. 年龄梯度。管理者有必要注意到各种工作中的年龄分布，并从过去的工作绩效中，判断在不同工作中，哪些方面与年龄阶段有明确的相关性。

2. 工作绩效的要求。组织对不同工作岗位所需的技能条件应有明确要求和标准，而且，组织中的人员录用、工作设计，以及工作绩效的评价系统，也都是在这些标准的基础上产生并形成规范。

3. 工作绩效的评价。工作绩效的要求反映了组织对个体的要求，而绩效评价是对个体表现的分析，目标是使个体今后改进绩效行为。评价的合理可以纠正组织和管理者对员工的不正确态度，这些偏差可能会存在于管理培训和计划活动中。总的来说，组织只有对员工的优缺点都了解，才有可能对今后的招聘、录用以及发展战略，做出及时与必要的调整。

4. 劳动力的兴趣调查。组织不仅要掌握员工的基本能力和技能情况，更要掌握员工的需求状况。这在录用和培训与发展的管理中尤其重要。我们只有对员工的情况有所认识，才能确定用什么手段去调动员工的积极性，去鼓励他们发展，从而使组织的资源得到更充分的利用。

5. 工作结构。在传统的管理活动中，工作结构相对稳定，而现在的组织活动中，工作节奏、工作时间、休假的期限以及工作的挑战性等，多种工作条件的因素都具有较大的灵活性，甚至会比人们预先想象的要更多和更灵活。因此，在工作结构上，组织必须与其员工进行协商与讨论。

二、人事选拔的决策

根据组织的标准和求职者的条件，做出谁被录用、谁被拒绝的决策，是一项很重要的组织人事决策活动。

在录用决策时，通常要考虑应试者的学历和资格，了解他是否具备必要的技能和知识，是否有在相同行业工作的经验，以往的工作表现和业绩，以及他的个性是否能配合工作的需要。所以，重要的是我们必须了解选拔人员的决策是以什么为基础的。

选员决策活动是以工作分析为基础的，通过工作分析，我们了解到个体完成工作任务所需要的知识、技能和能力条件。然后，决定选拔的标准和我们预测的指标。这首先是要在工作分析的基础上，确定对描述工作质量来说是较敏感的指标；其次，要判断对这些标准和指标用什么方法和手段进行实际的测量，因为，只有可操作和测量的标准才能成为人事决策的预测源。下一步，将是决定这些预测源的测量变量。一种方式是对现有的员工绩效进行测量，了解绩效的表现与其他预测指标的关系，并对未来的预测做准备。另一种方式则是对所有求职者进行预测，然后观察他们在一段时间内的绩效表现，再确定有效的预测变量。

对预测变量确定后,还应该对其实际应用的信度、效度加以分析和评价,并在工作的不断变化中,进行再分析和确定。

从下面表格中的数据看,在录用和培训中,智力测验、工作试用、个人简历和背景调查似乎更有效。而在预测未来绩效的时候,只有各种与当前绩效有关的指标才是最有效的。

表 5-1 各种工作绩效预测方法的平均有效性

录用和培训		用于预测将来绩效的当前绩效	
智力测验	0.50	工作实例测试	0.54
工作试用	0.44	智力测验	0.53
个人简历	0.37	同事评价	0.49
背景调查	0.26	过去工作中的工作绩效评价(行为一致性评价)	0.49
面试	0.14		
实际工作	0.18	专业知识测验	0.48
培训和实际工作中的成绩	0.13	评审中心	0.43
学术成果	0.11		
受教育程度	0.10		
兴趣	0.10		
年龄	0.01		

资料引自:韦恩·卡肖:《人,活的资源》,煤炭工业出版社 1989 年版。

在现实的录用评价中,雇主对雇员的要求有以下几方面的指标。

1. 求职者的个人素质:

(1)诚实;

(2)忠心;

(3)可靠;

(4)有眼光;

(5)独立工作能力;

(6)坚持不懈的精神。

2. 专业知识与技能:

（1）计算机知识；

（2）财务管理知识；

（3）数字能力；

（4）文字写作能力；

（5）人事管理知识；

（6）公关或推销知识；

（7）工程机械操作知识；

（8）其他专业知识。

3. 智力和思考能力：

（1）分析推理；

（2）判断和解决问题的能力。

4. 领导才能：

（1）应付压力；

（2）说服力；

（3）动机引发；

（4）制造团队的向心力；

（5）有威信，令人尊重；

（6）想象力；

（7）组织能力；

（8）处理冲突；

（9）决策能力；

（10）抽象化思维。

5. 与人相处能力：

（1）与人合作精神；

（2）对他人的敏感程度；

（3）助人精神；

（4）有自信；

（5）求同存异精神；

（6）与人分享成果及功绩。

6. 沟通能力：

（1）聆听及尊重他人；

（2）善于与人交谈；

（3）善于对他人做出评价。

7. 工作态度：

（1）勤奋；

（2）对工作的热情；

（3）灵活性；

（4）愿意学习新知识、新技能；

（5）有责任感；

（6）适应不同的工作环境。

根据以上的标准和测量变量，我们期待对员工能做出有效的评价，据此，才能做出有效的决策。因此，我们必须确定，建立的预测指标体系与职务绩效标准的相关程度。如果两者之间不存在相关，我们也就无法进行预测，即使做出决策，也是不可靠的。因此，人事决策的质量，似乎就取决于预测的标准或变量能否说明职务绩效的情况，能否预测员工在今后工作中的成就大小。因此，为保证决策的质量，就非常有必要对预测变量的效度加以分析。

预测变量与职务绩效之间的相关，可以用两种方式来表示：一是同时效度，一是预测效度。两种方式之间最明显的区别就是收集数据的时间间隔不同。

从理论上分析，若要完全准确地判断预测变量能否反映职务绩效，就应该安排所有参加预测测验的成员，在实际工作中实践一段时间，再比较前后的成绩之间的相关性。这也就获得了对预测变量的标准关联效度。但由于实际工作的限制，组织不允许所有的求职人员都参与试用期的工作，这会给组织带来不必要的损失与浪费。另一方面，有些工作（职务）绩效需要较长时间才能得到准确的信息，因为，观察员工的稳定工作行为表现是需要时间的。因此，人们考虑用同时效度和预测效度，来代替标准关联效度。

获得同时效度的方法，是利用组织现有的员工及其行为表现，来建立预测变量的指标体系，这样能使我们迅速及时地得到所需的标准和测量数据。但这一方法也有一些局限。比如，在组织现有的员工中，基本上是一些对工作比较满意的人员，那些对工作不满和不适合工作的人都已自愿或非自愿地离开了工作岗位，因此，他们与那些求职者是不一样的，能否从他们的行为表现中去很好地预测和推断其他人的行为，或把他们的行为作为一个参照的标准，应是有些怀疑的。而且，现有员工与求职者在年龄、经验、工作动机等各方面都存在差异，如果预先对这些差异不了解或认识不足，就可能使我们确定的标准降低或提高。同时，现有员工在参与这种测验的活动中，他们也会担心威胁到自己工作和职务的安全。这将会影响到他们在测验中的配合程度，也会影响到标准的可靠性。

预测效度是考虑在不同的预测变量之间进行相关的测量，试图用不同的指标来相互预测对方的有效性。由于都是在相同的人群中进行测试，因此，这就解决了同时效度所存在的问题。但是，这也会带来新的问题，即如果两个变量之间有很高的相关，这也可能使我们获得的数据只集中在某一特殊的区域内，而不能全面地反映问题，得不到应有的预测分数分布。

此外，内容效度也是一个评价质量的重要指标。但由于内容效度只是对测验内容的主观评价，所以，它很难用定量的方法进行分析。其实，在这些效度的应用上，都存在一些明显的限制。首先是测验的样本数量问题，因为，只有足够的样本数量，才能使对预测变量和标准的相关评价有价值。而在实际工作情境中，心理学研究所需要的样本数量是很难满足的。其次，在实际的人事管理中，我们也不可能对每次施测和每一项测量变量，都进行相关性研究，这也不经济。因此，使用效度推广概念，是一个较适宜的解决办法。效度推广就是将一个预测变量的效度,推广运用到类似职务或其他背景条件下,使其仍具有效度。

三、其他人事活动中的决策及其问题

(一) 招聘的决策

招聘的功能是对求职者的吸引。对此,人事心理的研究主要集中于两方面,一是招聘的方式,再有就是职务的真实介绍。各种研究的结果都证明,重新聘用是招聘的一个最好方式,而其他方式的效果都不理想,如报纸广告和招聘代理人等方式。

对职务的真实介绍的研究是针对招聘宣传的内容而言。因为,现实生活中,对职务的实事求是的介绍太少了,从报纸、小册子、录音、录像中的介绍内容看,大多是对职务的妙处赞不绝口,而对不利之处却闭口不谈。但事实上,个体对职务的错觉和幻觉,往往是他们就职后导致他们不满并产生离职的主要原因。所以,人们预计,如果个体一开始就能了解职务的真实状况,也就不会产生错误的期望了,这样也就会使个体从正确的择业决策中,获得较为稳定的留职倾向。

总的来说,招聘的难易和成败取决于组织的经济条件、职务的不确定性、组织的声望、职务需求的迫切性等。说到经济条件和状况,不能不谈到决策与选拔的成本问题。由于工作标准和绩效的成功衡量是由多方面因素决定的,因此,在对员工的行为预测时,肯定我们选择的预测指标越多,决策的准确性就会越高,错误录用和错误淘汰的数量就会减少。但事实上,使用多少手段,总有一个限制性的标准和范围,这就决定于选拔的成本与效益。如果,我们无限制地追求决策的质量和精确性,就会大大提高人事选拔的成本,使组织承担过多的负担。但如果我们的决策质量太差,或是流失了必要的人才,或是录用了不当的人才,肯定也会给组织造成损失,甚至还会造成再次的招聘与选拔,成本也会升高。

组织招聘质量与效率的评价是以基础比率、录用有效性和挑选率来

衡量的。基础比率是指在不使用新的测评工具的条件下，使用原有测评工具招聘成功的比率。当然，在不加入新的工具，不增加新的成本，原有工具使用得越多，成本就越低，效率也就越高。因此，如果基础比率较高，新的测评工具的改进空间就较小。而如果基础比率较低，则新测评工具的改进空间就大。挑选率是指在一定的求职者当中，招聘测评分数的要求高到某一程度，并因此而被录用的人数所占的比率。很明显，我们设置的标准越低，挑选率就会由于被录用人数的增加而提高；相反，如果设置的标准越高，则挑选率就会减低。在其他条件确定不变的情况下，如果挑选率比较高，也就没有必要去选择和评价新的测评工具，因此，新测评工具的改进空间就较小；相反，挑选率越低，则越有必要引入新的测评工具。

一般来说，在基础比率、挑选率和选择工具的有效系数之间存在着较为稳定的关系。因此，组织完全有可能根据事先确定并已知的不同工具和选择标准，及其结果的关系，来确定自己的选择指标的有效程度。比如，从泰勒·罗赛尔表中，我们可以确知，如果组织招聘的基础比率是0.7，挑选率是30%，挑选工具的有效系数为0.5，则新招聘的员工中将有89%的工作绩效表现会让组织满意。而如果我们将挑选工具的有效系数提高到0.75，同样30%的挑选率，就会使让组织满意的工作绩效表现上升到97%。因此，在挑选率一定的情况下，测评工具有效系数的提高，会使新员工的基础比率上升。而且，挑选率越低，随测试工具有效性的提高，会使基础比率上升的速度越快。而在测评工具有效系数既定的情况下，随挑选率的降低，新员工的基础比率不断上升，而且，有效系数的数值越高，新员工的基础比率上升的速度越快。因此，组织在设计与选择新测评工具的时候，应对新工具的成本与收益进行比较。

（二）安置与分类

在人事管理活动中，确定某一职务最适合哪些个体也是很重要的。虽然，个体在进入组织之前，他们对自己的职业兴趣和自身的需要应有所认识，而且，组织对自己需要选择的人员，也应该能确定个体的兴趣和需要问题,但即使如此,安置仍将是一个需要探讨的问题。

安置与分类都是要对职务与个体进行最佳匹配的过程。心理学家对这两个概念的区分是,安置是确定在某一职务上,哪些人不需要培训,哪些人需要培训,而哪些人则需要被组织拒绝;分类则是为不同的个体找到最适合的职务的过程。

表 5-2 泰勒·罗赛尔表(部分)

基础比率	有效性	选择比率									
0.30	r	0.05	0.10	0.20	0.30	0.40	0.50	0.60	0.70	0.80	0.90
	0.00	0.30	0.30	0.30	0.30	0.30	0.30	0.30	0.30	0.30	0.30
	0.25	0.50	0.47	0.43	0.41	0.39	0.37	0.36	0.34	0.33	0.32
	0.50	0.72	0.65	0.58	0.52	0.48	0.44	0.41	0.38	0.35	0.33
	0.75	0.93	0.86	0.76	0.67	0.59	0.52	0.47	0.42	0.37	0.33
0.50	r	0.05	0.10	0.20	0.30	0.40	0.50	0.60	0.70	0.80	0.90
	0.00	0.50	0.50	0.50	0.50	0.50	0.50	0.50	0.50	0.50	0.50
	0.25	0.70	0.67	0.64	0.62	0.60	0.58	0.56	0.55	0.54	0.52
	0.50	0.88	0.84	0.78	0.74	0.70	0.67	0.63	0.60	0.57	0.54
	0.75	0.99	0.97	0.92	0.87	0.82	0.77	0.72	0.66	0.61	0.55
0.70	r	0.05	0.10	0.20	030	0.40	0.50	0.60	0.70	0.80	0.90
	0.00	0.70	0.70	0.70	0.70	0.70	0.70	0.70	0.70	0.80	0.90
	0.25	0.86	0.84	0.81	0.80	0.78	0.77	0.76	0.75	0.73	0.72
	0.50	0.96	0.94	0.91	0.89	0.87	0.84	0.82	0.80	0.77	0.74
	0.75	1.00	1.00	0.98	0.97	0.95	0.92	0.89	0.86	0.81	0.76

但也有的心理学家有不同的认识。比如,温斯基(Winsky)指出,安置是根据某一项预测变量或指标来给个体分配不同职务的过程。这就如同在学校里,对学生的英语学习分成快、慢班,是根据学生的实际测验分数来进行的。分类则是指根据两个或两个以上的有效预测指标对个体进行职务分配的过程。因此,分类比安置要复杂,其结果将比安置要更合理。但代价是在录用率上,分类的录用率将比安置的要低。

麦考米克则认为安置与分类是非常类似的，它们都是对同样数目的个体和职务进行最佳分配的活动，因此，它们与招聘和录用活动不一样，没有一个选拔和筛选的任务。安置与分类的区别仅在于安置是从个体的角度出发，为个体在组织中找到一个最合适的职位；分类是从申请人的群体和工作职务的群体出发，为组织的目标合理地实现入职匹配。因此，在有的情况下，对组织有利的、好的分类，却不一定是对个体有利的、最适合的安置。

在组织的安置与分类活动中，有三种可以选择的策略，它们体现了不同的对个人目标和组织目标的强调。

1. 按个体的最佳潜能的安置。这也被称为纯选择策略。这一策略是以个体内在的差异性为前提，以最大限度地实现组织目标为准则，通过比较个体在几方面测量上的结果，再以其在某一方面测验的最佳结果为基础，从而决定对个体的职务分配。这样，能使个体在他表现最佳的预测指标上，达到和发挥他的最大潜能。这种策略显然与测验相互之间的关系和效度有关。但在这一策略中，由于不能很好协调个体单项能力与整体综合能力的关系，从而会导致个体与职务的不当搭配。具体地说，由于我们只是考虑个体的最佳预测指标的分数，但这一分数未必是达到职务所要求的标准。比如，职务要求操作者在某一项测验上的分数应在总体人数分数的75%的位置，但如果我们选择的突出个体只能达到50%，虽然他达不到理想的状态，但在同样的人群中，他可能已是优秀者了。相反，如果我们选拔的个体在某一项测验上非常优秀，已大大超过职务所要求的标准，这就会造成人才的浪费，并有可能会导致个体工作满意感低和出现离职现象。这些弊端都是由于只考虑个体，并过于绝对地比较个体的优势所造成的。

2. 按个体的需要和能力进行分配。这也被称为职业指导策略。这一策略的原则是将个体在职业兴趣与职业倾向偏好上测试的结果与工作职务中的能力条件相比较，再根据个体对职务最满意程度和尽可能的胜任能力来进行安置。这一策略更适合于在教育机构中的安置，而且，它是基于对个体生活经历的了解。因为，在组织环境中，尤其在经营性组织中，很多情况下满足个体的职务爱好受到职务本身性质的限制，个体可能不会使自己的需求和爱好得到满足。比如，如果组织中人人都希望当总经理，则其他职务就只好永远空缺了。

3. 连续选择的安置策略。这种策略其实是对前两种策略的折中。首先，它要求所有的职务至少要安置给符合胜任职务最低标准的个体。其次，它也要求尽可能为个体提供能使其才能得到最大限度发挥的职务。实际上，它是追求对个体和组织需求的满足。

第二节 工作的动机与激励

心理学家认为个体的行为是靠动机驱动的，因此，对动机问题的研究，也吸引了众多心理学家的注意。但在人事管理活动中对个体动机的讨论，主要是揭示工作环境中正常人的行为动机。而组织管理工作和管理工作者对这一问题的重视，是由于激励问题关系到生产率，而这对于组织是极为重要的。几乎每一个组织的领导者都希望激励员工去做对该组织关系重大的事情，并从而取得成果。他们甚至将这一问题看得过重，认为只要解决了激励问题，其他的管理问题就可迎刃而解了。这无疑是极为错误的，激励只是一个方面。

一、动机与行为

动机是行为的最基本的决定因素，它对行为的影响作用，也就是它的功能，可分为始发功能、维持功能和强化功能。始发功能决定了动机是行为产生的唯一动因。从根本上看，行为的目的应是满足个体的某种需求，而这些需求是通过动机的形式表现出来的。当然，人的需求有生理性与社会性的区分，动机的性质也有直接的与间接的区别。在工作行为上，引发其行为的动机性质大多是复杂的、多重性的，因为个体在工作中所要达到的目的、所要满足的需求，本身就是复杂与多样性的，甚至有时连个体本身也未必非常清楚。

维持功能是与行为的持续和稳定有关的，因为行为受到多种因素的影响，人的需求和认知判断也会伴随环境的变化而产生一些改变。因此，行为的保持需要动机的维护与维持。这种维持的功能与个体的成熟性、个体需求的强度以及需求满足的迫切性有关。

最后是强化功能，它也与行为的长久持续状态有关。在具体的行为情境中，动机的强化功能可以使个体提高忍耐性和毅力，帮助个体克服实现目的的困难和阻力。强化功能决定于个体行为的成就感和抱负水平。一个成就感强、抱负水平较高的个体，强化自己行为的自觉性就高。

在工作行为的研究中，斯蒂尔斯（Steers）和波特（Porter）对动机的定义为，动机是在工作情境中影响行为的唤醒水平（强度）、方向并保持行为的条件。因此，动机与工作绩效是不同的，动机并不是绩效，它只是引导、维持工作绩效的条件。具有动机也只是具备了达到优秀绩效的可能性，真正的绩效的获得，还要靠个体自己的努力来实现。同时，动机的激发与个体的满足也不是一回事。有时，组织投入较大的代价改善人们的工作环境，以求得个体的满足，但其结果并不会起到激发个体动机的作用，产量并没有提高。

在组织管理中，理想的结果应是组织中的个体既受到激发，又感到满足。但真实的情况，却往往是人们的工作动机受到很大的激发，工作热情很高，但他们的内心对其工作和生活状态并不感到满足。这样，随着时间的推移，人们就会越来越不满足，或行为激发的力量将越来越小，直到不满足的程度超过人们工作行为被激发的程度。这也就是既受不到激励又不满足的状态，最终会导致个体在工作上的不投入、不安心，甚至离职另谋它就。

因此，对工作动机的研究主要集中于：动机产生的条件是什么？动机怎样引导、维持工作行为，以及这一过程是如何进行的？对此，心理学的研究已提出并总结了许多理论来说明这些问题。

二、工作激励的需要理论

对工作激励的研究有着长期的历史，人们越来越认识到激励是个多因素的综合体，其中没有一个因素会占据统治地位。更明确地说，在组织管理中，任何组织要想设计一种奖励制度，并不是一件容易的事情，因为我们不可能精确地了解组织中个体的需求，这要靠我们去猜测和估计。较早对这一问题加以解释，并用简单明白的方式来说明的，就是需要理论。

（一）需要层次理论

马斯洛（A.H.Maslow）认为人的需要从低层次到高层次可分为五级，分别是生理需要、安全需要、归属与爱的需要、尊重需要和自我实现需要。

生理需要是直接与生存相关的需要，也是人类的基本需要。这些基本需要中若有一种不能满足，它就会完全支配个体行为。但对大多数人来说，这些基本需要是容易满足的，因此，动机的真正问题应是在生理需要满足之后发生的。

安全需要包括对组织、秩序、安全感和可预见性等的需要。它们的主要目的是降低生活中的不确定性。

归属与爱的需要指个体希望属于某一团体，成为其中的一员；需要爱和被人爱。这种需要的不满足，会导致孤独和空虚，这是在社会生活中，人们产生心理问题的主要原因。

尊重需要是要求得到别人的承认，包括对威望、认可、地位等的欲望，又要求自尊，包括对自足、胜任、自信等的欲望。尊重需要的满足，使人觉得自己对社会有用。一旦受挫，会导致沮丧和自卑。

自我实现需要指个体按自己所适合的道路发展自己，充分发挥个体的潜能的需要。

在这些需要的类型中，自我实现需要最让人关注。马斯洛认为，自我实现的人应有以下特征：

1. 他们能充分准确地认识现实；
2. 他们表现出对自己、对他人以及对环境的最大认可；
3. 他们表现出自然、朴实和纯真的美德；
4. 他们常关注各种社会疑难问题，而不是他们自己；
5. 他们喜欢独处，能独立思考；
6. 他们独立自主，不受文化和环境的约束；
7. 他们能欣赏生活，有持续的新鲜感；
8. 他们较常感受到神秘和高峰体验；
9. 他们较易具有一种全人类的同一性；
10. 他们建立了仅与少数人深厚久远的人际关系；
11. 他们易于接受民主的价值观；
12. 他们具有很强的伦理观念；
13. 他们具有发展完善的、非敌意的幽默感；
14. 他们具有创造性；
15. 他们抵制文化适应。

（二）ERG 理论

与马斯洛的观点有所区别，又有些相似的另一需要理论，是阿尔德弗（Alderfer）的 ERG 理论。ERG 理论以个体的三种基本需要（存在需要、关系需要、成长需要）为基础。ERG 的名称就来自于这三种需要的头一个字母。

存在需要是指物质存在的需要，它们要通过环境中的一些因素来满足，像食物、水、报酬、福利、工作条件等。

关系需要是与维持个体和他人关系有关的因素，如同事之间、上级与下级、家人与朋友、对手之间的人际关系的需要。

成长需要是个体试图寻求个人成长、发展机会的需要。

虽然，在需要的特点上都是分为不同的类型和层次，但马斯洛的观点与阿尔德弗的观点有一个很大的不同，即马斯洛的理论是一个"实现—前进"的过程，要求个体先满足低水平需要，然后才能转入对下一层次需要的满足；而阿尔德弗在其模型中提出了一个"挫折—倒退"的机制，认为存在、关系、成长需要在其实在性、具体性的程度上是一个连续体，其中，存在需要最具体，关系需要相对次之，而成长需要是最无形、最不具体的。他还认为，如果个体没有遇到过那些不具体的需要，则个体的具体需要水平就越强烈。具体地说，如果成长需要的满足受到挫折，则个体会加强对关系需要的重要程度的认识，并使自己的努力更多地投入到低一层次的需要满足中。

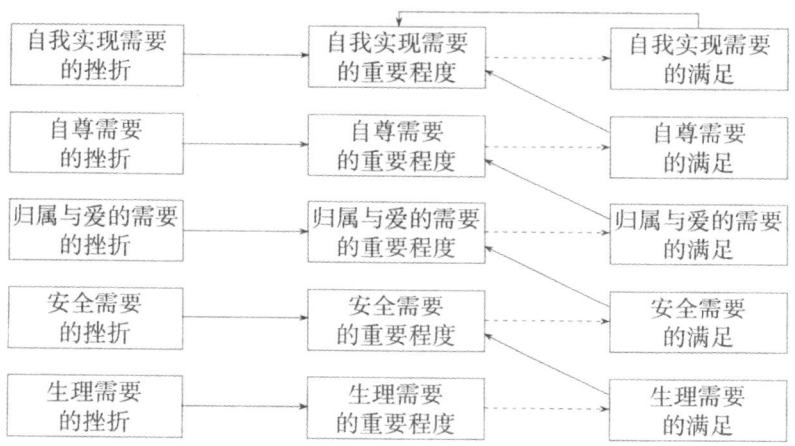

图 5-1 马斯洛模型的"实现—前进"特征

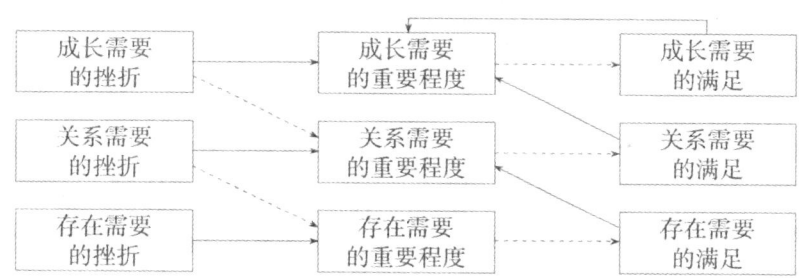

图 5-2 阿尔德弗模型的"挫折—倒退"特点

(三) 成就需要理论

默瑞（H.A.Murry）很早就提到成就需求作为一种基本的需要形式，应是许多动机行为的基础。他将成就需要定义为"克服障碍，运用权力尽可能好、尽可能快地解决问题"。

在工作激励方面，是麦克利兰（J.L.McClelland）将成就需要的概念发展成为一种理论。他认为，成就需要是与回避失败有关的，在一定的环境下，某一刺激通过与过去的成功或失败的经验相关联，从而具有了动机的性质。也就是说，如果一个人过去在某一情境中成功过，他就会在以后相似的情境下产生追求成功的行为。如果成功的经验越强烈，则追求成就的需要也就越大。而失败的经验则起到相反的作用。

成就需要对人的行为的激励，在组织管理中，与管理者和技术人员的激励有较大的关系。麦克利兰认为具有强烈成就需要的人，既有强烈的取得成功的愿望，也存在同样强烈的害怕失败的恐惧。这种人把个人的成功看得高于一切，他们从工作成功中获得的乐趣和激励，远超过物质上对他们的鼓励。对于他们来说，报酬只是衡量个人进步和成就大小的一个工具。这种人喜欢挑战，喜欢为自己设想一些既有适度困难，但通过努力又能得以实现的目标。他们对风险也喜欢采取现实的态度，一般不靠运气做事，而是对问题分析与权衡再三后才做决定。他们的事业心强，有进取心，并醉心于工作。他们对自己的处境很敏感，喜欢在工作结果上获得及时的反馈。即使失败了，他们也不至于过分懊丧。

斯蒂尔斯等人的研究证明，成就需要会影响到工作绩效与工作满意感之间的关系。那些具有高成就需要的个体，绩效与满意感之间的相关较高；而那些低成就需要的人，绩效与满意感之间的相关近于零。根据成就需要理论的设想，这种关系说明，在一般的工作情境下，特定的工作目标与过去的成就需要相关联，需要若得到满足，则满意感就随之而产生。这意味着好的绩效本身，就是对高成就需要的报偿。因此，通过使工作更具有自主能动性，更具有挑战性，扩大工作的意义，也就能够对高成就需要者的绩效起积极促进作用。但对于低成就需要者，这些措施只是浪费时间、精力，是无功的投入。

维纳（B.Weiner）和鲁宾（E.Rubin）根据麦克利兰的成就需要概念，曾对管理者在行为上的表现，以及对组织绩效的影响进行了调查。他们发现，在管理者身上，成就需要已转变为一种更为内化了的需要。被成就需要激励的个体，有可能需要其他人的帮助和配合来满足自己的成就需要，但他与别人的实际交往则是决定于其他需要的。成就需要主要影响的是决定非人际关系的、导致组织高绩效的行为。佩顿（Patton）则提出，管理者的激励受一些很重要因素的影响，主要表现在以下几个方面。

1. 工作的挑战性。人们必须知道自己的职责范围和所要达到的目的，以及自己的职权、对自己的期望，还必须相信自己所做的工作有价值。

2. 地位。包括头衔、晋升，以及其他一些象征性的东西。

3. 取得领导身份的强烈愿望。这种愿望和权力欲望关系密切，它的真正意义是希望自己成为同事当中的一个领导者。

4. 竞争。竞争并获胜，这是一个很重要的激励因素，它会存在于生活的许多方面。

5. 恐惧。这虽然是一种消极的因素，但会影响到人的激励。它的表现形式是多样化的，比如恐惧出差错，害怕失掉机会，害怕得不到承认。

6. 金钱。金钱并不仅仅是物质上的反映，它也绝不是效能最低的一种激励因素，有时，它的内容是很丰富的。

三、工作激励的过程型理论

过程型理论认为，个体行为活动的本身就具有激励性，它能给我们带来一定的价值，也能满足我们的需要。因此，在过程型的理论观点中，突出强调个体的认知因素：一是个体对事物和自己行为的价值和效率的认知；二是对行为过程中的比较认知，对行为结果的比较认知。

(一) 期望理论

弗鲁姆（V.H.Vroom）在20世纪60年代提出的期望理论，认为行为的动机的激发是受到效价、手段和期望三方面因素的影响的。他的观点可以用下面这个简单的公式加以说明。

动机被激发的程度＝效价×手段×期望

其中，效价是人们对事物的态度和价值观，它表现为某种行为结果所具有的吸引或排斥能力。比如，金钱对大多数人具有正的效价，而脏乱且危险的工作条件就带有负效价的特点。当然，对于不同的个体，由于其背景不同，特别是价值观不同，在不同的事物上效价表现的程度也是有差别的。手段是指个体对当前状态下的手段能否实现其预期目的的认知评价，或者说是对实现另一个目的与实现原来的目的关系的评价。在工作情境中，工作绩效就可以被看作是个体实现其最终需要满足的手段。尽管人们工作努力，但努力的结果对个体来说并不是为工作绩效，而是要满足个体的需要，而这些需要的满足，要通过工作努力达到一定的绩效为条件。因此，工作绩效也就起到手段或工具的作用。期望是对个体的目的能否实现的判断，也是个体对自己行为与欲达到的目标之间关系的主观概率估计。

根据三个因素之间关系的变化，动机激发的状况会随之产生改变。它们的关系可以用下表加以说明。

表5-3 不同效价、手段、期望关系下的动机结果

效价	目的	期望	动机水平
高且正	高	高	强并趋近目标
高且正	高	低	中等并趋近目标
高且正	低	高	中等并趋近目标
高且正	低	低	弱并趋近目标
高且负	高	高	强并避开目标
高且负	高	低	中等并避开目标
高且负	低	高	中等并避开目标
高且负	低	低	弱并避开目标

(二) 公平理论

公平理论是在 20 世纪 60 年代由亚当斯（Adams）提出的。公平理论的基础应是社会认知活动中的认知不协调理论。这一理论主张，当人们对自身周围环境的认知存在不协调的状态时，会给个体带来不愉快的心理紧张感，为了消除这一紧张，个体也就会采取行动。据此，亚当斯提出：在组织情境中，个体总要把自己在某一条件下的行为投入和结果产出的比率，与他自己选择的某些重要的他人的比率进行认知的比较。对这一比较的结果，如果个体从主观上判断为公平的，个体就不会产生心理紧张。否则，个体就会存在心理紧张。而消除这一心理紧张的反应，就会成为个体行为的动机。动机行为的强度因此也会与不公平所产生的量成正比。

公平状态：

$$\frac{个人的产出结果}{个人的行为投入} = \frac{他人的产出结果}{他人的行为投入}$$

不公平状态：

$$\frac{个人的产出结果}{个人的行为投入} > \frac{他人的产出结果}{他人的行为投入}$$

或

$$\frac{个人的产出结果}{个人的行为投入} < \frac{他人的产出结果}{他人的行为投入}$$

一般来说，在个体的认知中，行为的投入包括自己对组织工作的一切贡献，像智力、技能、人格、资历、经验，当然更重要的还有努力的程度和持续性。产出的结果主要是对个体需要满足的程度，具体的形式包括所有对个体有价值的报偿，像金钱、提升、表扬等。

对公平理论的研究，大多数集中于不公平报酬状态下个体的反应，因为，对公平的比较通常是在分配结果之后产生的。从研究结果上看，问题比较集中的因素主要是对公平概念的认识。由于公平是一个主观上的认知和判断，因此，存在的不一致和多重标准，显然会对个体之间的公平结果产生影响,并将进一步影响到个体的工作激励。

比如,个体的认知评价存在一种普遍的认知错误现象,就是在个人利益得失的主观概率上存在明显的不一致。具体地讲,就是人们对自己获得的利益的感受与从自己身上失去的利益的感受,是不一样的,获得的结果产生的满足小,而丧失的结果产生的不满大。这会造成个体更看重自己对组织的贡献和工作上的投入,而容易忽视自己所获得的需要的满足。

主观概率的影响还可能来自于比较对象的选择、判断问题的背景、公平的参照系的特点,会使人们在相同的事物上,产生不同的认识。古德曼(Goodman)曾在个体进行报酬评估时可能选择的参照者类型上,提出了几种参考的方案。

亚当斯的公平概念指个体对于自己和他人的投入产出比的比率。这又被人们称为比例原理。但在伯恩鲍姆(Birnbaum)的修正中,我们可以从三方面来理解公平。

1. 相对公平。个体对公平的认知,要求按照相同的比例进行分配的增长。这就意味着如果两个人在过去几年中的努力程度相同,就应该得到相同比例的分配的增长。因此,如果分配增长比例不同,个体之间就会产生不公平感。这也等同于亚当斯的公平概念。

2. 绝对公平。不管原来的分配基数与水平是多少,个体公平的认知,要求得到相同数量的报酬增长。这就是说努力的结果只是影响现在报酬的变化,相同的努力应得到同样报酬数量的增长。但由于以前的工资报酬水平不同,有可能这种增长在不同个体之间的体验是不同的,因为比例是不同的。

3. 调整公平。个体对公平的认知,最终要求得到数量相等的报酬。如果以前个体间的努力是相等的,而他们以前的报酬水平不等,则对报酬增长的要求将使双方的水平接近,也就是无论在报酬增长的比例上,还是在增长的数目上,都将使原来较低水平的个体,得到更多的增长。

表 5-4 参照者概念定义和操作定义

参照者	概念定义	操作定义
内部人员	以组织内部其他人为比较对象	我们只得到了5%的工资增长,办公室的人得到了8%的工资增长,但他们的责任比我们少多了
外部人员	以组织外部人员为比较对象	我应该得到和我做类似工作的其他人员一样多的工资
系统结构	从已提出的报酬系统结构与实际结构的关系上,当两者出现差别时,产生不公平	目前的报酬增长并没有按照评定的那样反映物价增长的变化
系统管理	以报酬系统的管理形式为参照,只是关于结构系统的管理,而不是结构系统本身	我虽然提升为科长,但报酬却并未提升到科长的待遇
个人报酬历史	把过去或未来的投入、产出当作现在报酬评估的比较对象	我过去一直得到较好的报酬增长,期望这次能同以前一样
个体的自身价值	个体对自身价值的评价,以及个体对自己在公司中价值的内部标准,同时也受到周围人员的影响	以我的工作和所受教育,我应该得到较高的报酬

四、工作激励中的强化理论

强化理论是以条件反射模型为基础的。根据条件反射观点,在一定条件下,行为是通过强化形成的。强化的形式大体有四种。正强化,这是给个体一种愉快的刺激,像表扬、奖励,从而使个体形成或今后再重复出现被强化的行为。负强化,通过给个体一种不愉快的刺激,使其今后终止某种行为。但这种不愉快刺激不一定真正实施,个体从观察和学习中,从了解他人的惩罚事件中,也会体会到这一不愉快,并产生行为的变化。第三种方式是惩罚,即以物质或心理上的不愉快刺激,来使个体改变行为。第四种方式为忽视,有时,我们对一些行为的漠视,也会使个体失去行为的兴趣，并因此而改变行为。

强化理论其实是作为一种行为塑造和改进的技术与手段在组织管理中发挥其作用的。这种有效的行为塑造方式，是通过强化程序表进行的。简单的程序差别，分为连续强化和间断强化。连续强化是指个体每出现一次正确的行为反应，就给予一次正强化。这种方式很有利于个体迅速形成组织所需要的行为反应，因为个体会从每一次强化中都获得一次满足。但由于这时行为是与强化紧密联系的，因此，强化在任何时候的停止，也会很容易造成行为反应的停止。间断强化是指强化并不伴随正确行为的每次出现而出现，可能是在连续出现几次正确的行为之后，才会得到一次正强化。这种强化方式可能使个体的行为改变慢一些，但它有利于行为的保持，即行为产生之后，它并不会由于强化的停止而马上就消失，它还有可能再出现一段时期。

当然，从以上介绍的各种理论观点看，不同的理论都能部分地解释工作行为的原因及其激励的办法，但也都还存在一些没有解决的问题。因此，在实际的管理活动中，我们所要考虑的并不是哪种理论合理，而是怎样综合地利用各种方法，解决实际的问题。一般来说，在实际工作中应注意考虑以下几个因素。

1. 报酬和奖励应尽可能地与好的工作绩效相结合。

2. 应尽可能建立明确、具体的可操作目标体系，并使个体参与目标的建立过程。

3. 应采取措施增强员工对工作的胜任和良好的自我评价，也可以对他们的能力和技能略作夸大的评价，这会比客观的评价效果更好。

4. 个体应定期、准确地了解自己的绩效水平和期望水平。

5. 在实际工作中，应少用负强化和惩罚的方式。

6. 个体对于广泛的公平比特定的公平更敏感，因此，组织应重视处理好所有人员的奖励或奖金的分布情况，而不要过于突出和强调对特定员工的评价，也就是要更加注意广泛的公平问题。

第三节 工作报偿

工作报偿这个内容应该是人事管理中的一个十分重要因素。同时，它也涉及十分广泛的内容，既包括现金方式的直接报酬，又包括福利方式的间接报酬，还包括促使员工提高生产率的各种刺激和奖励。

一、薪酬设计的原则及其结构

在工作报偿方面，概念较为混乱，我们其实可以把它们分为报酬、奖励和福利三大块。报酬通常又有薪金和工资两种类型之分。以要求工作质量为主的报酬称为薪金，其劳动性质多属于脑力劳动范围。以要求工作数量为主的报酬形式称为工资，其劳动性质多属于体力劳动。

（一）薪酬管理的基本问题

在组织中，工作报偿决定于什么呢？我们是根据工作绩效来分配我们的报酬吗？答案似乎是肯定的，又是否定的。应该说，组织的薪酬管理是为实现组织目标，对工资额、工资制度、特殊工资等进行的一系列计划、组织、实施和检查的活动，必要时还要有反馈的过程。因此，它的确应该反映工作绩效的好坏。但事实上，薪酬管理又受到社会环境、组织实力、历史发展因素，甚至组织中特殊的人事关系特点的影响，所以，它又不完全是对工作绩效实际状况的反映。

组织对薪酬管理的目的，主要体现在：1. 确保和维持员工的基本生活需要；2. 激发员工的积极性，提高人员素质；3. 建立公平、合理的报酬分配制度，促进组织发展；4. 维持组织正常秩序，创造良好的合作环境；5. 处理好人际关系，建立人员之间的相互信任关系。

为实现这些目的，完备的薪酬管理内容应包括以下几部分：

1. 薪资计划。要根据组织的综合经营计划对薪酬管理的要求，组织和制订各种有关薪酬管理的活动计划，形成整个薪酬管理的基本内容、制度及方法体系。

2. 薪资制度管理。它包括薪资额、薪资体系、薪资结构和薪资支付形式的管理。薪资额应包括对员工支付的一切费用。薪资体系是针对基本工资的理解、性质的判定及其特征的明确。主要的薪资体系包括平均工资体系、职务职能工资体系。薪资结构是对薪资构成要素及构成比率的确定，它体现在薪资应有什么支付项目组合，以及这些项目所占的比例。支付形式是指薪资支付的计算基础，如计件或计时。

3. 特殊工资管理。比如，带有鼓励和激励性质的奖金的管理，以及组织对各种福利、保险等费用的管理。

4. 对薪资管理的监督、检查。

(二) 薪酬制订的程序与方法

一个完整的薪酬制订过程应包括薪酬调查、合理薪酬额计算、选择适宜的体系、确定适宜的结构，并规划出标准化的制度这几个步骤。

薪酬调查，目的是使组织的薪酬水平具有外部竞争力。因此，组织必须要了解当地相同或类似工作的薪酬水平，尤其是组织的竞争对手给予员工的薪酬标准。这应是组织建立薪酬标准的重要参考依据。调查应考虑组织的能力，选择与自己相近的组织。主要了解的信息应包括其他组织中的基本薪金、津贴、奖金、红利和各种费用，以及他们每周的工作时数等。

对薪酬总额的计算主要以组织的支付能力、员工的基本生活费用、一般的市场行情而定。衡量组织支付能力的指标，包括员工劳动生产率、单位员工净销售额、销售额与人工费用比、劳动分配率、单位产品的人工费用，以及由损益平衡点确定的标准等。

薪酬体系的确定是指基本工资的性质和依据是什么。常见的形式有年功工资体系，它的基本工资决定于年龄、工龄、学历、生活保障要素等；职务工资，它主要决定于工种和履行职务的能力；职能工资，它决定于职务的相对困难程度、重要程度。

薪酬结构策略涉及薪酬由哪些项目组成，并且，像基本工资、津贴、奖金和各种福利费用的相对比例。结构的差异决定了组织中平等化和阶层化的平衡。平等化是指薪酬的层次少，最高薪与最低薪水平间差距小，相邻的工资档次之间的差距也就小。人们认为，这种策略可以提高对员工的公平对待程度，增强员工的满意度和工作团队内部的团结。而阶层化则要求组织内薪酬的层次多，人们之间薪酬的差距要大。这种策略可以增强人们的身份感，但容易抹杀员工的活力和创造力。也有人认为阶层化更有助于提高对员工的公平对待，因为员工的工作内容是不同的，这决定了他们要掌握的技能、需承担的责任、对组织的贡献都是不同的，所以薪酬水平也要有所不同。

薪酬的制度是根据以上各个环节，确定组织的薪酬基本的管理方法，并将这些方法规范化、制度化，最后形成文字。它的基本内容应包括对本制度的目的和法律效力的说明，对制订薪酬的基本依据的说明，对薪酬的基本构成和各因素的内容的说明，还要包括薪酬调整的规定、发放的规定和其他的说明等。

（三）影响薪酬的因素

从理论上说，组织的薪酬作为劳动力的价格应取决于劳动力的边际产出，但实际情况中，薪酬是决定于多种因素的。不仅组织内部的管理理念和态度，以及组织的支付能力都决定薪酬的水平和结构，而且，组织外部的因素，以及组织为保持和提高员工士气、吸引高质量的员工、降低离职率和改善员工生活标准的因素，都会影响到组织的薪酬政策。

社会的政治、经济环境是影响组织薪酬政策的一个重要因素。社会稳定并且经济发展有利时，组织为吸引和保持足够数量的员工，就会愿意并有能力对员工支付较高的报酬。此外，较重要的因素像劳动力市场的条件，在当前情况下是供不应求还是供过于求，这对薪酬的结构和水平会产生较大影响。比如，如果对某种熟练工人的需求高，而供给不足，则这种熟练工的价格会趋于上升。在劳动力市场中，通常不同行业的平均起点工资是不同的，这也反映了供求的因素影响。再有，像政府的劳动与就业的法律规定，如最低工资、最长工作时间、加班津贴标准、福利计划要求、工作安全与卫生条款、平等支付原则以及童工雇用限制等,还有税收政策对员工的收入也有重要的影响。

组织内部的影响因素主要来自于薪酬的政策。有效的薪酬体系首先必须满足和体现公平的原则。对组织外部的公平性要求组织的薪酬标准与其他组织相比要有竞争力,能吸引和保留人才。而内部的公平性则要求使内部员工感到自己与同事之间在付出和所得的关系上是合理的。相比较而言,内部的一致性比外部的公平性更复杂一些。对组织外部的公平性,主要是解决员工与组织外部相类似人员的比较问题,组织可以通过法律政策的要求,以及薪酬的调查,来确定适宜的标准,并根据组织自身的实力来确定实际支付的水平。而内部的一致性则是要确定组织内各种工作的相对价值,这要通过一些手段的帮助,来建立薪酬的结构体系。

比如,较为广泛应用的海氏工作评价系统就是一套较适合于对管理类和专业技术类工作岗位评价的手段。海氏系统分析了三种应予酬报的因素,它们是诀窍、解决问题的能力和岗位责任对公司成败影响的大小。其中,在诀窍中包括三个子因素,即科学知识、专门技术、实践经验,管理技巧要求,人际关系技巧要求,这也是海氏系统应用时考虑的主要因素,被称为海氏三因素。在具体评价活动中,评价者根据工作分析结果和三个子因素,确定每种工作的每一酬报因素的所得点数,并以此三个因素所得的分数加起来,就可以确定每一种工作的总分数。但值得注意的是,这些分数的计算都是在不考虑市场工资状况的情况下确定的。

二、组织的薪酬管理策略与激励机制

对员工的激励不仅仅是个承认的问题,而要始终把对员工的承认与报酬紧密地联系起来。组织都希望自己的成员能以较高的士气投入工作,并从而保持一个较高的生产率。但事实证明,大多数管理者却经常为了平均对待下级而牺牲了公平对待下级,这往往是导致人员满意感下降,并导致生产率下降的一个主要因素。因此,有效的激励是建立在合理的组织薪酬管理策略之上的,并且,组织的各种策略目的应是一致性的,并在管理活动中有效地运用。

(一) 组织中的激励机制特征

管理者在激励下级的过程中,应处理好组织的薪酬和奖励制度与工作绩效的关系。从他们的工作中,应很好地体现出组织各种人力资源策略的协调和配合。因此,管理者应在工作中将注意力集中在三个方面。

1. 工作绩效的定义

这与工作目标的确立是有关系的,组织要提出对员工的种种期望,并对员工提高工作绩效的连续性目标计划,做出一个具体的描述。具体地分析,工作绩效的说明包括目标、度量和估价。确立目标是一种有效的改善工作绩效的策略,它可以使岗位责任更明确,并为员工指明努力的方向。明确的目标还需要有实际的度量,这也是工作绩效标准发挥作用的地方。但这种度量和说明必须要明确、具体,要详细描述和说明工作完成的准确含义。估价是对完成任务的进展程度进行有系统的评价,这也是保证员工不断提高工作绩效的决定性因素。

2. 为工作绩效的实现提供条件

管理者必须注意为下级清除工作绩效实现过程中的障碍,为工作绩效的实现提供手段和充足的资源,并精心确定下级人选。工作绩效的实现,不仅需要个体的努力,更要有必要的条件保证。清除工作障碍的目的是创造一个高度支持的工作环境,否则,员工们会认为管理者对工作完成不真正关心,从而使工作动力衰减。充分的人、财、物的保障,也是为创造一个支持性的工作环境,否则,会使员工怀疑自己能否很好地完成分配的任务。人员的精心选择也是改善工作绩效的一个保障,拙劣的人员配置显然会降低工作效率,因为,不论人们被安置在要求过低的岗位,还是被安置在要求过高而使他们无法胜任的岗位,都会使他们的能力得不到很好的发挥,并降低生产的积极性。

3. 促进工作绩效

这应是用协调方法激发员工提高工作绩效的一个关键因素。管理者可以从五个方面促进员工的积极性，即确定奖励的价值、数量、时间，以及对奖励的喜爱程度和奖励的公平性。管理者有责任为下级提供他们认为有价值的奖励，而且，还要提供足够数量的奖励来刺激员工付出努力去追求它们。

从总体原则上，有效的激励系统应做到简明、具体、现实性和可估量性。简明，是使人们容易理解，计划的规则要简洁、扼要。具体，则是要准确地指导下级，使他们准确地知道到底组织希望他们做什么，以及做到什么标准。现实性，是使组织中每个成员都有合理的机会去获得他们希望得到的东西。可估量性，其实是制订激励计划的基础，它要求我们必须对目标做出必要的估量，把具体的成就与其所花费的费用联系起来。

通常，激励系统失效的原因，无非是以下一些障碍因素：

（1）所付的奖励价值太低；

（2）工作绩效与奖励之间的联系不明显；

（3）激励效果的降低，是由于奖励变成了永久性的提升工资的形式；

（4）管理人员的素质低，他们缺少对评价结果反馈的手段和方法，不能使问题得到准确及时的反映；

（5）组织在激励政策上的内部不一致。

（二）经理人员的薪酬与奖励机制

经理人员的薪酬结构通常由基本工资、年度（短期）奖励、长期奖励、正常雇佣福利和经理人员特别福利组成。短期的奖励制度可以促进现有资产的有效利用，它们通常是根据公司的总体效益指标。这种奖励大多以现金方式立即支付。长期奖励计划可以促进新的生产过程、新的工厂以及能开辟新市场，并恢复原有市场的新产品的发展。因此，长期工作绩效既包括数量上的成就，也包括质量上的成就。它应该成为经理人员，特别是高级经理人员奖励计划的重点。

经理人员是企业人力资源中最重要的部分，他们的行为对企业经营的成败负有主要责任,而且,他们的行为对其下级行为的影响也很重大。因此,对经理人员薪酬制度的设计是一项很慎重的工作。

在考虑经理人员的薪酬制度时,应注意遵循几个原则。

1. 薪酬与绩效挂钩

最佳的考虑,是将其薪酬与其经营绩效挂钩,其薪酬的高低是随其经营成果的状态而浮动的。但这有一个重要的前提条件,就是要为经理人员设置明确的经营责任目标,并给予充分的经营自主权。在组织中明确地规定,经营目标的完成可使其真正得到应得的丰厚薪酬,但完不成目标则应承受巨大的压力。

2. 效率优先,兼顾公平原则

整体计划的设计思想,是保证激励经理人员的高效率工作,只有高效率的运转,才会产生组织的高效率。但在实际工作中,又强调高薪与低薪之间的差距应是合理的,否则,不公平的分配也会挫伤群体的积极性,破坏了整体的协调性,同样会导致效率的下降。

3. 固定收入与风险收入相结合

经营活动本应是风险性的活动,薪酬随活动目标的成败而变动也是合理的,但风险性过大,则会限制经理人员的主动性行为,而成功后获利过高,又会刺激经理人员采取不必要的冒险与投机行为。因此,经理人员的薪酬还要有一定的稳定性。固定收入就是保持经理人员的生活基本保障,而风险收入更直接与经营绩效相关,起到激励的作用。

经理人员的薪酬结构一般由工资、股息和奖金组成。工资是对其劳动报酬的体现,它也是固定的部分,虽然它与一般员工的基本工资在数量上有差别,但由于只是生活的保障,激励的作用很小,因此,不宜有过大的差别。股息是经理人员在现代企业制度中,在本组织进行投资的重要方式。这也是为使经理人员的个人利益与组织的利益更紧密相连,在许多公司中的普遍做法。这一类计划的形式可以分为两大类,一是使经理人员的奖励与股票价格的增长相联系的计划(比如股票购买特权、股票增值权和限定股票);另一种是使奖励与预先规定的公司绩效水平相联系（比如绩效单位或绩效股份）。当然，这些方法与手段所产生的长期激励效果是不一样的。

在经理人员的薪酬制度中，奖金是对其人力资本风险的报酬。但由于经理人员的价值是很难确定的因素，变化性较大，其数量的确定在很大程度上将决定于市场的竞争机制。

表5-5　长期奖励计划对实现组织目标的影响

目标	奖励性股票购买特权	无资格的特权	股票增值权	限定权	绩效单位
影响盈利和亏损	无	无	有	有	有
使企业获得减税待遇	无	有	有	有	有
使收入稀释达到最低限度	无	无	有	有	有
激励高级经理人员	无	无	无	无	有
保留高级经理人员	有一些	有一些	有一些	有一些	有一些
使现金支出达到最低限度	有一些	无	有	有	有
对高级经理人员有利的税率	有	无	无	有一些	无
使奖励摆脱对股票市场的依赖关系	无	无	无	有一些	有

（三）组织的整体薪酬策略的特点

组织的薪酬策略直接反映了组织内部的目标和战略、企业的文化、员工工作的性质，以及组织对员工的期望。同时，薪酬策略也与组织的外部环境存在一种依存关系，它对组织的发展战略起一种支持性作用。

薪酬政策包括对工资等级、工资幅度、加薪基础、晋升、降级、调职、付薪方式、小时工资率、加班、休假、工作时数和工作时间等各方面的说明与规定。它的功能是通过对薪酬数量和方式的规定，来提高生产率，控制成本，实现对员工的公平对待和符合法律法规的标准。通过合理的薪酬制度，组织可以吸引和保持组织需要的高质量员工，鼓励员工学习并提高他们的工作技能和能力，激励员工高效率地工作，并创造组织需求的文化氛围。组织的薪酬政策对组织与员工行为是有指导功能的，它通过强调组织需要的项目和内容，支持组织在重要领域上的投入，并鼓励个体在行为上的趋近。比如，在薪酬制度上对业绩的鼓励，以及对技能发展的鼓励，或对运营成本控制的鼓励等，将影响到个体行为趋向的变化。当然，在组织发展的不同阶段，其政策和发展战略在组织资源的不同方面所需要的也不同，这也将影响到薪酬制度的特点。

组织的薪酬制度的内容具体地反映在报酬的形式和其作用上。通常，我们将反映工作报偿和工作结果的部分，称为直接报酬。它决定了组织员工的基本工资、绩效工资、激励性报酬和延期支付的报酬。而另一部分反映支持和保障性的报酬形式，又被称为间接报酬。它是对福利、津贴和各种服务性报酬项目的反映。

在薪酬制度中，应更重视激励性报酬的设计和支付，因为，这是决定组织的高效率工作，促进员工高绩效行为，提高士气，并加强对组织忠诚的重要因素。激励分个人激励计划和集体激励计划。个人激励计划是针对个体的业绩，鼓励个体追求高质量、高目标的工作绩效，会激发个体的热情。但它显然受到员工个人能力水平差异、组织支付能力与员工绩效的直接相关的困难，以及是否有足够的报酬数量以满足个体需要的因素的限制。由于员工的个人条件与组织工作条件都很难保证一致和稳定，因此，过分强调个人激励计划，会产生管理上的一些问题。

集体激励计划可以是对部门或组织中任何层次人群的激励。利润分享和增益分享是集体激励计划中两种基本的形式。利润分享是指用盈利状况的变动作为对部门或整个企业绩效的衡量，超过目标利润的部分将以现金的方式对员工进行分配。这种方式会使员工对组织和组织目标利润有更强的认同感，使他们更关心组织的发展，从而提高劳动生产率。

但在组织不景气的情况下，特别是由于市场或其他外部因素造成的组织无法控制的不景气的情况下，难以在组织中执行这一计划，这会使工作优秀的员工也失去激励的资格。

增益分享是将一部门或整个企业在本期生产成本或人工成本上的节约，与上期的相同指标加以比较，然后，把节约额度的某一事先确定的比例在有关的人群中进行分配。这种方案的目的是用薪酬的利益关系，将个人目标与组织目标连接起来，而且，还强调组织绩效的改进是个人和集体共同努力的结果。但这一方法的主要问题：一是部门之间可能产生不良竞争和冲突；二是有可能使员工难以看到个人努力的结果，从而失去了积极性。

第六章　个体的职业发展计划

人力资源部门不但有筛选、培训和评价等人事活动，还应该有关照下属潜能发展的作用。进入20世纪80年代后，西方的大多数企业纷纷将原有的人事部门改称为人力资源部门的含义可能也正是如此。人事部门不单单进行人员筛选、培训和评价，还应当在职业发展过程方面起重要的作用。以人事计划为例，过去的人事计划只是简单地帮助人找到一个职业，今天的人事计划还要确定候选人的内部潜能，并培训使其适合于所从事的工作。评价也是一样，它不仅仅为了发给职工工资，更重要的是为了确认组织是否满足了个体发展的需求。

从广义上讲，人事活动的所有工作都可以说是满足两方面的需求：组织的和个人的。职业成功是组织的成功，也是个人的成功。组织从更好的工作绩效和更多的献身精神方面得到好处，而个人则从更加丰富的、具有挑战性的工作中得到好处。也正是在这样的意义上，人事部门现在也有被改称为职业计划和发展部门的趋势。

所谓职业，就是一系列与工作相关的职位，不管是付酬的还是不付酬的，都能使人在工作技能、成功和满足方面得到成长。职业发展（career development）也称为生涯发展，是对职业的探索、建立、成功和满足的终身性的系列活动过程。职业发展是人选择一个职业领域并能在该领域发展、变得更加投入的一种有意识的努力。职业发展更多地关注选择合适的职业而不是无目的地变换工作。它也提供了未来特殊培训的基础。职业发展就是促使职业选择上的健康调整。

职业发展可以是正式的也可以是非正式的，可以由自己的组织进行也可以由外部进行。内部工作大都由人力资源部门管理，但业务指导的部门也可能管理其中的一部分。外部管理由行业协会或者咨询公司进行，这些协会组织会议和提供一些工具或课程。

职业发展的话题不仅是长期工作的组织员工对自己的未来应该思考的问题，尤其对于刚开始自己职业生涯的年轻人，可能开始认真地思考自己的职业发展问题，更是非常重要。掌握自己职业发展的道路对我们每个人，也包括对组织，都是非常重要的。但遗憾的是，很多年轻人事实上并没有真正意义上的认真思考过自己的职业选择。这确实让我们感到有些不可思议。想一想，在生活中我们对于自己的很多行为都是深思熟虑的，比如，在我们的购物行为上，通常我们都是非常精明的消费者。同样的道理，对自己的职业选择，我们也必须做一个精明的消费者。在考虑自己的职业选择时，不能简单被在学校做广告的公司过度影响，也不要被伙伴的过度压力影响，甚至也不能被父母朋友子女的职业道路选择过度影响。我们需要的应该是确保花足够的时间，去思考你自己真正想要的职业道路，然后再去选择一个适合你的职业。

从理论上说，我们需要找到一份可以用到自己能力优势的工作，这也是在寻找生命的意义。哈佛大学教授积极心理学课程的泰·本教授（Tal Ben-Shahar）说，在他毕业时他的哲学教授曾说过这样的话："生命很短暂。在选择前进的道路时，你应该先筛选出那些你有能力做到的事情。然后再从这些事情中选择你想去做的事情。然后，从你想做的事情中选出你真的很想做的事情。最后，再选择出你真的非常非常想做的事情，然后就去做这些事。"

我们可以将个人的职业发展选择用这样的一个等级尺度衡量，从你最深层的需求，到最外面的选择机会，可以分为"最最想做"、"很想做"、"想做"和"能做"这样几个等级。根据经验，往往你"最最想做"的并不是一个"工作"，而可能只是你的一个人生目标。一般的人，只是找到一个"能做"的"工作"，如果你一开始的职业生涯来自一个你"想做"的"工作",恐怕你已经很幸运了。所以,职业发展应该是体现与众不同的你的个人特点,不是寻求与周围其他的人一样,而是真正找一个适合自己的工作。

第一节 职业选择

职业是怎么选择的?什么样的因素在职业选择中起着重要的作用?一种称为现实-偶然性的理论认为,偶然性是人决定职业的重要机遇。某一时刻某一地点遇到的某人、在不同的时刻就业以及职业选择者的家庭背景等都影响人的职业选择。

在现实场景中,职业选择也是对人的认知能力的重要考验,人们必须从遗传、环境、机会、经验、技能等方位进行职业选择。

职业选择的探索至少可追溯到 20 世纪初期的一些研究,人们常用的经典和通用的方法是进行特征因素(trait factor)研究。这种研究的基本观点是,职业选择可以被看成个人能力、兴趣与职业机会的匹配。在这里,人们把职业机会操作性定义为是职业的各种特征。在美国流行的三大职业选择量表基本都属于此类。

职业选择是由"职业计划"和"选择行为"构成的,"职业计划"具有重要意义,它是个人通过逐渐意识到自身技能、兴趣、知识、动机等,通过获取关于机会和选择的信息,确认职业相关的目标,并建立达到这个特定目标的行动方案的精细过程。"职业计划"决定于个体的特点,它涉及:个体有怎样的优势和弱点?个体有哪些特殊的能力?适合于怎样的工作?因此,对个体的分析应该是"职业计划"的一个最重要的部分。

一、个体分析

个体的职业选择是从对自己的评价与分析开始的。自我评价的方法多种多样,常用的简便方法被称为"优势弱点明细平衡表格"。这是本杰明·弗兰克林（Benjamin Franklin）最早提出的方法，即将个体的优点写在纸的左面，缺点或弱点写在纸的右边，尽量开列出所有的优点和缺点。在进行自我评价时，最好不要有他人参与，这样会坦诚地呈现自己的观点。为了避免个体仍然具有的思维惯性，也可以进一步用这样的方式说服自己："这个表格的使用并不是为了找你的麻烦，列出优点是为了让你不要忽略，要尽量使优点发挥作用，而列出缺点则是为了让你能设法将缺点转化为优点或长处，更好地完成自己的职业选择任务。"

一开始，人们常常发现，列出的缺点居然比优点多。但如果将这个过程拉长，不断反复进行，可能一些本来列入缺点的内容就会转移到优点一侧。一般来讲，自我评价的过程应该反复进行几次，甚至要用一个星期时间。这个过程对人们的自我认识具有相当大的好处。

另外，也可以通过喜欢—不喜欢调查进行个体分析。这种调查能帮助个体找到自己的局限。比如，有些人不喜欢旅行，而有些工作恰恰需要常常旅行，这样，旅行就成了一些个体工作的障碍。所有这些都可以通过喜欢—不喜欢调查反映出来。

喜欢—不喜欢调查的方式和优势弱点明细平衡表格的填写方式相同，将喜欢的写在左面，不喜欢的写在右边。当然，喜欢—不喜欢调查不必进行平衡计算，只要将自己喜欢和不喜欢的写全就可以了。

除上面这些简单的介绍，我们下面将进一步对重要的个体分析侧面做更加详细的介绍。

（一）职业倾向分析

霍兰德（John Holland, 1973）提出一种关于六种基本性格类型或导向的模型，以引导职业选择。这六种基本性格类型或导向包括：

1. 现实导向，主要倾向于需要技能、体力和合作等方面的职业，如农业；

2. 探索导向，主要倾向于需要认知能力的工作，如大学教授、科学家等；

3. 社会导向，主要倾向于需要人际交往技能方面的工作，如心理

医生、外事人员、社会工作者等;

4. 传统导向,主要倾向于规则较多的工作,如银行职员、公务员等;

5. 企业家导向,主要倾向于影响他人的工作,如管理者、律师、公共关系工作者等;

6. 艺术家导向,主要倾向于自我表达、艺术创造、情感抒发等工作,如艺术家、广告制造者、音乐家等。

多数人会具有几个导向。霍兰德认为,当导向相似或相互匹配时,人在寻找工作方面将困难较小。他创造了一个六边形的模型来描述这个情况。六边形的每个角代表一种工作导向,两个相邻的角是相互匹配的职业导向。换句话说,如果你的职业导向是两个相邻的角,你在寻找职业时就不会有大的内部冲突;但如果你的导向恰恰是相对的两极,那就问题大了,因为你的个性将你扯向相互对立的两端。

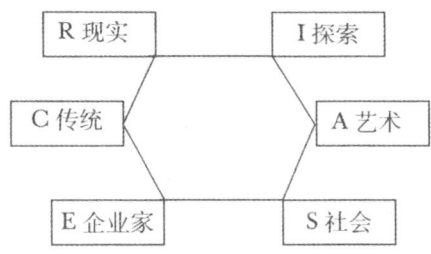

图 6-1 霍兰德的六边形模型

(二) 职业技能长处分析

职业技能是成功从事某职业所需要的技能。按照职业名录规定,职业技能包括三个方面,即数据、人和事物。

有一种判断自己职业技能优势的办法,被称为职业技能作文。通过写一篇题目是《我曾经有过的最满意的职业》的短文,尽量详细描写你满意的职业,可能其中存在一些你不喜欢的内容。完成这个文章后,再写两种你曾经做过的最满意的职业,也详细描述;最后,将三张纸上的描述出现最多频率的关于技能的词汇用线标明,这就大概可看出你的职业技能。

更精确的职业技能分析也可以用测验方式进行测量。这些内容可以参考心理测量的书籍。

个体的自我了解是一个终身过程，人们会不断根据环境和年龄的变化而改变，因此，自我职业技能的了解也应该不断进行，或每隔一段时间进行一次。

（三）职业锚点分析

美国心理学家贝林（L.Bailyn，1980）和埃德加·谢恩（E.Schein）等（1975）通过研究认为，人们维持一个职业或变换职业一般都和某种维系点有关。这种维系点或锚点（career anchors）是人们难以割舍的一套动机、价值观和技能。所谓职业锚点，就是一种对职业方向的锚定或确定点。对职业锚点的分析是通过以下五方面因素展开的：

1. 管理能力锚点

具有管理能力锚点的人指向成为管理者，他们的职业目标是发展人际关系能力、分析能力和情绪控制能力。这种职业锚点永远是朝向管理他人的。管理能力锚点使人围绕权力阶梯逐渐攀登，希望达到一个担负全面管理职能的位置。

2. 技术/功能能力锚点

第二类职业锚点是指向成为工程技术人员、技师或从事其他技术方面的工作。这种锚点的定向一生围绕自己的专业技术，继续发展技术天赋，寻求具有挑战性的业务工作。具有技术锚点的个体，通常不会去寻求管理方面的职位。

3. 安全锚点

安全意识强的人希望职业稳定，他们总是将自己与固定的公司、组织或地域联系起来。安全是第一位的，个人和家庭收入的稳定和家庭模式的稳定最重要，其他都退居次要地位。

4. 创造力锚点

具有创造力锚点的人有发明家、创造者或企业家的风范，他们希望发展或创造出完全属于自己的事业。一些人最终可能成功，其他人仍然在探索。

5. 自主和独立锚点

具有独立或自主锚点的人希望将自己与组织分离，不受组织的羁绊，获得完全的独立。无论做什么，他们希望自己当自己的老板，并按照自己的步调工作。教师、咨询、写作、个体经营等方面的工作都是自主和独立锚点定的目标。

从这五种不同职业锚点的认定，可帮助我们将复杂的职业进行分类。对于组织来讲，根据不同的职业锚点也可以帮助组织确定职工不同的发展方向。

在分析个人的职业锚点特征时，可以尝试通过回答下面的问题来进行：

（1）在中学，你最专注于哪个领域？为什么？你感觉如何？

（2）在大学，你最专注于哪个领域？为什么？你感觉如何？

（3）你离开学校的第一份工作是什么？你怎么看这份工作？

（4）当你开始工作的时候，你的雄心或长期目标是什么？这个雄心或目标变了吗？为什么？

（5）你变换的第一份工作或公司是哪个？你怎么看第二份工作？

（6）你将要变换的工作或组织是什么？为什么要变换？你怎么看这次变换？与先前的变换一致吗？

（7）回首过去，你什么时候获得最大享受？在哪些地方？

（8）回首过去，你什么时候最无法获得享受？在哪些地方？

（9）你曾经拒绝变换工作或被提升吗？为什么？

对你自己在这些问题上的回答认真分析，对照五种职业锚点的描述，将答案中出现的职业锚点做五级评分。1代表最不看中，5代表最看中。最后看哪一个分数最高。

职业锚点可帮助你认识自己到底是怎样的人。至于你到底希望什么样的职业，还可以明确地向自己提出：你到底想干什么？

二、职业分析

在对自己的特点做过个体分析之后,职业计划要做的第二步就是调查都有哪些职业。职业名录是专门规定每种职业名称并对其细节进行描述的书籍,其中,也将职责、职业所要求的能力、工作条件等一并给出。除职业名录外,像职业手册、就业指南等,也能给我们一定的帮助。此外,一些职业选择内容的期刊也可提供不少信息。

职业分析应该从多种方面进行。首先,对职业地位可以从社会功能、社会报酬、职业环境三方面进行分析。根据职业在社会结构中所处的相对位置,职业的社会功能,即职业对社会贡献的大小,包括承担的责任、对国家各方面发展的意义等。社会作用大的职业对从业者的要求高,社会地位也高。职业的社会报酬,指社会在政治、经济、文化等方面赋予任职者的各项权利、福利、待遇、机会、工作主动性等。而职业环境,是分析与职业活动相关的条件,如技术装备、劳动强度、安全系数、卫生条件等。

职业分析还可以包括其他一些因素。例如,从脑力和体力分类上,在美国,体力劳动者属蓝领工作者,这些工作包括手工业者、非运输性技术工人、运输装置机工、农业和非农业工人、服务性行业职工等;而脑力劳动者属于白领行业,包括专业技术人员、非农业领域的经理和行政管理人员、销售人员等。

在澳大利亚等一些国家,采用三类产业分类法,即将职工的工作按照产业类型进行分类。第一产业指直接利用自然资源进行生产的职业,包括种植、养殖业和矿业;第二产业指建筑业和制造业;第三产业指服务业,包括贸易、商业、运输、通讯、教育、卫生等行业的工作。

为能够更好地反映出职业的复杂性,还有一种按照职业的相似程度进行分类的方法。像加拿大国家移民局提出的职业分类规范将职业分成四个层次。第一层由23个大组组成,第二层细分为81个小组,第三层则为499个细组,最后一层就是具体职业的名称,总共有11300个职业。

我国公布的权威性职业分类方法有三种。第一种是国家统计局、国家标准总局、国务院人口普查办公室1982年提出的供人口普查使用的《职业分配标准》。该标准依据在业人口本人所从事的工作性质的同一性进行分类，将全国范围内职业划分8大类、64中类、301小类。8大类包括：各类专业技术工作，国家机关、党群组织、企事业单位负责工作，事务及有关工作，商业工作，服务性工作，农林牧渔业劳动，工业生产、运输，不便分类的其他劳动。

第二类标准是原国家计划委员会、国家经济委员会、国家统计局、原国家标准委员会批准于1984年颁布、1985年实行的《国民经济行业分类和代码》。这种分类按照企业、事业、机关团体、个体人员从事的生产或其他社会经济活动的性质的同一性进行。也可以说是按照行业划分，适当照顾行政主管部门业务管辖范围。该分类共分门、大、中、小四层。门共13个，它们是农、林、牧、渔、水利业，工业，地质普查和勘探业，建筑业，交通运输、邮电通讯业，商业、公共饮食业、物资供销和仓储业，房地产管理、公共事业、居民服务和咨询服务业，卫生、体育和社会福利事业，教育、文化艺术和广播电视事业，科学研究和综合技术服务事业，金融、保险业，国家机关、党政机关和社会团体，其他行业。

第三类是国家统计局、国家标准局1986年6月发布、1987年5月实行的国家标准职业分类和代码，类别包括：各类专业技术人员，国家机关党群组织，企事业单位负责人、办事人员和有关人员，商业工作人员，服务性工作人员，农林牧渔劳动者，生产工人，运输工人和有关人员，不便分类的其他劳动者。

对职业分类和职业知识的了解有利于个体的职业选择和发现。

职业分析不仅适用于刚刚开始工作的员工，也适合于已经工作多年的员工。对老员工来说，他们需要解决的问题，是现在工作提升或变换的前景如何？在本组织中，有多少人能得到提升？各种工作的待遇怎样？最终能被提升的顶层在哪里？如果已达到顶端，换哪条路还能进一步发展？

在分析完自我需求、限制和组织可能提供的机会后，个体就可以制定自己的职业计划，根据这个计划能使个体明确职业发展的方向、时间表和具体路线。

查特兰德等人（Chartrand, Robbins, Morrill & Boggs, 1990）于1990年制订了职业因素表（Career Factors Inventory）用于职业评定。这个量表包含两种信息需求量表（职业信息、自我信息）和两种个人情感量表（职业选择焦虑、犹豫）。量表在选择职业方面可以给个体和组织提供很多帮助。

20世纪70年代以来，职业选择的个体差异已经开始逐渐引起人们的关注。人们一般认为职业决定是一个连续的过程。为认识这个过程，可以对职业承诺、职业探索、对自我的知识、对职业的知识、对困难的意识、对一个特定职业偏好的信念和承诺、职业阻碍倾向等因素开展测量。另外，在区分意愿和职业、信仰和职业、容忍暧昧和职业、害怕承诺等方面，也有相应的测量。

三、组织在职业选择中的辅助

格兰罗斯等（C.S.Granrose & J.D.Portwood, 1987）以266名成人职工为样本研究组织对职业计划的管理，他们认为能有效将个体和组织的职业计划相匹配，是决定工作满意度和能否在岗位任职的基础。组织所起的作用比职工个人的作用更关键。如果组织和个人都有足够的弹性，就可以在匹配时更好地避免问题出现，而不是出现问题后再着手解决。

个体当然是职业计划的主要制订者，组织只能起到辅助作用。从组织方面考虑，最大限度地发挥人的潜能是计划的首要出发点。许多公司的高级管理人员认为，辅助下属或周围的人建立职业发展计划比他们个人建立自己的计划更重要。壳牌石油公司的CEO伯恩斯（S.M.Burns）曾指出，好的管理者不担心自己的职业，而是担心与自己共同工作的人。他的建议是：别管自己，照顾那些与你共事的人，你将浮现在他们创造的业绩之上。

组织在个人职业计划中的辅助作用，是帮助人们做出自己的决策。决策应该是在个人需求、个人能力和组织需求之间平衡的结果，管理者要做到人尽其才，根据员工的需求提供培训和指导，比如对那些希望从事人力资源管理的人进行专业的培训，就能帮助他们提高。

对新进入组织的员工来说，组织的职业指导目标是尽量使其适应岗位。在这方面，尤其应注意克服一些问题，比如，"杜绝现实的冲击"，刚进入岗位的职工需要在工作中建立自信，发展与别人共事的技能，重要的是，他们要发现自己在本岗位的优势是什么。这一阶段也被称为"现实考验期"。对一些人来讲，这个时期就像是一个动乱期或灾难期，许多人幼稚地以为将学校学到的东西简单迁移过来就够了。还有一些人乐观的以为可以从此开始自己计划中的伟大冒险。事实上，最初的工作既不能简单使用个体已有知识，也没有什么冒险性。避免自己做可能做不好的工作，已经是尽职的行为了，但这一切根本得不到什么鼓励和表扬。所谓现实的冲击，描述的是刚进入新工作岗位的人对职业和工作的过高期望，以及与他们体验的无聊、没有挑战性的现实间的冲突。作为管理者应该对这个现象给予足够的重视和注意。

由于现实并不按照新员工的想法发展，管理者必须考虑他们的心理需求，尽量提供具有挑战性特点的工作。在 IBM 公司的一项调查中发现，第一年，职工有机会接受挑战性的工作，在他们今后六年中的职业发展中，越容易表现出成功。但像 IBM 这样的公司实在是少数。另一项针对 22 家公司的调查证明，其中，只有 1 家公司能给新职工提供挑战性的工作。近年来的实践证明，让新员工接受挑战和训练，的确是一个对组织有益的管理方式。

在任用之前，将工作演示给新员工看，将成功的经验和可能的阻碍都告诉他，这也是避免现实冲击、增进长期绩效的好办法。谢恩（E. Schein）认为，在面试时，公司太希望招聘到合适的职工，而职工也太希望被雇用，他们常相互呈现有误的信息。因此，一开始就有正确的信息呈现应该是关键的因素。

新员工遇到的第一个上级也很重要。心理学提出的皮格马利翁效应证明，上级越是相信下属能做好，越是提供支持和好的期望，下属的工作绩效越高，适应也越快。千万不要将新的员工安排给那些不提供支持、没有信任或期望的上级管理。

指导者，或也可称为师傅，也是很重要的因素。指导者能将信息、反馈、鼓励等传达给初入行业的人。指导者可以是正式的，也可以是非正式的。老职工或退居二线的职工、领导者都可以充当指导者的角色。

在任用初期，应该使新员工在不同岗位上有轮换的机会。这既能使他观察到自己的潜能所在，也能得到更多的不同领导者对他的看法。初期多进行工作轮换对未来组织合理使用人才也具有良好的作用。

组织在关注员工早期进入工作岗位的另一个需要注意的地方，就是不要为眼前的一点小利而忽视长远发展。也许新员工的确在一个岗位上干得不错，但他可能有更大潜力，一定要考虑将其最大的潜力发掘出来，做更合理的使用。

除此之外，对新员工进行岗位适应性和职业计划的培训也是很有必要的。可以为员工编印一些小的职业计划参考手册。这种手册的内容包括自我评估测验、职业方向介绍、工作信息、资源、如何进行职业计划的制订等。

第二节 职业发展

一、职业发展的过程

与个体的成长发展相似，个体的职业也有一个发展过程。有观点认为，这个过程与个体的发展过程在许多方面是相互重叠，并需要相互匹配的（D.D.White & D.A.Bednar,1991）。

一般人们将职业发展过程大致分为如下几个阶段:

(一) 探索阶段 (exploration)

探索阶段大致与"早期成人转换"和"进入成人世界"的个人发展阶段重合。这个阶段是通过教育、半工半读或早期职业尝试来探索职业的各种可能性的阶段。通常,这一阶段从 20 岁到 25 岁前后。

(二) 审视阶段 (trial)

这个阶段是在最先选择的职业领域进行,大致与"进入成人世界"重合。职业决策常常反映出个体最先接触过的职业,或以此为中心。虽然这个决策很重要,但年轻人在此时没有年龄的压力,也没有缺乏选择的压力。从此阶段向下一个阶段的转换可能被年龄上的"30 转换"所中断。这个转换是对家庭、社会和职业的综合思考。对大多数人这个转换可能是在 20 岁选择之后,首次认真检验自己的职业选择。因为早先的转换可能缺乏职业的可靠信息,所以这次转换可以形成关于职业和个体偏好的新的灵感。职业女性的转换还可能被婚姻和育儿过程造成挫折。生活在男人阴影中或生活在传统女性职业期望中的人,将产生焦虑。

(三) 建立阶段 (establishment)

此时个体对职业有显著的投资。大量时间被用来发展完成所选择工作的能力。在个人发展中表现为是"成为一个人"的阶段。个体将大量时间用在工作上,投入工作,增进绩效。这一阶段也可能会受到不支持的上级的限制,感到上级给自己的授权太少和控制太多。总的来说,在这一阶段,人们更喜欢自己完成任务而不是受到指导。

(四) 成长、维持和停滞阶段 (growth, maintenance and stagnation)

中年转换是职业生涯的重要冲击。个体开始自我询问个性和职业的重要问题。通常对工作和生活要求很多,但又怀疑自己能力是否能保住目前的职位。这种内在冲突常常会被新来的、有竞争力的、年轻又受过良好教育的新员工所强化,这导致个人对组织与工作的认同和回报更困难。此时的决策既强化了早期的职业决策,也可能对这种决策提出警告，决定未来的职业成长、维持或停滞状态。

成长，是对当前决策加深投入力度，或重新投资，以增进工作绩效，并努力在当前的职业通路中寻求提升的过程。个体将在此阶段重新调整自己的需要。

维持，是职业的平整期。这个时期个体接受先前的职业选择，或保持当前的职业满意度。有些人到达这个职务高原期就不再关心职业发展了，他们也不再体验到较强的工作不满足感。工作高原期有可能是组织造成的，而并非个体的原因，比如，组织将关注点聚焦于高潜能的员工，则可能忽视一般职工。像年龄因素影响到升迁决策，这些因素都会使个体发展进入高原期。费尔德曼（D.C.Feldman,1988）等人的研究证明，处于高原期的管理者更容易出现缺勤行为，会受到健康问题更多的困扰，对自己在商业能力上的自信也更低。

停滞，是感到自己在工作上有挫折、失意、没有前途的感觉，但同时也没有任何解决办法。此时，个体对组织和工作本身都开始失去满意感。

（五）退离阶段（disengagement）

职业发展的最后阶段是离开，或称退离。这时已开始着手退休计划，有些人对未来有明确的认识，他们关心体力局限，也关心未来的理财。退离也将是情绪压力较大的时期。那些对退离问题客观认识，可能早已退居二线，或作为顾问将自己的经验用于指导别人，有些人可能开始考虑着手做一些与原来的工作毫无关联的活动，对这些人来讲，退离是远离心理压力，可以更多时间去完成自己想做的事情，如旅游或其他休闲。另有一些人的退离只是将工作进行了转换，开始一种与过去不同的工作经历，多数情况下是自愿选择加入新的组织，比如加入一些小企业或独立经营。

总之，退离既可能是积极的，也可能是消极的。与工作相关的需求和社会情绪的需求都会受到个体离开组织的影响。成功的转换需要个体重新调整对自己的理解和对新环境的了解。

退休对所有人来说都是一种大的转换,一些人对这种转换的适应比较迅速,另一些人则比较困难,因此,现在的退休指导和就业指导一样受到企业或社会的关注。在美国,退休指导常包括:

1. 如何得到养老保险的收益?
2. 如何处理闲暇时间?
3. 如何进行财政管理和投资管理?
4. 如何保持身体健康?
5. 如何安排生活?
6. 如何进行心理调整?
7. 如何寻找和稳定第二职业?

在接受这方面指导的人中,将近 64% 的人认为课程和指导是有效的。因此,很多公司都开始尝试设置这样的指导机构。

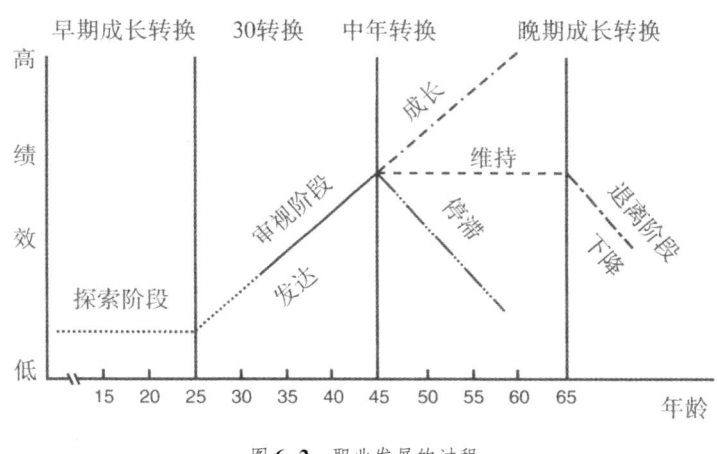

图 6-2　职业发展的过程

近些年来,对妇女就职问题也开展了很多研究。一般认为,妇女的职业发展与男人的职业发展有相似成分,也有些不同之处。妇女的职业发展更多受哺育孩子决策的影响,如果选择家庭为先,就会比其他妇女较晚在职业上获得地位;一般她们比起同龄男性,在职业地位上也会受到影响。妇女的职业发展还受到所谓"玻璃天花板"效应的影响,这种现象是指人们看起来似乎具有发展和升迁的余地,事实上是无法得到提升的,更高的职位永远在自己上方似乎"触手可及",但却"无法企及"的地方,中间好像隔着一层无法逾越的透明"天花板"。

在人事组织管理的研究上,一项针对 675 名销售人员的研究表明,工作态度、与工作相关的行为,都和职业阶段有相当显著的相关。而且,不同的态度和行为,可以用来预测各个阶段的销售行为。这也证明,了解这些现象,能够帮助我们预测各阶段员工的行为和态度。

二、职业通路

职业计划是一个不断修正的过程。个体在改变,组织也在变化,必须在计划过程中不断发展员工,使其根据组织需求调整自己的岗位。如果能最大程度激发职工的工作热情,就会更好地促进工作绩效。因此,人力资源管理需要从组织和个人两个方面考虑。

在升迁方面,应根据年龄还是能力,这也是引起很多争论的,现在更为肯定的观点是,应该以能力为本,但在能力相同情况下,年龄或工龄是一个应该考虑的因素。但是,怎样衡量能力?大多数公司常常是根据当前或过去的业绩为标准,这种做法已经受到质疑,因为,过去的业绩可能产生于能力,也可能受到于能力之外的运气或他人帮助的影响。为此,更好的解决问题的办法,应该是考察人的潜能。

在测定能力后,应该以公开、开放的模式安排升迁工作,即在所有人都清楚提升标准的情况下进行。在处理升迁机会方面,可以依据一些成功的职业发展通路。组织对个体职业计划的有效帮助,就是提供职业通路的信息。通常对职业发展通路的描述,有传统职业通路、网络职业通路和双肩挑职业通路这几种。

(一)传统职业通路

个人在自己的岗位上循一条垂直向上的路线前进的通路属于传统职业通路。这种发展模式是将前一个工作的经验作为后一个工作的准备。这样,员工的职业发展必须是一步一步前进,从前一个工作中得到后一个工作所必需的积累。

传统职业通路的最大优点是线性。人们可以看得见自己前面的道路如何，以及应该怎样设计与安排。但是，这样的传统职业通路并不能给人以保障。影响到传统职业通路顺畅发展的因素，像管理的不民主、不透明和家长式作风，改革和人员精简，腐败现象，组织发展产生的机构变动，生产技术改变使个人没有继续上升的技能基础和知识基础。

正是由于传统职业通路已经不再适合当今的发展，许多公司已经改变了职业路线的构成规则。

（二）网络职业通路

既有垂直通路又有水平通路的职业路线称为网络职业通路。这种通路模式可以给人拓展不同领域的经验，为进一步的上升提供更广阔的基础。但是，网络职业通路的缺点是，人们无法清晰地看到自己的前进方向到底在什么地方。

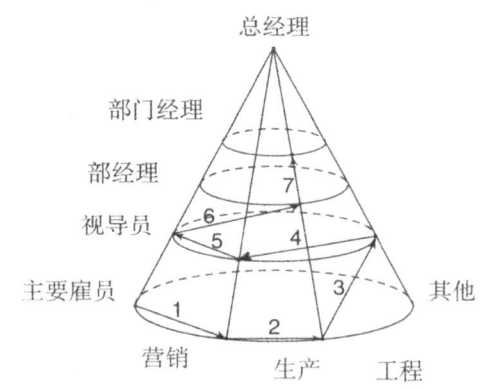

图 6-3　网络职业通路模式

（图中的数字代表顺序上升的步骤。此图为示意图，只表示多种可能性中的一种。）

（三）双肩挑职业通路

双肩挑职业通路是为那些并不喜欢成为管理者的技术人员设置的解决方案，既在技术领导的岗位上不断前进，不放弃自己的技术，逐渐发展自己的技术技能，同时在工资和待遇方面得到与同样级别的管理者相同的对待。这种技术领导可以是专业技术领导，也可以是金融、市场营销、人力资源等其他领域的技术领导。

在进行个体职业计划时，必须提供更利与足够的职业通路信息。这种信息可以来源于职业描述，也可以来源于企业原先的惯例和历史，或者来源于该工种的其他类型工作，甚至是其他企业该项工作的通路信息。

当然，并不是人人都能在适当的时候获得适当的升迁，当出现无法升迁的情况时，也就表现出高原期的特点了。高原期也叫平台期，指当个体处于某个位置上，总是重复同样的职责，却无法得到上升机会。高原期时间过长，会对职工造成不良影响。处理高原期的办法，一种是让他们在组织内平行移动，虽然地位没有改变，但却可以掌握新的技能。随任务的改变、技能的改变，工资也可能发生改变。另一种是所谓工作丰富化，使用具有丰富而含挑战性的工作来酬劳职工，使他们获得更多工作的意义和满足感。还有一种办法，是让职工仍然在自己的责任下尝试其他工作，以便在适当的时候可以转移。

三、双职工的职业发展

双职工家庭指夫妻处于不同的职业领域共同享有工作的情况。在国外，双职工家庭被划分成四种类型，即适应者型（accommodators）、敌手型（adversaries）、联合型（allies）和杂技演员型（acrobats）。

适应者型，指家庭中两人对职业和家庭的投入不同。一方对职业投入较深，另一方在家庭照顾上投入较多。但双方在这种情况下，每个人都能适应对方。这种家庭中，过多投入工作的可能是男人，也可能是女人。一般这种家庭中，由于每人的投入方向都能清晰地被双方意识到，因此冲突也较少。

敌手型，指两个人都高度投入工作，投入家庭很少。双方都认为自己的职业是最重要的，对方应该更多地投入家庭事务。虽然做饭、家务和抚养孩子双方也在承担，但双方都希望这个工作应该由对方完成。

联合型，指两人视职业和家庭两方面都很重要，都需要投入。与敌手型中双方相互把责任推向对方不同，联合型双方共同克服困难，负起责任，比如，两个人都认同可以在外面吃饭，以减少做饭等家务。这种家庭中出现冲突的原因，可能是某一方对工作关照过多，而忽视对家庭的应有关注。

杂技演员型，指两人职业和家庭角色都是很高的投入，并通过职业和家庭生活而得到满足。因为在两方面都有高度投入，冲突也就减少到最小水平。双方都能有效地扮演家庭中和工作中的角色，可以想见这种生活对双方的要求是非常高的。

双职工家庭的类型是可以相互转化的，像杂技演员型可能演化成敌手型，适应者型可能演化成联合型。在这种转化中，紧张度会发生变化，人对关系的需求也会发生变化。虽然在转化上没有单一模式，但研究者发现如下的情况，可促进双方更加配合、减少冲突：

1. 在适应者型家庭里，双方对职业和家庭的先后次序存在不同观点；
2. 在联合型家庭里，双方都认为家庭是第一位的；
3. 两个人在同样的职业领域；
4. 没有孩子；
5. 两个人处在不同的职业发展阶段中；
6. 在调整职业需求和家庭需求方面有更多的自由和弹性；
7. 两人相互支持，在解决问题上有更多的技能，能对对方职业的投入做出更多奉献等。

拉波特等（Rhona Rapoport & Robert Rapoport，1985）对英国家庭的研究提出，相互奉献精神、双方的承诺、弹性、应付机制以及能量和时间管理，这些因素对于双职工家庭的管理非常重要。相互奉献精神和承诺，可以使双方对对方的职业认同，虽然双方都期望在职业上追赶对方，但两人都主动支持对方在工作上的努力和对对方的成就表示骄傲。弹性，包括个性方面的弹性和工作方面的弹性，个性方面的弹性，指人可以因为对方的需求而改变自己的计划以与其适应，例如，丈夫会积极参加妻子的工作聚会，或者在家带孩子，虽然他更希望此时待在办公室里。工作上的弹性，更多受时间和地理条件上的限制。在个人和工作方面，双方的弹性越大，冲突越小。应付机制，可以减少和补偿双职工的心理压力，这种机制包括角色的重新定义和结构、个体的重新定向——转变对各种角色的态度、重新激活角色行为——接受角色需求和找到面对的方法而不是询问和挑战这些需求。比如，丈夫可以干传统上妻子干的家务和养育工作；两个人都应该弹性地考虑到对方的工作特别需求；最重要的是，应该开诚布公地讨论遇到的各种问题。最后，在时间管理和能量管理方面，也应该相互协调考虑，在这方面，具有高成熟度的夫妻和社会成熟性较差的夫妻之间在适应家庭和工作冲突中存在明显不同。

电脑网络技术和通讯技术的发展，使弹性工作、家庭工作等逐渐成为可能。但即使是一个人在家里工作，也仍然会面对工作与家庭的矛盾。人事组织工作者应该面对双职工的具体问题给予安排和照顾。

四、组织对职业发展的作用

职业发展不仅是个体不断发展的过程，也是组织变化的过程，尤其在不同的发展阶段转换时，它会给人们造成极大的情绪张力。因此，个体的职业生涯阶段转换会直接影响到组织的生产力。组织必须协助个人应付这种转换，并提供技术和心理上的必要支持。组织虽然不能完全控制个体的发展过程，但努力减少与职业相关的情绪张力，将能够保证员工心理健康，并使员工的经济状况更稳固。对领导者的敏感性训练也能间接给职工转换提供帮助。

组织对职工的职业发展应尽可能涵盖需要帮助的员工不同职业通路方面的活动。至少，组织对员工的职业发展计划应该达到下面目标中的一个或几个：

1. 更有效地发展职工的潜能，使他们更加乐于奉献；
2. 给下属一个自我评价的机会和寻求新发展途径的机会；
3. 在部门之间或地区之间使人力资源更加有效地分配和发展；

4. 兑现事先的承诺，如提拔年轻干部、任用妇女干部等；

5. 满足职工个体需求；

6. 在职业调整中进行培训，帮助增强组织处理问题的能力；

7. 增强职工的忠诚和工作动机，减少缺勤；

8. 了解培训和发展的需求。

在组织职业发展方面，可以参考一些基本的原则。首先，工作本身对职业发展具有重大影响。如果人们的日常工作中每天充满挑战，则职业发展的意义就不大。其次，工作到底需要什么技能，这是职业发展需要考虑的重要因素。在技能方面能够帮助员工提出有针对性的解决问题方案是至关重要的。第三，职工本人已经具有的技能非常重要。第四，职业发展在每人身上所用的时间资源，也应该决定于他们已经掌握了多少技能。

在组织职业发展时，也应该考虑事先制定必要的政策。没有相应的政策和资金投入，进行顺利的职业发展是有一定难度的。其次，应该让各种相关人员共同制订职业发展计划，并按照需要引进必要的手段。职工的直接上级应该提供支持、建议和反馈，从直接上级的支持是否充分上，也可以看出组织对职业发展的诚意。最后，应该让职工认识到，职业发展最终还是自己的事情，要自己负责，自己掌握自己的未来。当然，在组织职业发展的过程中，组织应该提供相应的未来职位，发展不是空洞的，应该落在实处。

下面具体介绍一些组织对个人职业发展的方法。

（一）职业适应性诊断

可以利用一些标准的量表对职工的职业适应性进行分析。像成人职业关心量表，这个量表根据探索、建立、维持、解体四个适应性阶段设计其结构与内容。另一个量表是职业熟练量表，由组织能力、职位表现、工作习惯和态度、合作、晋升、职业选择与计划等这六个职业发展任务构成。这个量表可以测量个体的工作反应、整合反应、适应反应和非适应反应。在职业压力量表方面，包括职业角色调查表、个人紧张调查表、个人资源调查表和组织文化测量等。

（二）职业咨询

组织内部或外部的咨询人员，也可以协助组织对员工的个人职业发展进行咨询。在组织内设置专门部门进行职业咨询的方法，已经在国外一些大学中广泛应用，但在企业或公司中设置职业心理学家帮助咨询的案例还不多。在组织外部，一些专业人员，如大学、咨询公司、专业的机构，甚至一些企业内部的人力资源工作者，他们都适合承担这种专业工作。由于这些人具有职业发展的专门知识和训练，也具有明确的服务方式，企业完全可以请求他们的帮助，对本企业员工开展相应的职业发展咨询帮助。

由于技术的发展，现在完全可以采用职业咨询系统的方式开展相应工作。由网络提供个人方面的测量和职业方面的匹配，甚至还能替员工找到相关的职业空缺。

（三）内部材料或会议

一些组织或公司提供具体材料以辅助职工的发展，这些材料均与职工的特定职业方向相关。这是一种以公司为主导的自主式学习过程，不必要安排检查和讨论。

还有一些公司为员工的职业发展设计研讨会的形式，将需要帮助的员工召集起来，进行2—3天的工作性研讨会，在会议上帮助他们正确认识自己，并了解组织职位的需求，帮助他们做出更好的相互匹配选择。

（四）目标管理和绩效评估

为职工设定某一时期的职业发展目标，采纳目标管理的方法管理职工的职业生涯，也是一种好的发展职工的办法。这种目标成为引导职工成长的动力。当上下级共同设计好应该在特定时间完成的目标后，组织也可以尽可能提供资源。如果阶段性目标设置或完成失败了，也可以进行改进和重新制订更加合乎实际的目标，并使职工更加清晰地了解自己的能力和缺陷。

绩效评估系统也可以用于职业发展。当探测出职工的工作绩效，找到弱点但又长时间没有被克服时，组织应该帮助职工选择其他职业路径。

第三节 职业发展中的心理健康问题

一、压力或应激的释放

个体生活永远处于各种压力下。压力，是使人产生紧张状态的一种心理条件。20世纪80年代中期，美国《华尔街日报》抽样调查发现，在被调查的人中，40%常由于思考白天的工作而失眠；33%抱怨由于单位的工作压力，使其在家无法休息；有1/3的管理者承认，工作对他们的生活有影响。

压力，也被称为应激（stress），戴维斯（K.Davis）认为，应激是促使一个人的精神、思想以及身体状况处于紧张状态的条件。但这种条件强度过大时，可能会对人们适应环境的能力造成消极影响。造成压力的原因，可以是持续积累的行为或事件，也可以是突发的极端行动、事件或情境。这些行动、事件、情境统统被称为压力源。在理论研究上，有一部分观点强调压力的外部特征，还有另一部分观点强调个体行为方面的特征，即认为压力是当个体面对这些极端行动、情境或事件时，当超出了个体的心理或（和）生理需要时，个体对其产生的适应反应。但无论哪一种观点，都认为压力是一种作用于身体、使人紧张的力量，这种紧张具有两重特性，积极的紧张会增加干劲，使人兴奋，及时行动。而消极的紧张则使人感到不安。

（一）压力源分析

1. 物理方面的压力

（1）环境压力，也称为蓝领的主要压力，即更多地作用于基层职工或一线劳动者，它包括环境中的噪声、污染、光线不足等，还包括各种潜在的不安全及工伤可能性对人的压力。

(2) 工作区域的流动性。当工作区域流动成为工作组成部分时,就会产生交友难,寻求帮助难,家庭问题多等压力。勘探队员、电影演员就是典型的例子。

(3) 时限压力,工作完成的时间限制造成的压力。

2. 工作任务方面的压力

(1) 任务模糊不清。不知该干什么,不知是否在重复他人已经做过的劳动,不知向谁去反映工作中的问题等会造成压力。

(2) 任务冲突,一种工作任务本身就含有某种对抗性的要求或对抗性的道德成分。

(3) 任务量的变化,包括任务超载的压力和任务不足的压力。

3. 个体方面的压力

个体方面的压力主要表现在角色上面。根据社会心理学中的角色理论观点,我们可以将世界看成是一个大舞台,每个个体都是舞台上的演员,但现实生活中,我们每个人都不仅仅扮演一个角色,而是同时要扮演许多角色,这样就可能产生扮演的角色之间的冲突。以管理工作为例,管理中的角色压力主要有以下三种表现:

(1) 角色混乱与冲突

管理者的角色不明或互相矛盾。对于职工来说,角色混乱还包括领导者指派不当。混乱的增加,使工作满意度下降,紧张感增加,常有徒劳无功感。有时,这种情况威胁到身体健康。角色的冲突还包括所从事的职业与自己的个性、能力不符。

(2) 角色超负荷

管理者或职工的工作总量超过了他所能担负的极限,这种情况如果长期积累,便会造成严重的身心疾病。

(3) 责任的大小

研究证明,对他人所负责任越大,属于吸烟者的可能性越大,其血压高的几率越高,血中胆固醇含量高的比例也越大,患心脏病的可能性也越多。这都是压力导致的结果。

4. 人际关系压力

人际关系的好坏是压力产生的中心因素。人际关系不好、不信任、互相不支持、不愿意倾听等，都会给职工带来强大的压力。其中，与上级的矛盾给人影响最大。

（1）社交总量

不同工作，社交总量不同，"授助型的职业"社交总量极大，如保健、社会服务、教育、法律等。社交总量过大或过少，都可能产生压力。

（2）人际气氛和距离

距离疏远，人和人之间的压力加大；终日紧张，也会使人的压力增加。一些单位总处于"战争状态"，成员总是感受到处于一种危险的戒备状态中，这样的人际环境造成的压力不可低估。

5. 组织方面的压力

（1）失业的压力。

（2）组织结构复杂性的压力。组织结构总是趋于复杂的，就好像是一个权力的金字塔。在这个"权力金字塔"中生活的人，会感受到组织结构复杂性造成的压力。

（3）参与的压力。参与管理对人提出了特别的能力和资源要求。

（4）管理人员素质低劣的压力，指乱指挥或指挥不当给别人，特别是下级造成的压力。

（5）不可靠的政策压力。政策时刻在变化，会对人的工作造成非常严重的影响。

（6）组织与个人价值观不同的压力。在一个你不同意其价值观的单位中工作会造成很大的压力。

6. 其他方面

压力还可能来源于其他方面。1981年，美国华盛顿大学医学院精神病学家何尔莫斯（T.H.Holmes）等人对5000人研究后列举出43种生活变化事件。这些事件对人的健康压力的权重值被称为生活变化单位（life change units, LCU）。如果一年内 LCU 积累超过 300 分，预示今后两年内人将会发生重大心理生理病患。如果积累分数在 150~300 分，预示今后生活处于临界状态；当积累分数不超过 150 分时，健康的可能性较大。

表 6-1　生活变化的心理效应计算参考

生活变化事件	LCU	生活变化事件	LCU
配偶死亡	100	子女离家	29
离婚	73	姻亲纠纷	29
夫妻分居	65	个人取得显著成绩	28
坐牢	63	配偶参加工作或停止工作	26
亲密家庭成员丧亡	63	入学或毕业	26
个人受伤或患病	53	生活条件变化	25
结婚	50	个人习惯的变化	24
被解雇	47	与上级矛盾	23
复婚	45	工作时间或条件的改变	20
退休	45	迁居	20
家庭成员健康变化	44	转学	20
妊娠	40	消遣娱乐方式的改变	19
性功能障碍	39	宗教活动的变化	19
家庭增加新成员	39	社会活动的改变	18
业务上的再调整	39	少量负债	17
经济状况的变化	38	睡眠习惯变化	16
好友丧亡	37	生活在一起的家庭人数的变化	15
改行	36	饮食习惯变化	15
夫妻多次吵架	35	休假	13
中等负债	31	圣诞节（大型节日）	12
取消赎回抵押	30	微小的犯法行为（如违章穿过马路）	11
所负担的工作责任方面的变化	29		

根据北京医学院等编：《医学心理学》，江苏科技出版社 1984 年版。

（二）对压力的反应及个体调节

一般来讲，对压力的应付类型可以有如下几类。

1. <u>主体反应</u>（subjective effects），如焦虑、攻击、冷漠、厌烦、压抑、疲劳、挫折、热情消退、自尊下降、神经质、感到孤独等等。

2. <u>行为反应</u>（behavioral effects），如易出事故、酗酒、滥用药品、情绪暴发、过量饮食、冲动行为、神经质地大笑。

3. <u>认知反应</u>（cognitive effects），如无力做出正确决策，注意力集中时间短，注意广度小，对批评过分敏感。

4. <u>生理反应</u>（physical effects），如血糖增加、心跳和血压上升、口干、出汗、瞳孔放大、时冷时热。

5. <u>组织反应</u>（organizational effects），如缺勤、调动、产量降低、与同事疏远、工作不满增加、对组织的忠诚和所承担义务减低。

在实际环境中的表现，当然不可能这五种典型表现都出现，但每一种反应都可能标志着职工的心理健康正受到威胁。作为领导者，必须能及时发现这些反应，采取相应的弥补措施。

个体面对压力时，并不一定必然是消极地反应，性格等许多因素都对压力具有调节作用。即使同样大小的压力在每个人身上的作用也不同。下面这些因素对调节压力起重要作用。

1. 自尊强度。自尊、自信者可以战胜压力。这样的人发生冠心病的机会较少。

2. 容忍度。个体对模糊状态的接受能力，暧昧、容忍性强的人不大容易受压力影响。

3. B型性格对压力的舒缓作用。弗雷德曼等（M. Friedman & R. Rosenman, 1974）提出，人的性格可以分成两类，这两类性格特点的描述可见表6-2。

表 6-2 A 型、B 型性格表现

A 型性格	B 型(非 A 型)性格
1.总是动个不停,行动敏捷,吃东西狼吞虎咽 2.对按部就班的节奏感到不耐烦,讨厌等待,易激动 3.同时干好几件事情,能持续繁重的工作不疲劳 4.假如几小时或几天无所事事或休息就感觉内疚 5.总想尝试在短而又短的时间内,做多而又多的事 6.常有一些典型的行为,如握紧拳头,用手敲桌子,讲话声音大等 7.有自信心和大志向,有很强进取心、竞争心,敢于承担责任 8.好表现出敌对态度	1.对待一切事物,看得开,无所谓 2.遇事从容不迫,耐心、沉着,不激动 3.不计较个人得失,不好与人竞争 4.工作、生活有节奏 5.无时间紧迫感,善于安排休息和娱乐 6.行动缓慢,语言稳健沉着

这种分类最先是从临床冠心病发病者性格的研究开始的。1970年,研究者对3154名39岁至59岁正常男子进行分类,经过8年跟踪随访,在控制了年龄、胆固醇量、高血压、吸烟等因素外,发现A型性格患冠心病者比B型性格多一倍。对死亡者的尸体解剖发现,A型性格者动脉粥样硬化比B型性格者多5倍。A型性格者也更容易患心肌梗死症。可见B型性格者和A型性格者面对压力的表现迥然不同,前者舒缓压力而后者增强压力。

在组织中,虽然一定数量与一定强度的压力对完成任务有好处,但总体上讲,过大的压力不利于职工的身心健康。组织应尽量考虑减少职工的压力。这种考虑应该从工作设计的环节上就体现出来。要强化支持性的管理而不是压迫性的管理,对职工参与的要求要适度,组织培育和训练要加强,要不断增进沟通。

二、心理健康

(一) 心理健康的标准

根据通用的定义,心理健康应该具有如下的10项标准。

1. 一般适应能力

一般适应能力包括灵活地把握环境的能力、应变能力、说清并能完成自己目标的能力、顺利改变自己行为的能力以及成功的能力。

2. 自我满足能力

自我满足能力指能适度地满足个人需要,感到日常生活有乐趣,行为自然,有闲暇时的放松感、性满足。

3. 人际角色扮演

能完成个人的社会角色,适应社会关系,行为能受社会认可、赞扬,与他人和睦相处,参与社会活动,接受他人帮助,寻求他人帮助,有社会责任感和稳定的职业等。

4. 智慧能力

智慧能力包括知觉的准确性、合理性、解决问题的能力、理解人类经验的能力、与现实的接触等。

5. 对他人的积极态度

对他人的积极态度指关心他人,信任、喜欢他人,利他主义,热情待人,具有亲密和移情能力。

6. 创造性

创造性指对社会有贡献,有主动献身等精神。

7. 自主性

自主性指情感独立、自力更生,具有同一性、一定程度的超然性。

8. 完全成熟

完全成熟指形成人生哲学,动机得到统一,具备把握冲动、冲突和自身能量的能力,保持自身一致和完整,使个人成长和自我实现。

9. 对自己的有利态度

对自己的有利态度指自尊、自由和自决感,自我接受和认可,积极地塑造自我形象,有控制感、幸福感,能摆脱自卑,面对困难时有解决问题的信心。

10. 情感与动机控制

情感与动机控制指能把握焦虑，耐受挫折，对紧张具有抵抗力，明白自我的力量，明白道德、道义、良心，能自制，诚实，正直，有勇气和自制力。

(二) 心理不健康的类型

当压力过分时，机体为适应压力而自我调节，常常进入所谓的一般性适应综合征（general adaptation syndrome，GAS）状态。所谓一般性适应综合征，是由塞利（Hans Selye，1974）提出的一种疾病概念。他认为，在压力对有机体产生作用以前，机体会调整自身以应付外来压力，而这种调整本身已离开了机体正常的活动范围。压力作用是非特异化的，广泛到达机体的许多部分。所以，症状的表现也是综合型的。这里，一般表示压力源作用于机体的非特异部分；适应表示某种应付性的调节防御；而综合征则意味着个体反应中的几种症状可能同时发生。

GAS 的发展分成三个阶段，它们是预警期、抵抗期和耗竭期。预警期是机体对压力源的最初反应。当压力被认知，大脑会释放出化学信息给身体。激素量增加、血压上升、瞳孔放大、肌肉紧张等出现。如果压力继续存在，机体将进入抵抗期，其特点为疲劳、焦虑、紧张。这是身体反抗压力的阶段，但是，人的能源、集中能力和抵抗力都是有限的。在这一阶段，人易于患各种疾病。如果压力继续或永远存在，人的能力和适应力终将被耗尽，抵抗压力的反应也会消失。这时，疾病甚至死亡会随之到来。

对压力的长期忍受，最终将导致病态出现，这种病态可以是纯心理的疾病，也可以是身心疾病。纯心理的疾病可能有：1. 人格变态（淡漠、孤僻、极度羞怯、过分顺从、无法与他人相处、躁抑性循环、妄想等）；2. 成瘾（酒、药物依赖等）；3. 神经症（焦虑、异常情绪、紧张等）；4. 其他心理疾病。这里要指出的是，心理疾病常常具有一定遗传根源。身心疾病指的是由不良心理反应的持续所引起的躯体器质性病变。它以躯体症状为主，通常表现于植物神经系统支配下的单一器官系统。这类疾病包括：1. 心血管系统疾病（原发性高血压、冠心病、心肌梗死、心律失常）；2. 呼吸系统疾病（支气管哮喘、过度换气综合征、血管过敏性鼻炎、枯草热）；3. 消化系统疾病（消化性溃疡，溃疡性结肠炎，结肠过敏，神经性厌食和呕吐，习惯性便秘，食管、贲门或幽门痉挛）；4. 内分泌系统疾病（糖尿病、甲亢、肥胖症、心因性多饮、更年期综合征）；5. 泌尿生殖系统疾病（阳痿、早泄、性欲减退或缺乏、月经失调、经前期紧张症、痛经、神经性多尿症）；6. 皮肤系统疾病（神经性皮炎、瘙痒症、慢性荨麻疹、斑秃、过敏性皮炎、湿疹）；7. 肌肉骨骼系统疾病（类风湿性关节炎、痉挛性斜颈、紧张性头痛）；8. 神经系统疾病（偏头痛、痛觉过敏、植物神经紊乱）；9. 其他疾病（恶性肿瘤、系统性红斑狼疮、妊娠高血压综合征等）。

（三）心理健康的维护

为了促进职工的心理健康，人事组织管理者应该及时提醒主管领导采取适当措施，提高职工的心理健康水平。

1. 改善物理环境。消除噪音、污染，消除危房；以提高工作区的舒适为管理者的目标；改善职工的生活条件也是很重要的，这其中还包括对住在离单位较远的职工的照顾。

2. 个人的态度与认识的端正。有正确的自我认识才能处理好理想与现实的关系，才能消除自卑、自毁等不为自己认可的心理。要尽力扩大生活领域，积累经验，不断调整自己的生活态度和认知方式。特别是要有不怕困难、不把压力放在眼里的乐观主义精神。

3. 理顺人际关系。领导要关心、体贴下属，不要总为难下属；了解下属之间的关系；真诚地鼓励和赞美下属；有团结的愿望并使用善意的批评办法；尊重人格，不强加于人。

4. 控制并产生良好的情绪。过度的情绪反应（如恐惧、狂喜等）都会对职工心理健康造成不良影响。因此，要培养自己和职工良好的情绪。要多欣赏美好事物，有广泛的兴趣，积极参加社交活动，遇事想得开。要能与人分享情绪，不要总是独自闷闷不乐。要相信大家的帮助。要热爱自己的工作，并适应工作，把工作当成良好情绪的来源。

5. 矫正不良行为。许多不好的习惯会影响心理健康，如生活不规律、酗酒、工作中拖拉、太急躁、工作不停等，要及时进行矫正。

6. 适当的体育活动和体力劳动。

7. 自我放松。学会气功、瑜伽术、马哈里施功法、生物反馈等进行自我调节。

8. 管理上的其他安排，如人员与工作的良好匹配；忍耐雇员的攻击；将受挫折者调离现岗位以改变环境；增加职工发泄的渠道等。

第七章　绩效是评价职业行为成功的标准

绩效评价是对组织人员工作结果的一种评价技术与方法的概括性提法。在现代组织人力资源管理活动中，绩效管理是一个核心概念，人们对于通过对绩效现象的认识与管理，从而提升组织工作效率，更好地实现组织目标，给予了很大的期待。因为从理论上说，组织成员的绩效结果与组织目标的实现是最直接相关的指标，如果我们能有效地促进组织成员的绩效，自然就会让组织的目标实现更有保证，也就直接强化了组织的竞争力。从理论研究上，人们对于绩效管理的主动投入，是基于他们这样的一些认识，认为绩效管理能帮助企业达到这样一些目的：积极有效促进组织成员业绩行为的表现（Huselid, 1995；Harris & Ogbonna, 2001），能有效提高组织生产力（MacDuffie, 1995；Fox et.al, 1999），保证创造与维护良好的客户服务（Fox et al., 1999），帮助改善组织效益（Becker & Gerhart, 1996），提升公司价值（Huselid, 1995），保证公司财物的可观回报（Becker & Gerhart, 1996；Fox et al., 1999），以及保障公司的竞争力与生存（Welbourne & Andrews, 1995）。这些目标的实现当然对于企业的发展与保持市场竞争力至关重要。

根据赫尔曼-阿吉斯（Herman Aguinis, 2013）对"绩效管理"概念的定义，绩效管理的工作是"指识别、衡量以及开发个人和团队绩效，并且使这些绩效与组织的战略目标保持一致的一个持续性过程"。在这种保持与组织战略目标一致，并且持续的提供观察、指导、反馈的一个长期过程，当然也就意味着绩效管理是一个复杂、包含一系列工作环节的整体任务。

本章内容主要介绍与分析绩效评价工作,这是绩效管理中对个体与组织的绩效结果客观观察,以及提供科学、精确评价的活动。通常,在绩效评价系统中,重点要讨论的问题包含三方面的因素,即在工作中人们做了什么?工作是如何完成的?怎样把产生的评价结果应用到分配和人员安置上?

有效的管理必须恰当采用工作评价管理系统,但这一系统本身是通过评价者的主观观察与判断,最后,还要将评价的结果反馈给被评价的对象。这些因素就决定了在评价的度量过程中,以及在评价结果的反馈上,都必然带有较强的情感因素。这也似乎决定了,绩效评价活动将是一个不准确的管理行为过程。

任何事物都是有规律可循,绩效评价这个活动同样有其规律,只要我们正确认识这个现象,很好的控制影响的因素,创造有利条件,完全有可能提高绩效评价的可靠性,并给我们在工作中带来更大的帮助。实践的经验也证明,有效的绩效评价结果,可以使个体得到工作上的有效激励,指导他们的业绩行为,强化其对组织的归属感。当然,这也可以使企业得到更强的竞争力,更好的实现组织目标。

第一节 绩效评价系统的基础

一、绩效评价的特点

如果单从字面的意思上看,"绩效"应该包含"成绩"和"效益"。当然,我们更需要对"绩效"现象进行科学的分析,对其内涵做较全面深刻的认识。

首先,要肯定绩效现象是客观存在的,它是人们实践活动的结果。组织成员的工作行为从目标确立、制订计划、提出标准,到达成目的,这整个过程是一个有意识、有指导的目标实现过程,但只有在最终结果完成时,绩效才会表现出来,不完整的努力是没有绩效可言的。

其次,必须认同绩效现象应该是有实际结果的行为活动。尽管人们的行为活动都应该可以表现出实际效果,但有一些行为对于组织目标的实现来说,应该是无效的劳动,它们并不会产生我们需要的实际效果。因此,衡量有效果的活动,绩效就是对活动成果的最直接度量。当然,我们也应认识到,某些活动只有潜在绩效,它们的效果可能要依据一定的条件才会表现出来。

第三,从企业经营的效益层面上看,绩效是对企业投入与产出对比关系的反映,有益的活动结果,当然是以努力、物化的劳动和时间消耗为代价。投入少,产出多,并产出质量高的结果,这是绩效好的表现形式。因此,绩效也应该是比较的结果,它要有可比性和可测量性。无法度量的事物,也就无法评价其绩效。但对绩效的准确可靠的度量是比较困难的。这一方面是由于人们的信息处理能力有限,不可能全面地收集绩效考核的有关信息,也不可能完全准确无误地去度量它们。另一方面,从人的主观意识出发,有时由于一些因素,人们不愿意完整、准确地提供与他们绩效有关的信息,这也是造成考核失误的一个重要原因。

尽管如此,人们还是充分肯定并一致认为绩效评价与考核在管理活动中是十分重要的。只有通过这一评价,才能使我们认识到被评价对象的活动状态和进度,它帮助我们全面、准确地把握实际工作情况。另外,通过绩效评价这种比较手段,可以发现并分析行为者的差异性。而且,绩效评价具有引导和促进作用,根据设定的标准和提供差异的信息,将帮助人们了解到自己的工作成果和进一步改进的方向,促进人员之间和部门之间的竞争。最后,绩效考评还应具有一定的挖潜作用,通过认识理想标准、实际标准和绩效达到水平的差异,可以分析、找出自己的优势与弱势,找出行为上的薄弱环节。

二、绩效评价的意义

绩效评价对组织管理的帮助作用，我们可以从两方面加以总结：一是帮助员工认识自己的潜力，并能在实际工作中发挥这种能力，以达到改进其工作绩效的目的；另一方面，则是为员工和管理者提供决策信息的作用，因为，组织中的奖惩决定和组织与个人的工作变动的决定，都是以绩效评价的结果为基础。

更具体地分析，绩效评价的意义可从两方面来认识。

1. 对组织管理的作用

绩效评价是人事决策的基础。在组织中，人事管理中的晋升、解雇、培训、奖惩等各项人事决策，要有客观合理的事实依据，而绩效评价是最有说服力的信息。

绩效评价结果可帮助组织制订培训计划。通过绩效评价，认识组织与人员绩效的状态，认清工作活动有效与无效的因素，这使我们可以有针对性地确定培训的需要，制订培训计划。

绩效评价是对组织活动有效性的检验手段，它可以使我们认识和确定培训方案、工时制、工作方法、组织结构、领导行为方式、工作条件、劳动设备，以及环境的效果和价值标准，进行有效的衡量和评价。

绩效评价为组织制订工资报酬政策提供了依据。绩效评价也是组织发展、组织诊断的一个有效方法。

2. 对个体发展的影响

员工从绩效评价的结果上，可以确定自己的工作发展计划，有效地发挥自己的长处，克服或避免自己的弱点。

绩效评价也使管理者对下级有了更全面和准确的认识，有利于促进管理者对下级的培养。

通过绩效评价的结果，员工可以为自己建立新的行为目标。这会增加员工实现自己行为目标的动机。

尽管从组织与个体两个层面上，我们都肯定绩效评价的积极作用，但在实际工作中，绩效评价活动的效果并不令人满意，国外的调查结果证明，有近30%的员工认为，他们的工作绩效评价毫无用处；与此同时，只有10%的管理者报告，他们确实是通过工作绩效评价方法，提高了生产率。这一结果说明，绩效评价工作虽然重要，但的确是一个复杂、困难的任务，有许多因素干扰和影响它的效果。

一个有效的评价系统应具有中肯贴切、敏感和可靠三个特性，另外从实际应用的方面看，系统的实施又要具备易于被接受和实用性。中肯贴切，是针对评价鉴定的内容和标准而言，它要求在评价过程中，要将工作标准与组织目标联系起来，从工作的数量和质量上确定对员工行为要求的界限范围。敏感性，是指评价系统的区分特性，它能有效而清楚地鉴别工作效率表现高低不同的员工，并指出他们的差异之处。如果评价系数无法做出这种区别，则会造成良莠不分的局面。这不仅不利于管理决策，不能促进员工的自身发展，反而会挫伤员工的积极性。可靠性，是指系统在评价结果上的稳定。不同的人对同一员工评价，应得出大致相同的结果。

三、绩效评价的类型

通常，人们可以根据测量的实际标准将绩效评价的类型划分为两大类，一类是客观测量标准，另一类是主观评价标准。

客观测量标准的绩效评价系统，是以工作绩效的客观测量指标为基础，包括生产指标和人事资料两大类。生产指标的考核主要反映单位时间的产量、次品量等。这些指标能反映整个组织的目标，但在表示员工的工作成绩上作用十分有限。事实上，测量员工的工作成绩时，也很少使用生产性指标。这其中的原因，一是受到外部因素变化的影响。比如，推销员的工作很大程度上受其推销产品的影响，如果推销的是抢手货，其销售额自然高；而员工的生产量，也受其使用设备的影响。另一方面，生产性指标往往很难全面、准确地反映员工的生产活动。比如，员工可以有很高的产量，但同时却可能存在较多次品；或是两个销售人员的业绩看似相同，但一个是靠老用户来实现的，而另一个却是通过发展新客户来实现的，这其中的实际绩效是完全不同的。

人事资料在组织中能够客观测量，同时，也是方便使用和比较的绩效指标。人事资料包括人事变动率、出勤率和事故率等。这些指标也与整个组织的目标直接相关。出勤率是用来测量员工绩效差异的一个常用指标，一个经常缺勤的员工，肯定会在绩效上不如他人。但出勤率则受其他因素的影响，比如，员工在某一段时间里，刚巧家中有事，或其住所与工厂较远，有时会因为交通原因影响准时出工。但这些因素都不能反映员工工作绩效的真实差异。当然，也有人认为可以将员工的缺勤分为无借口和有借口两类，并且以无借口的缺勤作为反映工作绩效的标准，就会使这种测量的效度、信度有较大改变。此外，像人事变动率、事故率等，都在一定的范围内可以有效地预测和评价员工的绩效。但人事资料的最大问题，就是其记录的准确与完整。在组织中，往往由于人情或无重大问题，影响到人事资料的数据在实际工作中不能被如实记录和反映。这必然会影响到其效度和信度。

由于客观测量指标的这些问题，造成在实际考核绩效的过程中，离不开主观绩效评价的补充和验证作用。绩效的主观评价指标既是常用的绩效测量方法，也是人事心理学研究的主要领域。在有关的心理学研究报告中，有大约81%的报告是以主观绩效评价指标为对象的。

第二节 绩效评价系统的设计

从原则上说，绩效评价系统的设计要考虑组织目的和实际的状况，又要结合评价的标准以及员工的未来发展和培训要求。

一、评价标准的确定

实际工作结果证明，只有将员工的工作行为与固定、具体的标准进行比较，才可能得出公正、客观的评价。而且，工作标准越明确、具体、评价、鉴定才会越准确、可靠。工作标准主要包含两类基本信息：一是员工应该做什么，像工作任务量、工作职责和工作的关键因素等；另一方面是说明员工应将工作做到何种程度。任何工作都应该有数量和质量两方面的要求，只是由于工作的性质不同，这两方面的比例有所不同而已。

表 7-1 工作标准的信息内容

工作数量	工作质量
处理的文件份数	准确性
所用时间的长短	协调合作的能力
发生错误的次数	分析问题的能力
打字的页数	评价衡量的能力

比如，在绩效评价的工作标准上，数量化的工作标准是方便和有效的。然而，管理人员的工作则有其特别之处，他们的工作成效不仅反映他们自身的工作成效，而且也在一定程度上取决于他们所在部门的工作成效。亨利·法约尔（Henri Fayol）曾指出，管理的职能就是计划、组织、招募、指挥、协调、报告，以及预算。将这些职能的英文字母头一个的缩略词表示就是 POSDCORB。但从实际工作情况的统计数字证明，管理人员根本无暇顾及 POSDCORB 的问题，他们的工作特点是短促、变化快、没有连续性。事实上，他们不得不一刻不停地去处理大量的事务性工作。因此，被评价较高、晋升发展较快的管理者，是那些更具有随机应变能力的人，而那些反应迟钝、按部就班的管理者很难适应现代组织的管理工作。

我们再分析一下员工的工作标准选择问题。如同前面提到，员工绩效考核的指标应该与工作要求密切相关，而且还应该是员工能够影响和控制的活动。原则上，是不可以选择员工无法控制的指标作为衡量其活动的标准的，这会导致员工在行为认知归因上，将自己的行为归因于无法预测和控制的因素，这会直接影响他们今后绩效行为的表现，并影响他们进一步努力的愿望。另外，在工作标准制订上，我们也不能单纯根据某种单一的标准来对员工进行评价。这不仅由于工作绩效通常是决定于多种因素，事实上，单一标准显然不足以全面地衡量绩效行为的表现，更不利于员工今后绩效的改进，因为他们可能难以发现自己绩效的真实问题。而且，单一标准也无法保证控制外部偶然影响因素对工作绩效的干扰，在评价时恰巧遇到不利的偶然情况发生，这将使我们对员工绩效的评价失去公平和公正性。当我们一旦确定了绩效评价的指标体系后，就要寻找能精确衡量这些标准的方法。像那些客观性的指标很容易被测量，但员工行为的另一些表现方面，如工作的主动性、工作的可靠性以及有效的沟通能力等，这些主观成分较高的指标，将是较难以测量的。

总的来说，好的绩效标准有以下七个特征：

1. 标准针对工作而不是针对工作者。绩效标准应依据工作本身来建立，而不管谁来做这项工作。

2. 标准是能够实现的。按照组织确定的标准，应使所有的员工都能够通过自己的努力而达到。

3. 标准是双方共同制订并明确的。绩效标准应是双方讨论决定的，而且，上级和下级都应对绩效标准明白无误地了解清楚。

4. 标准要尽可能具体并可以测量和比较。

5. 标准应有时间限制：一是标准应是在一定的时间内完成才有意义，二是标准在一定时间之后是否适用，应有明确的说明。

6. 标准要有记录，这可以使人们在日常的工作中能时刻提醒自己要注意。

7. 标准应是可以改变的，应对标准进行定期的评估和调整。

表 7-2　绩效评价的标准类型

员工特征	员工行为	工作结果
工作知识	完成任务	销售额
力量	服从指令	生产数量
手眼协调能力	报告困难	生产质量
资格证书	维护设备	浪费
商业知识	维护记录	事故
成就欲望	遵守规则	设备修理
社会需要	按时出勤	服务的客户数量
可靠性	提交建议	客户的满意程度
忠诚	不吸烟	
诚实	不吸毒	
创造性		
领导能力		

资料来源：George T. Mil Kovich and John W. Boudreau, *Human Resource Management*, 1994, p.170.

二、绩效评价的方法

由于将绩效评价的标准分为员工特征、员工行为和工作结果，这些主观与客观差异较大的指标，对它们评价的方式方法也将有很大差异。

1. 对员工特征的评价

这部分的评价是对员工个人特性的衡量，像决策能力、对组织的忠诚、人际沟通技巧和工作主动性等，这些因素只是对员工的个人特点的评价，而并不涉及员工工作的结果。通常，我们可以用评定量表的形式，以描绘性评定和多级评定的方式来评价个人特征。

表 7-3 评定量表的实例

评价项目	评价等级
1.员工的人际沟通能力	差□　较差□　平均□　较好□　好□
2.员工对组织的忠诚程度	差————————————好
3.员工的工作动机	差的 10%／较差的 20%／居中的 40%／较好的 20%／好的 10%
4.对工作的态度	能少干就少干／对工作兴趣不大／偶尔需要别人提醒／工作态度比大多数员工好／对工作的态度令人满意，能按照要求去做／热心去做所有需要去做的事

2. 对员工工作行为的评价

这方面的评价与组织目标和员工工作行为目标的联系应是最紧密的。对行为的观察与评价，可避免在特性评价中的主观因素干扰，它的项目和评价内容都相对比较客观。典型的行为评价方法有行为观察量表法和行为定点量表法。

（1）行为观察量表法

运用行为观察量表法，首先需确定衡量绩效水平的因素，并对此做细致的标准划分。在评价时，将各项目的评分相加，即可完成绩效评价的目的。具体的执行步骤有八个：

①运用关键事件法进行工作分析。可以从对工作的性质、目的都有深刻理解，并能经常观察到这一工作行为表现的人员之中，了解他们对工作操作的看法，描述对工作行为有效或无效的事件。一般是从与此工作有关的上级、任职者、下级、客户等人员中去了解情况，并要求至少对 30 人进行大约 300 个事件的描述。而且，工作分析专家要运用适当的面试技术，引导这些工作的观察者对事件进行正确的描述。

②对总结的关键事件依行为归类。

③把类似的行为项目归类为行为观察表所需的标准。一般是将行为归纳为 3—8 个观察标准。

④对项目的内部一致性加以判断。内部一致性是强调不同个体是否对同一关键事件的归类能纳入到同一行为标准中。这时，可以把收集到的关键事件以随机的顺序呈现给一些工作观察者，再比较他们是否能以前面已总结的3—8个行为观察标准对事件进行相同的归类。

⑤评价内容效度。在对关键事件进行归类集中时，有可能会有少量的事件没有被归入行为项目中。此时，则应再考虑这些事件是否描述了没有列出的行为项目，以及是否可以列入已提出的行为项目中。

⑥组成行为评定量表。可以将每一行为项目做成利克特（R.Likert）的五点量表，要求观察者指出其所观察的员工在每一行为上出现的频度。

表7-4 行为观察量表实例

评定管理者的行为
"5"表示95%—100%都能观察到这一行为
"4"表示85%—94%都能观察到这一行为
"3"表示75%—84%都能观察到这一行为
"2"表示65%—74%都能观察到这一行为
"1"表示0%—64%都能观察到这一行为
克服对变革的阻力
1.向下级详细地介绍变革内容
2.解释为什么必须变革
3.讨论变革为什么会影响员工
4.倾听员工的意见
5.要求员工积极配合参与变革的工作
6.如果需要,经常召开会议听取员工的反映
6—10分:达到标准;　　　　　　11—15分:勉强达到标准; 16—20分:完全达到标准;　　　21—25分:出色达到标准; 26—30分:极优秀

⑦去掉次数过少和过多的项目。因为，尽管这些项目能描述有效或无效的工作行为，但在实际活动中，如果好员工或差员工都很少或总是表现这一行为，将证明它们的区分度较差，不具有对员工行为评价的鉴别意义，因此，应被去掉。

⑧最后，应确定整个行为观察量表的信度，以及各个标准的相对重要程度。

使用行为观察量表法，可以使员工亲自参加工作分析和标准建立的过程，这可以保证在评定过程中标准的客观与准确。而且，这些对工作的描述也可以用作对新员工或求职者的介绍，帮助他们对工作进行客观的了解。这有利于降低组织的人事变动率和不满感。

(2) 行为定点量表法

这种方法也是一种较常用到的评价方法，它的最大特点是明确定义了每一评价项目。这对于评价者来说，评价的标准更为明确和客观；而对于被评价者来说，则反馈评价结果也更为明确和有针对性。行为定点量表的设计过程也可以用一些步骤来说明。

①首先，也是要明确工作的维度。也可以像行为观察量表的制订一样，采用面谈方法，请一些对某一工作较熟悉的管理者和员工，让他们帮助来确定该工作对员工能力各方面要求的维度。比如，某一工作要求员工在工作知识、动机、人际关系、管理等各方面要达到的标准。

②列举行为表现。要为每一维度列举出行为表现的各方面例子，用来定义好、中、差的标准。

③重新分布行为。让每个管理者和员工独立地将已得到的工作维度的每个行为项目，重新分配到各个维度中。通过这一过程，目的是将意义不确定的项目淘汰掉。

④为每个项目赋值。让每个评定者对上一步骤中各维度的每一行为项目进行五或七点评定。通常每个维度中将有20个以上的项目。

⑤最后，将对整个量表进行整理，把各个行为项目按维度和赋值的量的顺序整理排列。

如同行为观察量表法一样，行为定点量表法也可以消除传统描述中的不确定的标准内容。因为，在传统的评价方法中，不同的评定者对"好"和"坏"的指标的理解是不一样的。其次，行为定点量表为员工提高绩效、改进工作提供了具体明确的反馈。另外，行为定点量表的最大特点就是它的实用性，组织内部的很多工作都可以进行这种评价。

表 7-5　行为定点量表实例

	员工在工作中的动机
7	该员工以极高的热情对待组织工作，自觉投入工作中。
6	当组织发生危机时，可以依靠该员工。
5	该员工在领导不在场的情况下，可以自觉地工作。
4	员工能达到工作的基本要求。
3	当工作负担过重时，员工会借口生病而缺勤。
2	工作中出现问题时，员工并不关心组织，并不向上汇报。
1	员工有意放慢工作，怠工。

三、其他类型的绩效评价方法

除去对行为观察与描述的形式外，绩效的评价还包括选择量表法和比较法。

1. 选择量表法

选择量表法又分为加权选择和强迫选择两种形式。加权选择方法很简单，易于操作。建立加权选择量表，首先要通过工作分析，列举出大量描述工作的有效和无效的行为。然后，对每一个行为项目进行11—15级的评定赋值，保留那些判断具有一致性的行为项目。最后，把大量评定者的评定结果加权平均后，产生该项目的值。在评定行为时，并不需要判断某一行为出现的频度，而只需考虑某一行为是否出现过即可。

表 7-6　加权选择量表实例

如果员工有下列描述行为的情况则打"√",否则打"×"。	
1.布置工作任务时,与下级进行详细的讨论。	选择:
2.不能用人所长。	选择:
3.尽可能地征求下级意见。	选择:
4.对工作承担责任,但也让下级独立地去工作。	选择:
5.经常深入员工,观察他们,并适时予以表扬。	选择:
6.对下级进行空头许诺。	选择:
7.对下级的牢骚能耐心倾听。	选择:
8.在做出重大决策前,不愿意听取他人的意见。	选择:
9.为自己的面子,不顾下级的窘迫。	选择:
10.当自己犯错误时,不向下级道歉。	选择:

强迫选择方法一般由 10—20 组项目组成,每组项目中有四个行为的描述,评定者要从它们之中,选择出最能描述被评定者表现的工作行为和最不能描述这一行为的描述。这每一组中的描述都是事先精心设计与安排的,它们之中总是有两个描述涉及行为表现的优点,另两个描述涉及行为表现的缺点。而且,在两个相同性质的描述中,有一个能区分绩效的好差,另一个则不能,但评定者并不知道选择哪一个会对被评定者有利或不利。因此,这一方法能较有效地克服利克特的等级评定方法中,评定者对被评定者的态度的影响,使客观性得以保证。但这一方法的设计过程较复杂,它的评定结果也难以对员工反馈,不利于提高员工的绩效,所以,在实际应用中使用不太普遍。

表7-7　强迫选择量表实例

在下列每四个行为描述中，你认为最能描述管理者行为的是哪项，请在 M 栏目中打"√"；你认为最不能描述管理者行为的是哪项，请在 L 栏目中打"√"。		
	M	L
当员工工作好时表扬员工。	□	□
对下级的建议不予重视。	□	□
在压力面前能保持沉着、镇静。	□	□
对下级进行空头许诺。	□	□
不让员工知道那些影响他们的事情。	□	□
每星期有几天提前上班。	□	□
当自己犯错误时，不向员工道歉。能够用人所长。	□	□

2. 比较法

对员工行为的比较，并据此比较的顺序评定员工绩效的表现，这也是一种主观评定的方法。最简单的比较法就是排列法，它要求评定者要对所有被评定的对象，按照他们在工作中表现的优劣排列出一个顺序。排列的依据可以是对其工作的总体印象，也可以是对每一个独立的工作因素和工作行为表现的排列。最终，将所有的排列结果综合起来，就可得到总的排列顺序。排列法尽管简单，但在被评定者数量过大时，就容易产生问题，甚至无法排列。并且，对于员工的表现，一头一尾，表现很好和很差的人是很容易判定的，但处于中间状态的员工，就让人很难判定。由于差异不是很显著，有时在判定时就不好把握。

成对比较法与排列法相似，也是以员工的顺序作为其绩效的评价依据，但这一顺序的产生是根据对每两个员工之间的比较，而且，为了克服顺序误差的影响，通常对每对员工要进行前后两次的比较，一次是 AB 顺序，另一次是 BA 顺序。根据比较得到总的结果。比较的个体越多，则结果就越准确。

表 7-8　排列法实例

员工	评定者 A	评定者 B	评定者 C	平均排列
1	5	6	4	5.00
2	2	3	2	2.33
3	9	7	7	7.67
4	8	9	8	8.33
5	7	8	9	8.00
6	4	4	5	4.33
7	3	2	3	2.67
8	6	3	6	5.67

图 7-1　一个个体的成对比较矩阵　　图 7-2　多个个体的成对比较矩阵

当被评定者数量过大的时候，使用排列法和成对比较法都会有较大困难，这时，可考虑使用硬性分配法。硬性分配法也是将员工的行为进行相互比较并排序的一种方法，所不同的，它不是针对员工个人的排序，而是对员工按照组别进行排序。根据统计学中正态分布的概念，员工的绩效水平也应该遵从正态分布的规律，可以将他们的表现分为杰出、较好、中等、较差、不合格五个等级，或五个组别，它们应有一正态的分布，即杰出和不合格的是较少数，而大多数人处于中间状态的组别中。硬性分配法多用于被评定的员工超过 20 人以上的较多人数的评定工作中，而且评定由一人完成。

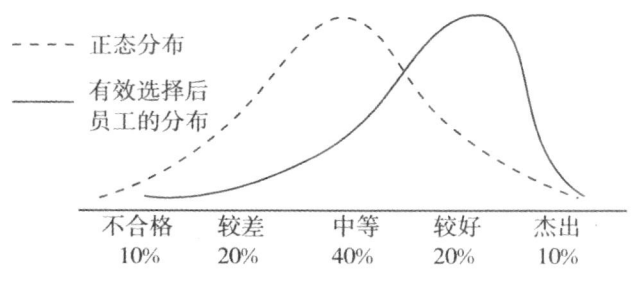

图 7-3 硬性分配法的实例

用硬性分配法评定,一般无法对员工的行为进行准确区分,或这种区分并不重要,也不必要。我们假设员工的行为表现为正态分布,但实际上"不合格"一组的人员是很少的,由于评定者很不愿意将被评定者划入这一类别,而且,由于员工是在有效选择后确定的,他们的行为结果自然应是一种偏斜的分配,而不是典型的正态分布。因此,硬性分配法的效率虽然高,但它不利于对具体的两个个体之间的绩效差异进行比较,因为,它的比较类别是很粗略划分的。而且,它的结果只有一个大致的顺序,评价获得的信息量少,难以对员工进行具体的反馈和指导。在实际工作中,为克服这一方法的不足,同时也为将个人激励与集体激励更好地结合起来,有时也可用团体评价方法来改进硬性分配评价的效果。具体的做法可以包括以下基本的步骤。

①明确规定在杰出、较好、中等、较差和不合格各评定等级上的奖金分配点数,各等级之间的点数差别应有充分的激励效果。

②由每个部门的员工根据绩效考核标准,每个人都要对自己以外的所有其他人员进行 0—100 分的评分。

③从总体的评分中,求出每个员工的平均分。

④将部门中所有员工的平均分进行总和处理,再除以部门的员工人数,计算本部门所有员工的绩效考核平均分。

⑤将每一员工的平均分除以部门的平均分,就可以得到一个标准化的评价得分。在标准化得分为 1 及其附近的员工,就应该得到"中等"的等级评价;而明显大于 1 的标准分的员工就可以被评为"较好"甚

至"杰出";而那些标准分明显低于1的员工,就可以被评为"较差"和"不合格"。

⑥最后,再根据每个员工的评价等级所对应的奖金分配点数,计算部门的奖金总点数,并结合可以分配的奖金总额,计算每个奖金点数对应的金额,以及每个人应得的金额。

此外,绩效评价的方法还有关键事件法、小组评议法和评语法等。关键事件法类似于工作分析中的做法,它是由管理者记录下所有员工工作行为中极成功或极失败的事件。对事件的简单记录应按照行为的不同加以分类,比如,对管理者的记录可以包括计划、决策、授权、报告总结、人际关系等;而对于一般员工的记录可包括安全、创造性、合作、工作的正确进程、对问题的机敏程度等。这其中每一类事件又可以有积极性和消极性之分。但这一方法的使用造成的问题,除评定者的工作量过大,容易对行为记录有所遗漏外,它最主要是造成评价双方之间的敌对情绪,员工害怕自己会列入评价者的"黑名单"中。而且,这一方法的评定结果较难量化。

小组评议法是由员工的直接领导与另外3—4个对员工情况较为了解的管理者组成小组,对员工进行评价。评价活动是让专家们根据工作的标准、员工目前的绩效情况,以及员工行为表现的原因、今后改进的建议和意见加以讨论,然后再反馈给员工。

评语法在组织的管理中是最普遍被使用的,尽管人们普遍认为这种评价的方式很形式化,不具体,也不解决实际问题。评语法要求管理者要对下级的工作表现从优点、缺点两方面加以描述。通常,对描述的内容并无具体规定,管理者想写什么,就可以写什么。但也有人指出,描述应从工作表现及其原因、员工特点以及发展的需要等几方面进行。

总之,要做到评价的准确和有效,应将各种方法结合运用,特别是将定性、定量的方法,客观、主观的方法结合起来运用,会收到较好的效果。

四、评价信息的来源

谁是最合适的工作绩效评价人呢？从理论上讲，无论谁是评价人，他都必须有足够的时间，有充分的机会来观察被评价者的工作表现。而符合这一条件的人员，无非是被评定者的上级、同事、下级、他所服务的顾客，以及他本人。

1. 直接上级的评价

一般来说，对员工全面情况的了解，应属其上级最清楚、最熟悉。上级既清楚员工的工作性质、目的与标准，又有机会直接观察他们的工作表现，而且，上级能较好地将个人的工作与部门或整个组织的工作目标联系起来。又由于上级直接有权力决定对员工的奖惩，因此，由他来对员工的工作行为进行评价也是合乎逻辑的。

2. 同事的评价意见

对于一些脱离工作场所或室外环境的工作活动，像推销、巡逻，以及在外任教等，这些工作活动很难由上级直接观察，只能从书面报告中间接地了解情况。因此，在这种情况下，还是由同事来进行评价较为合适。同事所处的位置比上级的观察更为有利，但为减少偏见，保证反馈意见的有效性，应该准确地规定需要同事评价的工作行为的内容。事实上，同事的评价意见只能是整个评价系统的一部分，评价系统应努力从不同的角度去收集工作活动的信息。

3. 下级人员的评价

下级人员的评价主要是帮助主管人员的个人发展。对于主管人员的实际工作情况、信息交流能力、领导风格、计划和组织能力，下级人员会有最直接的观察和了解。但在这种评价关系中，上下级之间的信任和开诚布公是非常重要的。如果在组织中，人员的数量较少，采用这一方法会有一定难度，因为人们会很容易判断出谁提出了什么意见。

4. 顾客的意见

顾客提供的意见，对于改进工作绩效很有利。顾客的特殊角度，会使组织从他们的意见中,收集到组织内部无法发现和认识到的问题。而且,他们的观察应较为客观和少受主观偏见的影响。当然,顾客反映的意见,有时不一定与组织的目标完全一致,而且,他们对工作的性质、目的的认识,也不一定准确、全面,但它还是会对员工的个人发展和组织培训工作提供有价值的信息。

5. 自我鉴定

这是一种允许个人参与评价工作的方法,如果这一鉴定活动能与员工个人工作目标的制订结合在一起进行,则效果会更好。虽然,个人参与评价会减少在评价工作中常见的个人抵触情绪,但会造成自我宽容和个人偏见成分多的不良结果,而且,结果也往往与他人的评价不一致。一般来说,员工和管理者双方对绩效评价标准的认识越一致,则双方评价结果的一致性也会越高。

表 7-9 绩效评价信息的来源及其作用

应用	信息来源				
	上级	同事	下级	自我鉴定	顾客
人事决策	适用	适用	不适用	不适用	适用
自我发展	适用	适用	适用	适用	适用
人事研究	适用	适用	不适用	不适用	适用

不论是哪种类型的评价者,要想使其评价的意见更为准确并有价值,就需要对其进行一定的培训。因为,人的认识能力是有限的,判断中的各种错觉和偏差在所难免,这肯定会对绩效评价的结果造成不利影响。而培训则可以使评价者的主观影响作用适当减少。研究证明,对评价者的培训内容应该着重强调教会评定者观察什么,而不仅仅限于怎样去观察。因为,在事实上,不正确的绩效评价主要来源于评定者对绩效信息的选择、取舍和组织,也就是主要取决于评价者所认为的评价内容。

第三节 绩效评价的影响因素

在绩效评价的过程中，各个环节都会受到一些主客观因素的干扰，从而影响到绩效评价的准确性与完整性。

绩效评价的误差主要来源于评价者的个人因素。因为，绩效评价是由人来完成的，人所存在的一些主观因素自然会使评价结果出现偏差。而且，这些偏差在很多时候并不为当事者所觉察，从而也就难以矫正它们。偏差的结果将直接导致员工在错误的评价下受到不公正的待遇，从而给组织和个人都带来损失。

一、评价双方的个人因素导致的误差

1. 评价者产生的过宽、过严、趋中的误差现象

在评价中，评价者一般不情愿用高分或低分等极端分数来评价对方，即使被评价的表现存在很大差异，评价者也倾向于用中间的分数来进行评价，这就是趋中评价的误差。趋中评价的倾向，常出现在不熟悉的环境中。

如果评价者在打分过程中，总是偏向用量表的最高分数来评价，这就是过宽评价，它会导致过宽偏误。相反，如果评价者总是以量表的最低分数来评价，这就是过严评价，自然会导致过严偏误。

此外，光环效应和比较误差也是常见的评价误差来源。光环效应是心理学中经常提到的知觉错误之一，在评价活动中，这一错觉的表现是评价者仅凭自己对被评价者的模糊印象，去对被评价者做出判断。这种印象可能是肯定的，也可能是否定的，受这种印象的影响，会导致对被评价者的评价或是一切都好，或是一切都不好。比如，由于评价者自认为自己知道被评价者在某些特殊方面有特长或有缺点，因此，也会对他们的许多工作方面给予高或低的评价。

比较误差是在对人与人的比较过程中产生的评价偏差。如果，评价

者对员工的评价只是依赖于对员工之间的相互比较，而不是把员工同客观的工作标准比较，就可能产生比较误差。最常见的现象，如果在某一员工前面的其他人的表现是令人不满意的，那么即使后面的员工表现一般，也可能在与前面的员工比较之后，被评为优秀人物。也就是说，他的行为，在与不太满意的行为比较后，被放大了。与此相似，如果前面几个员工都表现出色，则后面表现一般的员工又会被评价为较差。在这两种情况中，表现一般的员工的行为，都受到了不公平的处理。

而且，在实际的工作绩效评价中，如果员工在评价的时期内完成了设定的目标，则管理人员倾向于在下一期的评价中提高行为水平的标准。而如果员工在评价的期限内没有完成目标，管理者就可能在下一期的评价中将目标设定在比原来低的水平上。这种倾向又被称为棘轮效应。

出现评价的主观偏差，主要是由于评定者根据自己的经验和能力评价，而忽视了客观标准的依据。因此，克服绩效评价的这类误差的方法：一是对评价者进行培训，其中重点是强调让评价者学会准确观察行为；二是采用强制硬性分配法，即按照正态分布的比例来评价。

表 7-10 评定者特点对评价效果的影响

特征	对评价的影响
性别	无特别影响
种族	倾向于对同种族更高的评价
年龄	没有一致效果
教育水平	有明显影响，但影响程度不大
低自信、心理距离加大	更多的批评和消极的评价
兴趣、社会能力、智力	没有一致的效果
认知特点	影响评价正确性，光环效应等
职务经验	有明显影响，对评定质量提高有帮助

(续表)

特征	对评价的影响
操作水平	评定者的有效操作,会产生可靠的有效评定
领导方式	产生定向的评定者较少表现过宽的评定,而更多注意计划活动
组织位置	上、下级,同事等处的位置不同,会产生对自己有利的评价
评定者对工作和被评定者的了解	与被评定者的接触很重要;评定如果是延迟产生结果,要比立即评定的正确性降低;观察不全面也会影响评定结果的正确性

2. 被评价者个人特点的影响

作为被评价者,似乎在评价活动中,他们只起到较被动、消极的作用,但他们的个人特点,仍会对评价结果的准确性与客观性产生较重要的影响。

比如,一般女性比男性更容易得到评价者的好感和同情,也就会得到略高一些的评价。当然,这一差异并不会很明显。而且,在大多数情况下,在操作性的绩效结果上,年轻者会比年长者得到更高一些的评价。在工作的操作水平上,显然实际操作水平和能力的差异会影响到评定结果,但人们倾向于以了解到的操作水平来评价对方,而不是以他们的实际活动表现来评定。而且,个人的年龄和工作上任职年限的长短,也会对绩效评价有较大的影响。格雷·卡平斯（Grey Kipinis）认为,在工作小组中,如果存在许多不满意的员工,则一个满意的员工将得到较高评价。这似乎也是一种比较误差。

二、工作评价的时机和频率对绩效评价的影响

时机与频率问题涉及员工的绩效评价应间隔多长时间。时间因素的影响,在评价者和被评价者之间是不同的。

绩效评价的目的是要对被评价者的行为,尤其是与工作绩效有关的行为,在今后的表现产生影响。从强化理论的观点我们得知,有效的行

为改变在一定程度上决定于强化与行为之间的时间间隔。只有在行为出现之后，立即产生的强化，才对行为改变的影响最有效果；如果强化与行为之间有延迟，则时间间隔越长，个体就难于确立强化与行为之间的关系，强化的效果也就要减弱。从组织管理的角度上看，绩效评价就好像是强化，它的作用应是改善个体今后的行为，因此，如果两者之间的间隔越长，则个体就很难确定自己的有效行为与绩效评价之间的关系。这并不利于保证个体的绩效改善。

从评价者的角度看，如果根据一般组织的做法，在一年中进行一次或两次的正式工作绩效评价，对评价者也是有难度的。因为，让一个评价者同时记住好几个雇员在过去半年或一年中的所作所为，并进行准确和全面的比较，不是一件容易的事。有关的研究和实际工作结果证明，在这种情况下的绩效评价工作，出现偏差的情况是很多的，甚至在一些情况下，评价者仅仅根据一些不相干的、过分简单的，乃至带有错误的分类方法去记忆所了解的信息，就更不可避免会造成偏差。人们在记忆活动中，根据自己的主观经验对信息进行主动加工处理，并对细节进行夸张或错误的归类，这是很正常的现象。这种错觉归类在绩效评价中是很难被克服的。在一个典型的实验中，人们首先让实验者看几幅画像，画面是一个挥舞着剃刀的白人和一个头戴礼帽的黑人。在经过一段时间后，让实验者回忆他们看到的内容，大多数人会回忆，他们看到的是一个手拿剃刀的黑人和一个头戴礼帽的白人。这就说明了，人们对处理的信息进行了主动的加工，并结合了个人的主观经验。

因此，要做好评价工作，比较好的改进方法就是使这一评价工作经常化。人们建议，应该在每完成一个工程项目或是当大规模的工程项目取得重要成果时，就及时进行工作绩效的评价工作。这样做的好处，一方面通过及时的评价，可以为人事管理提供更准确的信息；另一方面它也能使员工了解目前自己的工作状况。从原则上，绩效评价周期的长短可以从以下几方面的影响去考虑。

第一，根据组织的奖金发放的周期长短来决定绩效评价的周期。

第二，根据工作任务的完成周期来决定绩效评价的周期。

第三，根据员工的工作性质决定考评周期的长短。对于基层工作人员来说，由于其工作绩效可在较短时间内得到一个明确的结果，评价的周期可相对短些；而对于专业技术人员和管理人员，他们的工作成绩要在较长时间内才会有结果，因此，对他们的评价周期就可以长一些。

第四，如果评价者需要考核的员工数量比较多，就可能使他们在评价活动的时期内工作负担过重，从而影响到评价的准确性。因此，这时可以将绩效的评价采用离散的方式进行，也就是评价工作可以根据每个员工的工作完成周期来进行，而不必统一安排并进行评价。这就保证了对每个员工的考核是及时和准确的。

当然，过于频繁的绩效评价也是有问题的，因为，这要花费许多时间、精力、财力，还会产生许多麻烦。所以，判断考核适宜性的因素，应是在一个重要项目或任务结束之后，或在关键性结果应出现时进行考核。

第四节　工作满意感及其评价

工作满意感是与工作态度有关的一个问题。由于工作满意感与组织的生产率有很大关系，因此管理者对这一问题越来越感兴趣。管理者认为自己对维护与保持组织中的高水平工作满意感，是有责任的。而且，管理者更关心工作满意感对工作绩效的影响，因为，工作满意感的低水平，会导致高旷工率和离退率，并会进而造成低水平的生产率。

工作满意感应是员工个人工作后得到的结果，它是人们对自己工作的感觉。感觉应有积极的与消极的区别，但员工个人的积极的感觉，与组织的目的与要求是否一致呢？或者员工对组织满意的要求来自哪些方面？我们对此必须有清楚的认识。而且，工作满意感也是比较后的结果。这种比较，一是与员工个人的经历、标准为根据的比较；另一方面是人与人之间的比较，从把自己与他人的结果差异上，并结合个人的标准来判定工作是否满意。这又与公平的观念有关系。员工怎样看待自己的满意标准,与谁比较,这种比较是否有利于个人与组织的发展,是否符合它们的目标要求等,也是很重要的问题。但是,不论怎样,我们在此讨论工作满意感的问题,主要还是关心怎样评价满意感,以及这种评价对个人与组织行为的影响。

一、怎样认识工作满意感

一般来说,人们把工作满意感看作是一种情绪、情感的反应,并且,是个体对其工作所具有的总的积极性情感的程度的体现。如果某个人的工作满意感高,这意味着他对自己的工作是喜欢的,并且对自己的工作结果有较高的评价和积极的情感。

工作满意感与组织中群体士气的高低状况有关,但两者反映的问题是有区别的。士气是对群体情绪的反应,而工作满意感只是指个体的情绪反应。在一个群体中,可能士气是较高的,但其内在的个体却可能处于不满意的状态。或者相反,群体中的个体对自己的工作及其结果感到很满足,而群体的士气并不高。工作满意感将直接影响到人们对工作投入的程度。那些对工作极大投入的个体,会把工作看作是对自己很重要的部分,他们对工作和工作结果的情感反应会很强,所以,工作满意与不满意的状态对他们的影响就会很大。而有些个体对工作只是低水平的投入,尽管他们也会有工作满意或不满意的情感反应,但这对他们的影响似乎很微弱。

我们尽管对工作满意感的认识是以工作的整体活动为依据,事实上,工作满意感对人的情感影响会表现在许多方面上。这说明工作的不同因素和内容对工作满意感的影响是不同的。由于工作本身是由任务、角色、责任、人际关系、激励、报酬等各种相互关联的因素组合而成,所以,了解工作满意感也需要对工作的构成因素及其作用加以分析。

对工作因素的研究,一是以统计方法为手段,通过对员工对工作态度问题的反应的分析,利用因素分析方法统计处理,并归纳出工作满意感的各方面内容;另一种方法则是概念式的分析手段,它是从心理学的理论分析和判断为出发点,根据心理学理论对人的态度因素的规定,确定工作满意感应该具备的因素及其关系，再通过实验来加以检验。从已有的研究结果看，无论哪种研究手段，最终都能产生对工作满意感分析的一些共同的、普遍性的因素。

二、有关工作满意感的理论

一般认为，满意的程度就是个体需要得到满足的程度。但这种简单的认识显然是错误的。比如，像低层次和低级的需要被满足后，人们的需要也就停止了，似乎被满足得越多，人们的满意感也就越高。但像权力、地位、自尊、成长等一些高层次的需要，往往是在部分得到满足后，个体会产生更大的需求，会导致更多的满足需求。如何以满足的程度来衡量它们呢？很显然，根据需要被满足程度的观点，我们很难判断在什么程度上需要能够得到满足。

表 7-11 工作满意感的各种因素

	因素来源	影响作用
事件或条件	1.工作本身：挑战性	具有心理挑战性的工作完成时，个体产生较高满意感
	2.工作本身：生理需求	疲劳的工作会造成不满意感
	3.工作本身：个性兴趣	个体对有趣的工作具有满意感
	4.报酬结构	和绩效有关联的工资结构具有满意感
	5.工作条件：物理条件	满意感由工作条件和生理需求的匹配而决定
	6.工作条件：目标实现	工作条件能够有助于完成任务时，会产生满意感
代理者	7.自我	高自尊将导致满意感
	8.上级、同事、下级	个体对那些能够帮助他们得到奖励的伙伴感到满意；个体对与他们的工作方式相同的伙伴也感到满意
	9.组织和管理	当公司政策和程序能够帮助个体获得奖励时，个体会感到满意；因公司和管理造成角色冲突、角色不明确时，个体不满意
	10.边际福利	对大多数员工来说，福利对工作满意感无太大影响

为修正这一看法，有人提出了工作满意感的边际效应递减概念。它是以个人得到的结果的总和来说明满意的程度的。也就是说，满意的程度取决于个体从工作中得到的结果。因为个体从工作中获得的结果可以有一个具体的衡量标准，并且，这些结果也可以在个体之间或个体的历史发展上，进行明确的比较。比如，工资、地位、工作条件、组织政策和人际关系等，在不同的时代或不同发展时期，它们各具有什么价值，以及对不同状态的个体，它们会具有什么性质和什么程度的激励价值，我们也可以分析并判断。但即使如此，也有人提出结果与工作满意感并不总是直接有关系的。任何事情都可能是我们获得的结果越多，则这些结果的价值就越小。这是经济学上的边际回收效应递减规律，即在每一项事物上，随着获得的积累越多，则其价值就越小。甚至到一定程度以后，这一事物的获得有可能已不再增加我们的满意感。满意的程度饱和以后，就会开始感到不满意了。比如，在工作结果上，如果得到的口头表扬太多了，它的价值也就变小了，以致厌烦它，甚至影响到以前的表扬也变得无价值了。而且，有时候表扬太多了，过头了，反而会使人们认为是企图用表扬来操纵和控制他。

另一个决定人们满意感的因素是对结果的期望。这一因素说明，仅仅增加个人获得的结果，并不一定就能产生满意感。因为，个体行为的实际获得结果与他所期望获得的结果之间是有所差异的。因此，决定满足程度的因素，至少来自两方面，一是所得到的结果，二是人们所期望的结果。这两种结果之间的差异越小，则个体的满意感越高。这一观点也被称为个体内部的比较过程理论。依据这一观点，我们首先要对个体的需要、期望标准及其差异加以确定。有的研究者认为，价值标准和个体需要并不是同样的事物，需要是人所共有的，而价值标准则是个体为满足需要而试图获得的东西，它是因人而异的。但由于获得工作满意感是一种心理上的需要，所以价值标准决定了个体对需要的选择，也确定了个体对情绪反应的选择。满意的工作提供了一种获得有价值目标的机会。

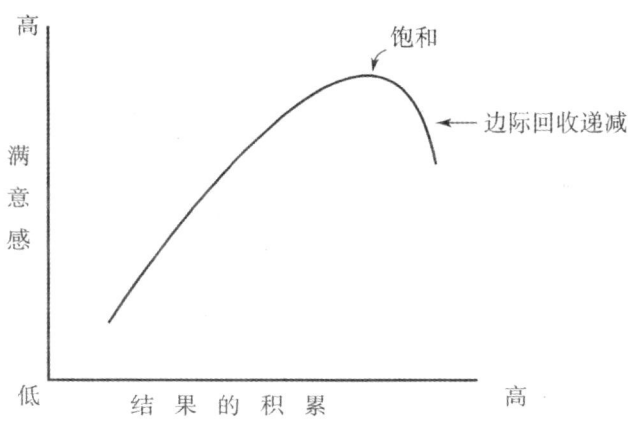

图 7-4　结果与满意感之间的边际回收效应递减示意图

也有研究者认为产生工作满意感的比较过程，并不是在个体内部进行，因为个体的工作满意感，并不是在真空环境中仅凭个人的需要价值的满足而产生的。甚至，个体的价值标准也应该决定于社会环境，与群体成员相比较而确定。因此，工作满意感应由个体比较、评价自己与他人之间的差异而产生。比较是在社会系统中，在人与人之间进行的。个体只有通过对社会上从事类似工作的个体的观察，并判断他们的满意程度，并将自己与他人比较之后，才能产生确定的自己对工作满意程度的认识。

沃尔（Warr）等人则提出，工作满意感的产生和维持受到工作中有关因素的影响。他们一共确定了九种有关的因素，并进一步指出这九种因素对工作满意感的影响作用是不同的。他们认为，这就像维持人体健康的维生素的作用机制一样，个体每天都需要九个因素基本的维持"剂量"，来维持工作满意感。但在这些因素中，某些因素的水平过高，也会导致"中毒"反应，会使工作满意感产生一定的问题。具体地说，沃尔等人认为，环境因素中某些内容的过量，并不会产生任何特殊的效果，它们只会起到恒定的维持满意感的效果，就类似于维生素 C 和维生素 E，它们并不会由于过量而产生明显不利的副作用。而环境中的另一些因素，则好似维生素 A 和维生素 D，过量会给健康带来副作用，甚至导致生命危险。它们对工作满意感的影响，就是降低个体的快乐、满意等方面的情绪水平，产生额外衰减的后果。

表 7-12 影响满意感的因素在高水平时的效果比较

因素	影响效果
类似维生素 C、维生素 E 的因素	
1.报酬	保持稳定的高水平效果
2.生理安全	保持稳定的高水平效果
3.受尊重的社会地位	保持稳定的高水平效果
类似维生素 A、维生素 D 的因素	
4.外部产生的目标	超负荷、紧张状态
5.变化	专注程度和成就水平下降
6.透明度、公开性	缺乏控制和发展机会
7.控制	超负荷、紧张状态
8.技能应用	超负荷、紧张状态、缺乏个人空间
9.人际接触	过度拥挤

对工作满意感的认识也与行为归因的研究有一定关系。因为，工作满意感毕竟是一种情绪的活动状态，根据沙赫特-辛格的情绪理论，任何一种情绪都包括唤醒水平和归因两方面。因此，如果个体对某些因素的认知不能导致情绪唤醒水平的提高，则这些因素将不会影响满意感。在一项有关的研究中，在对两组大学生进行了对某一工作的同样描述后，分别让他们想象该工作是乏味的和有趣的。结果发现，对工作进行有趣的想象的大学生比那些进行乏味想象的大学生，在工作丰富程度的描述上要多得多。事实证明，传统观点认为工作因素导致对满意感的认识是错误的，是满意感导致了人们对工作认知的改变。从我们的生活经验也可得知，在生活中有一些人往往比其他人更容易满足。在工作活动中也如此，那些认为自己能够没有压力地自由选择工作的个体，将比那些认为工作是不可改变的个体，对工作更容易产生较高的满意感。从这一点上，似乎工作满意感不再是由工作和环境特点所决定的，而是由个体经验所决定的。个体经验中的认知机制，起到了一种信息加工过滤的

作用，它只加工那些有利的信息，而滤掉了不利的信息。可以说，从归因方面对工作满意感的研究，认为工作满意感先有情绪，然后再进行认知归因。而其他的理论观点认为，先通过思考认知，再产生情绪。这就是它们之间的最大区别。

三、对工作满意感的测量

工作满意感的测量不仅是要对组织的工作满意感状况进行了解和评价，它要解决的问题还包括：确定工作满意感的最有效、最可靠的方法是什么？怎样进行工作满意感的测量？何时可以使用工作满意感的测量？

目前看来，对工作满意感的测量大多是以一些标准化的测量工具为主的。

（一）工作描述指数

工作描述指数是由史密斯（Smith）等心理学家设计的测量工作满意感的量表，它曾被用于各种形式的组织中，并用于对不同文化和不同

表7-13 工作描述指数项目实例

```
请考虑一下你现在从事的工作：
    如果下列项目署名了你的工作,请在横线上写"是"；
    对于没有描述你工作的项目,请在横线上写"否"；
    如果你对某一个项目是否描述了你的工作无把握判断,则请在横线上写"?"。

1.工作本身              2.报酬
  _____常规              _____差
  _____令人满意          _____较高
  _____好                _____少于应得的
  _____自主性            _____能支付奢侈的消费

3.提升                  4.同事                5.管理者
  _____职务没变化        _____谈话太多         _____不保守
  _____技能提升          _____雄心勃勃         _____难以取悦
  _____不经常提升        _____懒               _____常征求我的意见
  _____提升机会多        _____真诚             _____随时能找到
```

收入水平的员工调查中。整个量表共有五个部分：工作、管理者、报酬、提升、同事的满意感。其中，每一项目由9—18个问题组成，每个问题都有对工作满意感某方面的描述及其具体的分值。具体测量时，先让员工对每一项目的描述进行评定，然后将员工选择的描述及其分值加起来，就可得到员工在工作各方面的满意感状况。

（二）明尼苏达工作满意感问卷

明尼苏达工作满意感问卷也是一种较常用的对满意感测量的工具。问卷共由20个项目组成，它们是能力的发挥、成就、能动性、自我发展、权力、公司政策及实施、报酬、同事、创造力、独立性、道德标准、承认、责任、安全、社会服务、社会地位、管理—人际关系、管理—技术、多样性、工作条件。其中，每一项目又有五个问题，所以，整个测量问卷共有100个问题。与工作描述指标不同的是，工作描述指数只能给出员工在工作的五个方面上反映出的工作满意感的总看法，而明尼苏达工作满意感问卷则可以对具体的每一项目上的满意和不满意情况进行较详细的描述。

表7-14 明尼苏达工作满意感问卷的项目实例

对现在的工作我感到	非常不满意	不满意	中性	满意	非常满意
1.所有时候都很忙					
2.有单独工作的机会					
3.有不同时期做不同工作的机会					
4.有成为团体中一员的机会					
5.上级对待员工的方式					
6.管理者的决策胜任力					
7.就业的稳定性					
8.个人的报酬及所做的工作量					
9.职务的晋升机会					
10.同事间相处的机会					

从这些常用的测量工具上看，它们有以下几方面的特点。

1. 正确性。正确性也就是测量的效度，它们应是真正反映了工作满意感的因素和内容。研究证明，各种测量工具都达到了较令人满意的效度水平。

2. 可靠性。这些工具的信度也是很高的，它们始终能得到较为一致性的结果。

3. 内容。从问卷的内容上，可以反映影响工作活动和组织效益的广泛因素，能为管理者提供有价值的指导意见。

4. 语言形式。问卷中的问题用词明确无误，并可以在不同的条件下使用。

工作满意感的测量结果可以用于以下几方面的工作中。

1. 诊断组织中存在的问题。从满意感调查的结果上，可以反映员工的满意感水平和了解具体的不满意因素。这可以使我们发现问题，并找到不满日益增加的原因。

2. 估计组织变化对员工看法的影响。组织的变化必然影响到员工的认识和行为，满意感调查则可以用于评价组织政策和规划变化的结果和有效性。通过比较变化前后的满意感调查的结果，就可以了解到这些变化对人们的影响。

3. 促进管理人员与员工之间交流。由于调查活动保证了员工的自主权，这可以使员工将平时不能直接反映到管理层的信息，无限制地表达出来。这使调查起到了一种向上沟通的渠道的作用，而且，它也保证了在沟通中对员工的保护，有安全感，也使表达的信息更客观和可靠。

四、工作满意感与其他影响因素的关系

（一）个体因素对工作满意感的影响

有许多研究的结果证明，工作满意感整体上是随年龄的增长而增长的，但在工作满意感构成的各因素上，结果并不是一致的。除去工作本

身因素上，人们的满意感与年龄因素呈正相关。在晋升因素上，满意感与年龄呈负相关。此外，男性对报酬的满意感与年龄无关，而女性在这一因素上则表现出负相关。

通常，对个体因素在工作满意感上的影响的解释，一是在年龄因素上，有可能是由于不满意的年轻人都离开不满意的工作而去寻找满意的工作了，留下的年龄较大的员工则都是对工作较满意的；二是由于随着年龄的增长，个体会更现实地看待工作，这种成熟的态度也会导致较高的工作满意感；三是因为年长的员工会比年轻的员工在成长和自我实现方面有更多的机会，他们的经验和年龄也会使他们有更强的胜任能力、自信和自尊、较高的职位等，这也会使个体有较高的成就感和满足感。在性别因素上，由于社会文化和传统观念的影响，使妇女容易受到歧视，并且使她们的才能不易在工作岗位上发挥出来。因此，作为一种社会因素，女性确实比男性更难得到满意的工作，因而也就不易产生较高的工作满意感。

表7-15 不同人员在工作满意感上的表现

年轻工人	1.工作期望不现实
	2.过于胜任工作
	3.不满于独裁管理
中层管理者	1.在决策中缺乏影响力
	2.萧条时期常常被辞退
	3.拥有的权力日益减少
蓝领阶层员工	1.难以走出蓝领工作
	2.宣传机构对他们缺乏重视
	3.低工资、乏味的工作

在个体影响因素上，职业水平也是一个不容忽视的方面。一般地，高职业水平者比低职业水平者具有较高的工作满意感，管理者、专业人

员比非技术人员满意感高,熟练工则又比一般员工高。这其中原因,有可能是工作条件、较高报酬和自己能力发挥上的差异。因此,高职业水平者有更多的理由对工作感到满意。

(二)工作行为与工作满意感的关系

工作满意感是与工作行为关系最密切的因素之一,其他一些较重要的因素还包括缺勤率、人事变动率和绩效等。

在工作满意感和出勤率关系的研究上,人们发现,只有在量表中的职业未来、管理者、报酬等因素上的工作满意感,才与出勤率有较强的正相关。而在工作量、工作种类、组织评价等方面,满意感的高低与出勤率只有很低的相关。关于出勤率,人们感到这并不是一个简单的问题。在工作满意感与出勤率之间,还有一些中间因素在起作用。比如,由于经济因素、工作群体的规范和激励报酬系统所产生的出勤压力;客观环境中的意外,像家庭责任和疾病、交通等因素影响个体的出勤率;还有像个体的出勤动机,以及对工作的期望等,都对工作满意感与出勤率之间的关系,产生性质和程度不同的影响。

人事变动率应与工作满意感有较大关系,并且应是负相关,即个体对工作越不满意,其离开该工作的可能性也就越大。但研究证明,在工作满意感与人事变动率之间,也存在一些重要的中间变量,即在工作上个体的状态是处于考虑离开、寻找另一工作、打算离开(或留下),以及实际决定离开(或留下)的哪一个阶段。对工作的不满意可能会使个体产生想离开这一岗位的想法,然后他可能很快去寻找另一工作。如果他判断离开该工作的代价太大,则个体就要重新考虑在工作上的去留问题,有可能选择留下,但用其他手段来表达自己的不满意,像缺勤、工作不主动等。而如果判断代价不高,其他工作又不错,这就可能鼓励个体决定离职,并最终离开。因此,决定工作满意感与人事变动率的因素,是个体的认知、行为过程。此外,像经济因素也将是影响人事变动率的重要因素之一。通常在失业率高或经济不景气时,不满意的员工会更倾向于忍耐不满意的情绪,而并不选择离开岗位。

对满意感与绩效的关系的研究，主要还是希望确定两者之间的关系，即是满意感决定了高绩效，还是工作绩效决定了满意感。如果是满意感决定绩效，则管理者的责任就应是先让员工高兴起来。但也有观点认为，绩效决定了满意感，即个体首先要对自己的工作熟练，然后才能从工作中找到乐趣。而且，如果事实上是绩效导致满意感，则管理者就应对员工在过去绩效的基础上予以报酬，这才能强化绩效。如果事实上相反，是满意感导致绩效，则管理者就必须无论工作状况如何，都要给员工以报酬奖励。因为只有如此，才会使员工在今后满意，并进而努力地工作。但目前的研究，还很难肯定两者明确的关系。

工作满意感的影响还会涉及员工的生活满意感和心理健康水平。因此，对这一问题，还应该从更广泛的范围上加以认识。

第八章　培训是促进职业发展的关键因素

在现代组织管理中，尤其在人力资源管理的工作中，培训这个工作显得比过去的组织活动更加重要。这种转变发生在 20 世纪 80—90 年代之间。由于技术发展的速度太快，职工需要不断学习才能使自己适应这样高速变化的技术现实，才能够胜任生产的改进和服务质量提高的要求，并维持组织与自己个人的竞争地位。当然，新的技术也在影响着培训的方法与手段，使学习行为变得更主动、丰富、多样化，比如，在国外推行全面质量管理和电脑化生产的时间里，培训的内容从如何批判性地思考、如何看质量管理图、如何与电脑相互作用到如何进行团队建设和提高决策水平，应有尽有。现在的培训工作，不仅能有效帮助员工提高自己的操作能力和人际关系能力，与此同时，更有积极性意义的是培训还能增进人的奉献精神。因为，公司能够提供个人更多成长的机会，这将更有效激发职工投入主动的对组织与伙伴的奉献行为。在这方面，丰田公司的培训实践提供了较好的案例。丰田公司在管理上，他们的职工奉献精神是受人称赞的，他们总结认为这与公司的独特培训工作有极大关系。丰田公司的培训时间平均为每个职工每年两周，这要大大高于平均一周的日本国内平均水平。

培训（Training）与开发（Development）是两个既相联系又相区别的词。培训，是向员工提供工作必需的知识与技能，它的着眼点是培训对象现在需要的知识和技能；开发，是依据员工需求与组织发展要求，对员工的潜能开发与职业发展进行系统设计与规划的过程，它的着眼点是培训对象未来所需要的能力。传统的培训工作,表现在将其设计为企业的一项狭小的日常事务,目的是传授从事某项工作所必需的技能,如培训装配工焊接线路、培训销售人员洽谈业务、教师制定一堂课的计划等。这种观念与现在企业的培训目的已经有极大的差异。现在的组织培训工作更多的体现在帮助组织解决两个新的目的:一是向员工传授更为广泛的技能,包括解决问题的技能、沟通的技能,以及团队建设的技能等。另一个方面,就是利用培训来增强组织的吸引力,强化员工的献身精神。由于员工培训能够有效的开发员工自身的能力和素质,使他们在工作中感受到个人的成长和发展,从而,激发他们对企业的忠诚感和献身精神。

本章将简介与人事组织工作相关的培训问题。

第一节 培训的概念

一、什么是培训

(一) 概念

公司的培训活动与一般的个人学习行为不同,我们应该把职工的培训和开发看作是组织变革在个人层面的表现,它的主要特征,就是表现为一种有计划的学习过程。培训的主要目的,就是帮助职工获得成功地完成工作任务所需要的信息与技能,在行为模式和态度方面发生转变;开发,则是指通过给予知识、改变态度或增进技能,最终提高管理绩效。所以,培训与开发工作对职工的行为和态度改善,对个人能力与职务要求的进一步匹配,对个人目标与组织目标的一致化都能起到积极的作用。

一项对24家企业的研究(1995,1986)证明,电脑应用技能的学习和培训,对电脑应用中被培训者的能力感、工作态度和积极性等有显著作用。更多的企业培训成果则证实,当今的企业要对市场需求十分敏感。高速、多样、顾客中心、方便和省时是客户服务的基本原则，为了应付这样的需求，必须对职工进行全方位的培训。

现在社会发展迅速，新的技术以比已往任何一个时代更加快的方式影响着企业的运作。在这样高速变化的条件下，如何使职工赶上发展的步伐，如何更加迅速地提高人员的工作绩效，是建立组织中人员培训与开发的基础。其次，在组织的逐渐发展过程中，人员之间的心理交流也无时无刻不在发展和变化着，如何更好地理顺人际关系，达到优良的合作，也是组织必须引入培训和开发的一个现实需求。第三，个人对工作的态度如何根据环境的变化继续保持和发展，个人的工作满意感如何在工作过程中得到提高，所有这些，也能从员工的培训和开发中得到改善。从更加长远的观点看，培训还可以带来更多额外的好处，例如，它可以提高国际竞争力。

松下电器公司原总裁松下幸之助曾说过："一个天才的企业家总是不失时机地把对职员的培养和训练摆上重要的议事日程。教育是现代经济社会大背景下的'杀手锏'，谁拥有它谁就预示着成功，只有傻瓜或自愿把自己的企业推向悬崖峭壁的人才会对教育置若罔闻。"

虽然实践的经验已经证明了培训的价值，先知者的心得也由衷地感受到培训的收益，但直到今日，在不同公司的实践中，在培训工作的认识与实践上的差异仍然存在，而且还有进一步增大的趋势。在仍然有大量的公司还忙于业务，顾不上自己的公司培训计划，也缺少针对性的盲目培训时，像IBM、施乐、得克萨斯仪器公司、摩托罗拉等这些公司，更愿意将他们流水收入的5%—10%用于培训，根据统计，美国公司培训的平均费用为流水收入的2%。专家们估计，在美国，42%—90%的职工需要继续培训。因为，他们真的认识到，培训能增强组织的竞争力。

（二）意义

公司对职工的培训和开发，至少可以在如下方面为企业带来好处。

首先，能使尽量多的人适合自己的岗位。无论是岗前培训、在职培训还是其他类型的培训，对于岗位工作技能方面的学习能直接地提高机械操作的成功率，并进而提高组织绩效。正是在这样的培训和开发的作用下，职工操作错误和问题减少，领导和督查人员的工作强度也随之减少。

第二，特殊意义的培训和开发能使员工的合作性加强，相互衔接的连接点连接易化，使生产过程更加富于整体化和有机化，进而提高生产效率。

第三，培训和开发能提高职工的士气，任何人在技能和知识方面的提高都是个人在自我实现的阶梯上的攀登过程，而自我实现是人的高级追求，是通向成长的努力。这种努力无疑会受到职工的热烈欢迎。

第四，当组织的技术发展改变时，与工作相关的培训可以使当前处于困惑、不知所措的职工得到学习新技术的机会和技能。这在一定程度上减少了职工受到的压力，从而减少了不必要的员工流动，保证了职工的职业，反过来增进了职工回报企业的动机。

第五，培训还可以增加产量和竞争力，使组织更多地将自己的服务聚焦于顾客，并最终提高企业的声望和地位，稳固企业的形象。在继承企业文化方面，培训是将组织的外显行为凝固为文化的良好方式。

最后，设计良好的创造力开发和培训能在组织和个人双方共同需求的满足上最大限度地达成共识，并带来超水平的工作绩效。

二、培训的种类

培训的分类方法可以多种多样，从大的项目上，可以分为知识、技术、技能、价值观等培训，其中，每一项培训又可以进一步细分为具体的内容，比如，在技能的培训中，就还能进一步细分为通用技能、管理技能和职业技能培训等，在下面内容中，我们主要将培训分成定向培训和发展培训这两种类型。

（一）定向培训

给新雇员提供诸如工作时间、工作环境、工作条件等他们即将从事工作的基本情况的过程称为定向培训。定向培训是一个新雇员的社会化过程。社会化这个概念,在社会心理学上原是指一个非常庞大的系统工程,它包括调节社会风气、净化大众传播媒介、整顿企业气氛、给出适当的社会学习的榜样等等。在这里,更具体的将社会化范围指向不断地向所有职工灌输企业或部门所期望的优势态度、标准、价值观、行为方式的过程。

定向培训带给职工信息,这些信息涉及如何工作和如何评价。它对新职工的行为方式的形成具有极大的好处。它也可以减轻职工第一天工作的神经过敏症和现实的冲击力量。

定向培训的方式从简单的信息呈现到复杂、正式、具有一定长度的课程均可。新职工常常会得到一本手册,手册描述企业的各种情况;同时,会有一次在企业中的参观。文字材料应该包括企业生活的所有方面,包括报酬、假期、工作安全等等看起来比较零散的内容。公司的所有政策、法规、福利等也应该在其中有所体现。在法律上,这个文字材料一定要将所有必要的内容全部包容进去,这就相当于给职工一个合同,讲明组织所提出的条件。正因如此,所以在小册子的文字上应该认真斟酌,规定不要轻易出现,出现就要合法和被执行。文字材料的第一部分应该由人力资源专家讲解,包括工作时间和假期安排。然后,新职工被介绍到部门领导那里。在熟悉新工作环境的同时,将他或她介绍给所有同事。这样,便完成了新职工的定向培训过程。

(二) 发展培训

培训新雇员工作技能,甚至对于现有在岗的雇员培训新技能,这包括如何使用新机器,如何更好地进行销售,以及如何对职工进行领导等,这些培训内容与形式都可被称为发展培训。一般来说,发展培训的主要目的是为满足组织未来发展的需求。发展培训也可能是对工作中相互的交流方式进行提高,这种提高可以改进组织的沟通和管理过程。

典型的发展培训模式有五个步骤。

1. 需求分析

确定特别工作所需的技能，分析职工本人的技能和需求后，确定出可进行测量的知识或操作目标。本步骤具体内容包括：确定改进操作和提高生产的某种特别任务的操作技能需求；分析未来的培训听众，看他们的教育水平、经验、技能、态度和个体动机是否适合培训程序；研究并开发出特别的可测量的知识或操作目标。

2. 教学设计

教学设计是准备培训内容的真实的阶段，包括写教材，编制练习与设计活动，并将它们合成。本步骤具体为：将教学目的、方法、媒体、内容介绍、例子、练习和活动收集起来，将其按照成人学习心理特点组织起来，形成一个课程发展蓝图；确定所有材料，如录像脚本、指导书、参与者的手册等是完整清晰的，并直接按照目标编排；仔细并专业化地处理这些课程元素，在打印、翻录、复制时，保证它们的质量和有效性。

3. 有效化

将课程在小范围使用，以便于修改和最终定稿。

4. 实施

使用具体方法对培训实施，这些方法包括在岗培训或离岗培训。要完全按照培训课程的设计进行。

5. 评价和继续

评估课程的成功程度并决定是否继续进行。

员工培训还有其他一些类型，如一些针对特殊目的设置的培训（价值观培训、团队建设培训、授权培训、领导技能培训）等。

三、培训的内容

伴随着知识经济时代的到来，人们对于学习的要求也产生了很大的变化，像学习化社会、学习型组织等这样一些新的组织形态已经产生，这也需要我们了解与适应这些新组织形态的特点。在学习型组织中，带给员工的主要价值就是系统与深入的学习和培训，这已经不仅是态度、行为改变的问题，而涉及激励员工的角度。事实上，在组织中，个人总是和组织共同成长的，在学习型组织中，这个特点就更突出了。要使个人与组织获得共同的成长，培训内容的选择是关键。在传统的培训理论中，知识、技能和态度共同构成了培训的内容，也有人称之为培训三要素。而在现代许多世界著名企业中，它们甚至把企业文化等内容也纳入了培训的范围。

（一）知识学习

知识学习是各类培训中的一项基本内容。技术快速发展，使知识的更新速度日益加快。树立终身学习观念，建立终身学习的组织制度，保证组织成员能持续更新专业知识，已成为未来组织一项重要的使命。无论是普通员工，还是组织各级管理者，都需要不断地更新已有的知识结构。当然，具体的培训内容，需要根据组织的特点和使命来决定。例如，作为企业管理者，必须要懂经济理论、经营管理、生产技术、政策法律，还必须具备一定文化科学知识，有一定文化修养。这些知识除了自学以外，更需要通过相对固定的学习渠道来获取。

（二）技能提高

技能和能力是许多培训的中心任务。尤其是短期培训，通常以工作中实际技能的提高为目标。在国内的各项培训中，最缺少的就是技能提高的培训。我们目前的培训存在严重学科中心主义倾向，往往把培训等同于教育，等同于班级授课制中知识传授。这样的培训针对性不强，特别容易挫伤受培训人员的积极性。究其原因，主要是我们的培训缺乏培训前的需求分析，导致培训成为一种自上而下的领导简单决策行为。另外，缺少专业化的培训师也是造成培训，特别是技能提高培训很难付诸实施的一个重要原因。专业化的培训师必须具备丰富的实际工作经验，同时又懂得教育、教学的规律。培养专业化的培训师，也已经成为我国培训业发展的当务之急。

(三) 态度改变

态度改变是行为改变的前提。组织中业绩的改善不仅与员工的工作能力有关，也取决于员工的工作态度。研究员工工作态度的形成，运用心理训练的方法来改变员工对组织和其他组织成员的态度，也是培训必不可少的内容之一。社会心理学的发展，已经使得在态度和行为领域的研究取得了许多可供利用的成果。要尽力去寻找适合每个员工特点的个性化的方法来达到培训前预期的效果。每个员工的心理存在巨大的个体差异，了解这种差异，针对这种差异制订相应的培训计划，实施培训，是培训部门的重要职责，也是提高组织绩效的必不可少的措施。

无论培训的种类和内容如何，培训的过程实际上都是一个职工自主学习的过程，这个过程是如何发生的？有哪些因素会影响这种过程？组织如何根据心理学的原则安排培训呢？

第二节 培训的学习心理问题

学习是个体在生活过程中，由于反复实践或经验而产生的行为或行为潜力的比较持久的变化。作为一种行为或行为潜力的变化，当学习完成后，个体总能做一些学习以前不能做的事情。当然，也有一些其他因素会引发行为的变化，如本能、成熟、疲劳、疾病、药物等，但这些不是学习。

学习引起的变化是持久的，这种心理过程已在人的大脑中产生了质的变化。正因为如此，员工和管理人员的培训才能取得长期持久的效果。像在麦当劳工作的职工，在受到数月的培训之后，背诵了如何制作汉堡包的所有程序后，在面对面粉等原料时，就已经具有了先前所没有的新的处理方式。但仅仅是这样一些记忆，还不能真正称得上是学习，学习更应该强调是经验的结果，即这种过程总是经过不断练习、经验、检验去完成的。练习对于许多组织培训都是必需的过程，多次的反复练习能使职工的工艺水平逐渐符合要求，并最终达到精良的程度。最后，学习的成果还必须通过操作体现出来，操作最终使行为潜力转变成行为本身。

学习可以简单地表示为如下的公式：

自变量──→中间变量──→因变量

经──→学习──→行为和思维的变化

学习的分类多种多样。著名教育学家布卢姆（B.Bloom）认为，按照学习的目标水平区分，可以从低级水平到高级水平，将学习分成六大类型，分别是：知识学习，仅仅是对知识的简单回忆；了解学习，属于理解的最低阶段，即解释所学的知识；应用学习，能够在特殊情况下使用概念、原理或原则；分析学习，即能区别和了解某物的内部联系的学习；综合学习，把一些思想重新组合为一种新的完整思想，产生新的结构学习；最后是评价学习，指的是根据内部的证据或外部的标准做出判断的学习。

心理学家加涅（R.Gagne）根据学习的内容进行区分，他将学习分为五类：第一类，是言语信息学习，指掌握语言传递的内容。这种学习通常是将知识组织起来进行的。语言学习的作用可增加语言和特定事物的识别知识，了解"是什么"一类的问题，为后来的学习奠定基础。有组织的语言学习还为思维的发展提供了工具。第二类，称为智慧技能学习。这种学习帮助人了解"怎么做"的问题，因此学习的是过程性知识。智慧技能有多种层次。第三类，称为认知策略学习。这是学习者用以支配自己注意、学习、记忆、思维的有内在组织的才能方面的学习，这种才能使学习过程的执行控制成为可能。从学习过程模式看，认知策略就是控制过程，它能激活和改变其他的学习过程，是学习的管理方式。第四类，称为态度学习。通过这种学习，人能获得或改变对待事物的看法。在组织培训中，增进工作满意度的一些培训方式，就属于这种态度学习。第五类，称为运动技能学习，包括身体的各种运动等。一些操作训练含有强烈的运动技能学习成分。

一、学习理论

培训者应该了解一些教育和教学过程的理论概念。对教育和教学，长期以来，有五花八门的多种理解。在此，我们不想对教育问题做更多的阐述，只是对学习的过程和理论做简单介绍，这有利于我们了解学习规律，并更好的指导我们的学习行为。

学习到底是怎么发生的？什么因素影响着学习？培训者如何考虑培训中的学习问题？对这些问题的回答，我们只从一些典型理论做简单介绍，主要是行为主义的学习理论和认知主义的学习理论。

（一）行为主义的学习理论

行为主义的学习理论以条件反射学说为基础，这是从巴甫洛夫，到华生（J.B.Watson）和斯金纳（B.F.Skinner）等共同建立的一个完善的但各有差别的理论体系。

所谓条件反射，指的是当一个条件刺激和一个中性刺激在空间上或时间上相互连接、反复出现时，无条件反应就会在中性刺激之后发生。这种在中性刺激之后产生无条件反应的现象，就是最简单的条件反射。

如果以狗遇到食物会流口水这个事件为例。将食物刺激定义为条件刺激，而流口水是自动的、与生俱来的无条件反应。多次在给狗投放食物的同时，点亮一盏电灯，久而久之，狗便逐渐将两种刺激——食物和电灯在头脑中形成的兴奋灶联系起来，这样，当不再出现食物而只出现电灯时，狗的无条件反射——流唾液现象仍旧会发生。我们将这种现象称为条件反射已经建立。这里，灯光是条件刺激，对灯光出现的流唾液反应就是条件反射。中性刺激和无条件刺激在时间上的结合称为强化，强化次数越多，条件反射就越巩固。条件反射可以逐级建立，而这种逐级建立条件反射的过程，其实就是学习过程。在整个学习中，人们不断地对新的刺激建立起反应模式，就等于学会了新的行为。

条件反射理论的倡导者后来继续提出区分不同条件反射的概念。应答性条件反射是典型的经典性条件反射，强调由已知刺激引起，躯体进行反应。而操作性条件反射则不由已知刺激引起，而是由有机体自身发出的一些行为获得强化后逐渐稳定而产生的。在企业中，当职工一些自发的行为受到强烈肯定时，这些行为的重复发生频率便逐渐升高。操作性条件反射理论特别注重强化的作用，认为学习的过程主要依靠强化来对行为进行塑造。

在行为主义者的视野里，管理培训是一个学习者对培训的内容形成条件反射的过程。比如，一场关于管理者时间管理能力的培训，可能由发现时间管理是当前管理者最薄弱的环节开始，然后引进时间管理的新的理念，如计算和整理自己的时间，进行时间支出的计划，进行时间复核，将管理时间当成管理事务，将管理时间看成管理生命，寻找管理时间的更好模式，等等。接下来，培训者进行一些模拟练习，让大家对凭空想象的一天进行时间整理，再在小组中讨论。这个过程也可以完全进行电脑化的模拟，当一个学员在模拟中完成自己的时间管理并取得惊人成就的时候，教师进行表扬并奖励；而没有在规定条件下管理好自己事务的学员则受到批评，并留下来以示惩罚。表扬和惩罚在今后受训者回到工作岗位上还会继续下去，这样，强化物是真实的管理绩效。当掌握时间管理知识和技巧的管理者获得成功时，时间管理技术将更加深刻地被掌握。反之，那些没有完全掌握时间管理技巧的管理者，可能受到不良业绩、工作过分劳累、事务忙、无头绪而心情沮丧等状态的反面强化。

行为主义心理学认为有多种形式的强化方式。连续强化就是即时强化，是对每一次或每一阶段的正确反应予以强化。间隔强化则是延缓强化，这种强化有多种类型。在时间间隔式强化中，有强化时间间隔固定的定时距强化，和时间间隔变化的变时距强化；在比率式强化中，有强化与反应次数之间呈一定比率的定比率强化，还有强化与反应次数之间比例不断变化的变比率强化。所有这些强化的方式，具有不同的影响学习效果的作用。连续强化更适合学习新的反应方式，而其他强化方式则对学习的稳定、提高具有好处。学习新东西时，不要使用延缓强化，而在学习进行一段时间后,要逐渐转向间隔式强化。

强化如果不能良好地进行,就会出现消退现象。消退,指的是消除强化,从而消除或降低某一行为。消退现象的存在,一方面提醒我们学习中不断强化以稳固职工行为的重要性,另一方面也为学习中去掉不需要的行为提供了可能。

行为主义发展的后期,受认知主义影响,一些学者开始关注社会认知所起到的促进学习的作用。班杜拉(A.Bandura)认为,人可以通过观察周围的人和社会环境学到社会行为。观察学习可以不必强化,学习到的东西也可以不从外显行为中表现出来。班杜拉的观点将学习分为四个过程:注意过程,是注意和知觉榜样情境的各个方面;保持过程,是人记住他们从榜样情境中了解的行为,这些行为将以表象或言语的方式被保持;复制过程,复制出从榜样情境中观察到的行为的过程;最后,动机过程,由于表现所观察到的行为受到激励的过程。

班杜拉的理论对培训模式的指导,是帮助我们在培训中可以给予受训者榜样的影响,而不必过多进行奖惩和强化。观察者看到榜样受到强化时,也可产生对其自身的强化效果。简单说,在培训中如果教师对一个学员的正确行为给予强化,这就可以使其他人也产生强化效果。在实践中,当你看到一个符合公司规范的人在公司中得到顺利的发展,你自己在情绪上感受到了他或她的愉快,也会使自己受到强化。班杜拉的学习观念也非常看重自我强化,即人们自己设立的标准被达到时也会受到强化。因为,人可以自己进行调节,可以根据自己制订的标准强化或惩罚自己。

(二)认知心理学的学习理论

与行为主义的学习理论比较注重人的外显行为和潜力的变化不同,认知心理学理论更强调涉及人的内部认知过程。早期认知的学习理论以格式塔学派的韦特海默(M.Wertheimer)、苛勒(K.Köhler)和卡夫卡(K.Koffka)等人为代表。理论的倡导者认为,学习是知觉的重新组合。这种知觉经验变化的过程不是渐进的尝试与错误交替的过程,而是突然的顿悟。顿悟的原因是分析问题的整体结构和利用过去经验的痕迹。心智本身具有组织力的作用,能够填补缺口或缺陷。

后期的建构主义理论以皮亚杰(J. P. Piaget)等人的观点为基础,他们普遍认为,我们的世界虽然是一种客观存在,但对世界的理解和赋予意义,却是由人的个体与其他个体相互作用后共同建构产生的。人们都是以自己的经验为基础来看待世界,个人的世界首先在自己的头脑创建。但由于各人经验以及对经验的信念不同,对外部世界的理解千差万别,这样,获得一种社会共同作用下的建构,达成共识,就成为认识世界的基础。世界是建构的,学生的学习是在教师、学生、群体共同作用下在情境中建构起来的。没有情境,就没有学习。

按照建构主义观点说法,学习过程必须是要超越教学的过程,学生建构起的新知识结构改变了他们原先对该问题的知识结构,同时,这个新结构也与教学上教的知识结构不同。并且,建构主义也强调,不同个体在建构过程中看到的是事物的不同方面,对客观世界并没有唯一的理解标准。对事物意义的真正理解源于我们的共识。

建构主义学习观告诉培训者,应该注重知识的建构,即共同讨论达成共识的过程,这个共同讨论显然是一个重要的观念。但如果对所有的观念都采取社会建构的方式,时间和金钱的成本过大。所以,建构主义者区分了两种不同类型的知识,可以根据知识的差别做不同类型的建构。

通常,将知识划分成结构好的领域(well-structured domain)和结构不良的领域(ill-structured domain)。结构好的领域,是那些适合初级学习的较为简单、死板的定义性知识。这些知识没有广泛的概念相互作用,同类的各种具体实例之间的差异性较小。对这类知识的学习不使用共识方法也未尝不可。但是,对于结构不良的领域则非要进行社会建构不可。这种知识中概念相互作用较多、较为复杂,在同一概念的不同例证之间,还存在着相当大的差别。

培训者了解两类知识领域对准备课程相当重要。在辅助受训者学习结构好的领域时,应该注意概念的呈现,进行大量练习和反馈,而对结构不良领域的学习,则要解决具体领域的情境性问题。在此之上,还有高级学习的阶段,这是更加复杂和丰富的问题和相互关系的学习。对于结构不良的领域的高级的学习,应该有多种变式。学习的内容可以从知识网络的任何部位引入,强调情境教学,提倡"真实任务"的学习,鼓励以问题为基础的学习。建构主义者还曾提出过所谓的支架式教学。这是一种通过支架的建构逐渐将学生引入学习的方法,它起源于维果茨基的一些想法,即在教学开始时,教师要不断在学生学习时给予支持,但逐渐地,学习的责任要转移到学生身上。

二、影响学习效果的一些因素

影响学习效果的因素多种多样,这里只选取一些特别关键的,供培训组织者注意。

(一) 记忆

记忆是人脑对信息的保留。可把记忆分成短时记忆和长时记忆两种。短时记忆中信息保留时间很短,而且需要不断重复。长时记忆则像图书馆一样,贮存了一生的经验。

记忆的材料有两种:语义材料,如词汇等,具有抽象、概括性;形象材料,具有形象、生动性。

我们可以从下面这些标准检验记忆力的状况:

1. 正确性,指对信息的正确保持,不歪曲;
2. 持久性,指对信息的长期保存能力;
3. 广阔性,指信息贮存的数量;
4. 敏捷性,指在短时间内掌握大量信息的能力;
5. 准备性,指对记忆的易提取能力。

从某种程度上讲,培训就是要使学员掌握更多的知识,并与遗忘进行斗争。比如,人类记忆是在不断变化的,针对这一点,就要不失时机地进行考试、检查和督促重记。再比如,相似材料之间容易产生信息的干扰，这就要求在培训和教学中尽量将相似材料区分开。不良情绪容易造成遗忘，这一点常常被忽视。19世纪艾宾浩斯（H.Ehbinghaus）曾对遗忘进行研究，发现遗忘的进程是先快后慢。这样，越及时复习，记忆效果越好。

（二）迁移

要使学习有意义，就必须使学到的知识和方法能应用于其他情境，去解决问题。因此，学习的迁移显得格外重要。所谓迁移，指一种学习对另一种学习的影响，这种影响可以有正有负。如果一种学习对另一种学习起积极作用时，称其为正迁移；而当一种学习对另一种学习起干扰或抑制作用时，就叫负迁移。学习的有效性，从一定程度上说，是以能否产生更好地迁移为衡量的。

人们基本肯定迁移是普遍存在这一点，但对于迁移是如何发生，却有着不同的观点。形式训练说是一种曾在欧洲和北美流行二百多年，并至今仍有一定影响的迁移学说观点。它主张迁移是经过一个形式训练的过程。简单地说，人心由意志、记忆、思维、推理等官能组成，心的各种成分（官能）各自分开，分别从事不同的活动。各种官能又可以像肌肉一样，通过锻炼增强力量。如果将人看成是一个整体，其中一种官能的增长，无形中也加强了其他官能。因此，这种观点把改进心的官能作为迁移发生的原因，也作为学习的目标，学习的内容并不重要，重要的是训练人的官能。在形式训练说学者眼里，学习是一个有用但却痛苦的过程。

心的官能是否可分离？可各自提高？对这个问题，没有科学证据。19世纪末到20世纪初，学者们证明，记忆等官能不会因反复训练而得到改进。于是，人们提出第二种迁移假设，即"相同要素说"。相同要素说，又称共同成分说，这种观点认为，只有当学习情境和迁移情境存在共同成分时，一种学习才能影响另一种学习。

为寻求内部原因，贾德（C.H.Judd）提出一种新的看法，在先期学习A中，获得的东西所以能迁到B，是因为学习A时获得了一般性的原理,这种原理可在 A、B 或更多情境中运用。因此,共同要素只是迁移的必要条件,关键是概括出它们之间的共同原理。贾德的理论也强调,迁移过程不是自动实现的,学习中如果使用的教材、教学方法不同,揭示出原理的深度不同,这在迁移上起着至关重要的作用。原理涉及知识的构成,直到现在,学习心理学也强调认知结构的重要性。所谓认知结构,指人头脑里的知识结构。广义地说,是某一学习者的观念的全部内容和组织。狭义的认知结构指学习者在某一特殊知识领域内的观念内容和组织。每个人的认知结构都是独特的。

布鲁纳(J.S.Bruner)提出,世界知识本身就是一种有系统的构造。像数学、物理学等都有其基本的结构,学习者应了解一门科学最基本的结构,才利于迁移,利于解决问题。支离破碎的东西在学习上是不利于使用的。当我们学习新知识时,就会将新的知识纳入原有认知结构,我们应付世界的方法和手段就扩大了,认知结构就得到了发展,迁移也就发生了。

影响迁移的因素有很多,智力、认知结构、态度、定势等主观因素和学习材料的特征、教师、学习情境之间的相似性等都对迁移产生影响。智力水平高的人容易发现情境之间的相同要素和关系,易于总结经验,能较好迁移。不同的认知结构也对迁移产生不同影响。前期认知结构的好坏,对后期的学习有明显影响。是否喜欢学习,是否喜欢被培训,是否喜欢这个工作甚至这个企业,也对学习迁移的效果产生影响。在定势方面,前期的学习可促进后期的学习,也可以阻碍后期的学习。在学习情境的相似性方面,学习情境越相似,迁移越可能发生。

(三)动机和焦虑

认知内驱力是最重要和最稳定的学习动机。认知内驱力,指以求知为目标,指向学习任务的动机,也是想要理解知识,阐明或解决问题的动机。认知内驱力多半源自好奇的倾向。

自我提高的内驱力也影响着人的学习。个体因自己的胜任能力或工作能力而赢得相应地位的需要引导人的学习。这种内驱力不是直接指向学习任务本身，而是指向相应的地位。而地位又带来人的自尊，因此，这种动机是一种外在动机。

焦虑是一种情绪状态，它与恐怖一样，有驱动人的后果。焦虑有时是有对象的，比如对一次重大考试或等待一个重要决策；有时是没有对象的，在这种时刻，人总是感到担忧些什么，这种焦虑往往是病态的表现。焦虑，可以分两类，特征性焦虑是表现在人格特征中的焦虑，某些人的个性中就有焦虑特点，做什么都表现出来。状态性焦虑则是人在特定情境中所产生的焦虑反应，比如体育比赛之前，或在上任一个新岗位之前的焦虑。人格特征中有焦虑特点的人，更常表现出状态性焦虑。焦虑是影响学习的一个重要因素。当一个人焦虑水平很低时，学习效率也很低；而当一个人学习焦虑水平太高时，又会严重影响学习。真正高效率的学习，是在中等焦虑程度情况下完成的。

第三节 培训管理

一、发起阶段

（一）需求分析

培训，首先要确定是否需要培训，需要什么培训。对新雇员来讲，缺乏什么技能或者技能的哪个部分，就必须进行哪方面的培训。对当前雇员的培训需求确定更加复杂，因为还要确定是否培训真是解决问题的办法。如果生产出现问题，也许是工作标准没有讲清或积极性没有被调动。

任务分析和绩效分析是确定培训需求的两个基本方法。在美国，19%的雇主使用任务分析确定培训需求。绩效分析是评定当前职工的绩效，以确定是否培训可以减少低生产率这样的绩效问题。其他需求分析方法还有上级的报告、个人记录、管理上的要求、观察、工作知识测验和问卷调查等。当然，执行工作的人也最清楚自己是否需要培训，因此，向他们进行调查也是重要的方法。

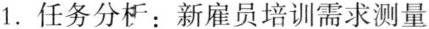

1. 任务分析：新雇员培训需求测量

对刚入职的新雇员需求分析属于任务分析。对于一般员工来讲，缺少实际经验，必须培训，因此，有必要进行任务调查和分解。任务描述和工作区分是非常有用的分析表。任务分析记录单是对任务所需要的技能和培训需求鉴定的良好工具，这种工具包含六类信息：

（1）任务列单（task list）。列出工作所需的主要任务和次要任务。例如，开切纸机这个工作就包含五步，即开动电机、设定切割距离、将纸放在机器桌子上、将纸推入和用左手握住安全释放杆。

（2）操作频率（how often performed）。确定任务操作频率，如只是在最初时进行一次，或每小时多次等。

（3）数量和质量标准（quantity, quality standards）。对每个任务和分任务操作标准的陈述。如每小时必须做 12 套，或者做出误差不大于千分之一的工件。

（4）操作环境（performance conditions）。对操作任务和分任务场所的描述，如航空塔台管理人员总是在混乱或应激状态中工作。

（5）所需技能（skill required）。它是任务分析的核心信息。将每个任务或分任务所需技能和知识列举出来，将需要在培训中教学的方面也特别写出。

（6）在哪儿学习更好（where best learned），是在岗学习好，还是不在岗学习好。决定应该根据具体情况做出，例如，学飞行最好先在模拟器上进行，然后进行实际飞行。

2. 绩效分析

绩效分析是对当前员工培训需求进行分析的方法，如果确定绩效方面有问题，需要进一步确定是否可以用培训而不是其他形式进行改进。绩效分析的第一步是评估雇员绩效，是否达到设计标准。如，一个销售主管认为，每个销售人员应该每周完成十个新合同，但有职员每周平均只完成了六个；其他厂的平均事故率为每月大事故两次，而我们企业每月大事故有五次之多。

表 8-1　人员分析评价表

培训需求分析					
	管理活动	S	M	D	S：显著的特点
计划	改进工作				M：达到工作要求或不适合于该项工作
	提出新主意				
	应用新思想				
	采集信息				D：需要培训与开发
	分析信息				
	计划目标				在评价之后，上下级共同讨论其优缺点及实际需要和目标
组织	组织能力				
	选择人员				
	发挥人员潜力				
	授予自主权				
指挥与协调	指导				
	培训与开发				
	口头表达				
	书面表达				
	向上报告情况				
	向下说明情况				
	依靠同事一起工作				
	为其他人所接受				
	订立工作目标				
控制	测量工作结果				被评人签名：
	控制成本				
	控制质量				日期：
	增加收入				
其他					

判断出不能做和不愿意做是绩效分析的核心。先确定是否不能做，然后分析具体原因。是否雇员不知道标准？是否缺乏工具或者材料？是否雇用的人根本没有干这行的基本技能？培训是否不恰当？如果都不是这些问题，那么可能是不愿意做的问题。如果是原本可以做但不去做，那么奖励系统应该调整，激励机制应该改进。

绩效分析应从以下几个方面进行：

首先，是工作方法分析。了解完成每项任务的方法。使用时间-动作研究进行考察，决定完成任务的最佳方式，再观察自己的组织与这个方式的差别在哪里。同一项任务可以用多种方法去完成时，任务分析应该对几种不同的方法进行比较和选择。

其次，是完成任务所需要的行为特征的分析。要确定从事工作所必需拥有的技能、知识和态度。有的工作对知识和技能的要求比较稳定，可以在从事工作之前集中进行必要的培训，使职工达到一定的作业标准；还有一些工作对技能、知识或态度的要求变化很快，需要不断培训。这样看来，人员的分析也很重要。

最后，是人员分析。对职工进行一次诊断性的分析，看看在知识、技能等方面有哪些缺陷，然后确定评价的内容。

3. 注意需要培训的迹象

当观察到组织中出现以下这些迹象时，则可能意味着需要开展培训。这些迹象包括：

（1）顾客不满增加，来自顾客的投诉或者反馈直线上升；

（2）内部管理和运作混乱，规章制度受到破坏，沟通渠道无法畅通；

（3）士气低落，职工关系紧张，气氛松散，没有主人翁感和奉献精神；

（4）能源或原材料的高消耗，任意浪费，毫无节制；

（5）操作和管理过程上的低效率，生产率下降，产品质量出现严重问题等。

(二) 目标确定

在对各种需求进行分析后，就可以明确操作化的培训目标。这种目标不是以能力为基础，而是对学习者在学习后展现出的行为操作描述，如"给出一套工具和一本安装手册，技术代表应该能将施乐复印机的装订线在 20 分钟之内按照标准调出"。标准一定要客观和具体，这不但利于设计培训课程，更有利于将来考核。

表 8-2 培训目标

培训的领域	目标的陈述	操作化的表格
知识		
技能		
态度		

二、实施阶段

(一) 形成气氛

培训的实施应从创造良好的组织气氛开始。这种早期的舆论和文化氛围准备，是为组织变革做准备。

形成组织气氛的核心内容是将"要我培训"转变成"我要培训"，这是激发职工参与培训的过程。当全组织基本达成共识的时候，正式培训才能开始。气氛形成阶段要策划这样几个方面的工作。首先，纠正参与者可能存在的各种认知和心理障碍，引导大家建立积极的心态。其次，让职工感到，组织对这次培训的期望很高，不应该辜负组织对发展和培养职工的努力。最后，使员工认识到，这次培训是提高自己的极好机会，自己能参与是幸运的。

形成组织气氛的次要考虑内容就是形成学习气氛。这包括在物质环境方面提供更多的协助，更重要的是在心理环境方面更加具有支持性，在任务上对职工进行减压等。

引入教员也是很重要的环节，使受培训者和教员相互融洽。否则，由于组织内部的职工对外来教员有一种观望或敌对的情绪，这将产生消极影响。

（二）实施培训

实施是按照计划将培训付诸行动的过程。按培训类型不同，实施方法也有差别。通常将培训按照在岗培训和岗外培训（包括岗前培训和离岗培训）处理。

在岗培训是在真实操作情景中进行培训。它要求实施中处理好培训与工作之间的矛盾。而岗外培训，是离开工作岗位，甚至离开公司，组织到专门培训地点培训。

在岗培训比较经济，不需购置大型昂贵设备。除此之外，不离岗培训还能得到及时反馈，在真实场景中工作获得的技能或经验也可以立刻在工作中起作用。但在岗培训也有一些不利地方，最重要的就是培训的师傅常由老职工担任，他们虽精通专业，但缺少专门的培训方面的训练。为此，在岗培训应有一个比较科学的步骤。

表8-3 在岗培训步骤

步　骤	内　容
第一步:学习者的热身	1.释放学习者的紧张情绪 2.解释为什么要学习 3.激发兴趣、鼓励提问,了解学习者对自己或他人将从事的工作的认识程度 4.解释为什么要问这些,这些知识对学习的作用 5.让学习者接触日常工作情景 6.让学习者熟悉设备、材料、工具等
第二步:操作演示	1.解释质量要求 2.在正常工作情境中进行工作演示 3.放慢速度演示几次,解释每一步骤,在每步骤中,解释难点和容易出错的地方 4.再慢速进行几次演示,解释关键点 5.慢慢完成操作,让学习者解释

(续表)

步骤	内 容
第三步:操作试验	1.让学习者慢速完成几次操作,并解释过程,纠正错误 2.如果有必要,将几个难点步骤做几次 3.训练者用正常速度进行几次操作 4.让学习者逐渐加速建构自己的技能 5.一旦学习者表现出完成的能力,让他开始工作,但训练者不能放弃关注他
第四步:重复	1.给出指定地点,告诉学习者,一旦需要可以找到自己 2.逐渐减少指导,一次次对数量与质量进行检验 3.将逐渐出现的错误倾向进行更正,在其成为习惯之前克服掉 4.展示为什么学习到的方法才是最佳的方法 5.对优秀的操作进行奖励,鼓励学习者直到他在数量与质量上达到标准为止

岗外培训的方式很多,步骤也不统一。公司外举办的研讨班(outside seminars)就是一种方式。目前,世界上成立了许多旨在协助企业建构管理者或职工技能的培训公司,这些公司常常为公众提供一些特别专题的研讨会或讲演会。以美国管理协会(AMA)和继续教育单位(Continuing Education Units,CEU)为例,这两家单位每年提供数千种管理培训方面的研讨班课程,这些课程从如何使公司职工的写作技巧提高到战略制订与管理等应有尽有,如一般管理,人力资源,营销,国际管理,财政,信息系统和技术,制造和操作管理,购买、运输和配送,包装,科研和技术管理,一般性和管理性服务,保险和员工福利等。在国内,这些年来,有本土化的,也有引进外资的,这种类型的专业化培训课程也很普遍了。

除了专门的培训公司之外,国内外的各种大学中也提供许多相关的培训课程。这些课程分成三类。第一类课程是有关领导、视导等方面的继续教育课程。第二类课程是管理者个人继续学习的课程。最后一类是学位课程，这就是所谓的工商管理硕士（MBA）。

除了外部提供的这些课程之外，组织内部也可以提供一些岗外培训的课程。

三、实施后的效果评估

培训活动必须进行效果的检验，这样才能使我们对培训的效率得到肯定的结论，也可以对未来的培训工作做最好的指导。一般可以从四个方面对培训效果进行测量。

1. 反应（reaction）：了解接受培训者是否对培训课程做出良好反应。他们喜欢课程吗？他们觉得培训是否值得？

2. 学习（learning）：测验接受培训者是否能掌握培训的内容。

3. 行为（behavior）：检验培训后人们的行为是否发生了改变。

4. 结果（results）：确定培训是否达到了事前确定的目标。

除此之外，我们也可以通过比较科学的设计方法进行培训效果的研究。这些设计分别是两组事前事后设计、所罗门设计和准实验设计。

所谓两组事前事后设计就是对员工培训前后的行为差异进行比较，比如，可以将员工分成"对照组"与"培训组"两组，"○"代表测量，"×"代表安排。对照组和培训组都参加培训前后对所有培训内容的测量，但只有培训组接受培训。这样，从培训组和对照组前后测量之间的数据差异就可以找到培训的效果。

	培训前		培训后
培训组	O_{11}	×	O_{12}
对照组	O_{21}		O_{22}

图 8-1 两组培训前培训后设计

这种前后测量的设计可以找到一些前后差别，但也可能我们会质疑职工水平的提高是来自动机的变化而不是培训。所罗门设计方法就可以克服这一不足，显得比较全面。

	培训前	培训	培训后
培训组	O_{11}	×	O_{12}
对照组1	O_{21}		O_{22}
对照组2		×	O_{32}
对照组3			O_{42}

图 8-2 所罗门设计

在日常管理工作中，无法完全按照科学实验的严苛条件进行检验验证，准试验设计成为一种比较好的选择。这种设计方法是以现有的工作组织结构为单位，以现有的过程为过程而进行。典型的两种准试验设计是时间序列设计和交替序列设计。

时间序列设计是在培训中定期测量和检查培训效果，以各时间测量的结果分析培训成绩发展的趋势和提高的程度。

培训组　$O_1 \times O_2$　$O_3 \times O_4$　$O_5 \times O_6$　$O_7 \times O_8$
时　间　→

图 8-3 时间序列设计

交替序列设计的方法则是根据对两个小组进行交替培训，再分阶段进行测量的检验方法。

	时间1		时间2		时间3
培训组1	O_{11}	×	O_{12}		O_{13}
培训组2	O_{21}		O_{22}	×	O_{23}

图 8-4 交替序列设计

第四节　培训方法

一、在岗培训的方法

这方面的方法包括师傅带徒弟方式（coaching-understudy approach）、工作转换法（job rotation）、未来领导者委员会（junior board）和行动学习（action learning）等。

（一）师傅带徒弟方式

师傅带徒弟方式是一种安排前任和后任共同工作一段时间以此进行承接的培训方式。虽然培训在真实岗位上进行，但跟从学习的过程与正常地完成任务不同，接受培训者没有很大责任压力，可以更好地集中掌握技能。

这种方法成功的前提，是前任应具有较好的教练或调控能力，培训效果来源于两人建立起来的关系。如果前任在授权、提供强化、沟通方面具有长处，就会使结果更有效。

在一线岗位上，传统是一种老人带新人的做法，也就是所谓的学徒培训。学徒培训将学校中学到的东西与现实相互结合，达到新职工逐渐适应工作的目的。在高层管理人员中，这样的方法也常常使用，即使用原先在岗的领导带新人的做法进行接班性培训。

（二）工作转换法

工作转换法是另一种不离岗培训的方法，有目的的将职工送到组织的不同部门进行轮换，从一个部门转换到另一个部门，目的是使他或她熟悉整个组织的运作。一些医院就在新医生刚入职时，有目的的安排他们在各科室间巡回转换，以此方式进行培训。

工作转换法针对的受训者通常是刚离开学校的人，他们将在不同部门待上几个月。其间，他们不但要观察，还要真实去操作，这也是发现自己管理能力的阶段和过程。

工作转换不但能给人新的工作经验，更加重要的是，可以发展出他对不同部门新的看法，同时，帮助受训者找到自己的长处和短处。定时的工作转换还可以发展部门之间的协调、交往和合作，管理者增进相互理解和认识。对老职工，也可能进行这种有目的的工作转换，以扩大他的经验和对整个企业的了解。

工作转换方法执行顺利的条件，首先，是开发项目应该对具体参与人员量体裁衣，没有通用的解决问题模式。其次，应该涉及被训练者的态度、价值观、情感、职业偏好等因素，根据其学习的进度，设计安排学习的时间和节奏。最后，接收这些受训者部门的领导者应该受过训练，他们能在能力和兴趣方面提供绩效反馈和调控。

在工作转换方面，固特艺（Goodyear）轮胎和橡胶公司有很好的经验，公司针对每个参与者的发展确定单独的培养计划，计划的设计与对象的教育、经验和职业偏好相互适应。通常，这个计划制定的时间长度从半年到15个月不等。最初，有一个三星期的基本定向过程。在基本定向后，是一个月的继续定向，受训者要与最高领导讨论他们的职业兴趣并在特别的部门选择至少六项任务，每项任务将持续一个月。这之后，他们将选择自己的特殊领域作为职业的开始。

在企业运作逐渐跨国化的今天，一些公司还进行了跨国职业转换的试验，并取得了很好的效果。像壳牌石油公司和英国石油公司都有这样的工作转换制度，它们的培训人员从纽约到斯德哥尔摩再到东京。这种转换不但提供了职工对不同国家的本企业管理特殊性的理解，还对促进企业整体文化的巩固提供了好处。

（三）未来领导者委员会和行动学习

工作转换方法是让未来的领导者一个个熟悉组织中各个部门遇到的问题，而未来领导者委员会的培训方法则是为中层领导者提供一个分析和经历组织所有问题的机会。具体内容是，在一个引导者引导下，从不同部门来的10—12人聚集在一起，每人带来他们认为应该是高层领导解决的诸如组织结构、部门冲突等问题，进行集体讨论并制订出政策和解决办法。这种技术也是不离岗的一种培训方法，但却能让职工体验到高层领导的经历。

行动学习方法的特点，则是给管理者完全充足的时间去分析、研究和解决其他部门的问题。这种培训常以4—5人组成小组，定时聚会和讨论。行动学习方法的基础，其实是借鉴了其他管理开发方法的内容，如在很多地方其做法很像未来领导者委员会，只不过它完全脱离了受训者自己的单位，讨论的问题也来自其他组织而不是自己的组织。

二、岗外培训的方法

如果培训过程是离开受训者工作岗位,哪怕时间很短,比如只有半天,我们也将其归入岗外培训类型。从时间上,可以将岗外培训分成岗前培训、岗中培训等,任务指导培训(job instruction training, JIT)就是一种岗前培训方法。有些工作具有逻辑清晰的结构和步骤,可以通过一定的标准步骤的教学形式使职工掌握工作要领,这种步骤学习被称为工作指导培训。进行这样的培训,要列出工作必要的步骤,在每个步骤旁边,也列出关键点。这些步骤告诉人们应该做什么,关键点则告诉人们应该怎样做和为什么这么做。

(一) 讲座法

讲座是一种迅速、简单的群体培训形式。和文字材料相比,讲座可以进行交互作用,直接回答一些问题。由于讲座方式过分普及,我们不对其进行深入分析,只将讲座中可能出现的失误提出来,供人事组织工作者参考。

首先,在讲演者的选择上应当谨慎和小心,没有经验的讲演者常常会犯一些低级的错误。例如,他们只顾自己讲解,根本不管听者是否能够跟随他的思路。应该给听者一些信号以便他们能跟上讲演者的步调。讲演者应该特别谨慎地处理自己的言行,不要给人错误的引导,类似讲笑话的方式,或者说"我真不知道今天该讲些什么"。讲演者最好不要使用居高临下的姿势或手势。

其次,要建议讲演者对每个章节的内容都做一个小结,小结应该简短,最好是几个字。人们在诵读了这几个字之后,就能重温学到的内容。

要尽量将讲座的课堂安排好,温度、湿度要适宜;要能使听众保持清醒;要管理好音响设备,保证教室中的每个人都听得见讲话。

讲演者要尽量使用现代化视听设备,尽量与听众现场交流。

（二）行为示范法（behavior modeling）

这是一种使用视觉形象呈现行为模式，然后请学员在模拟情境中进行角色扮演，最后再进行反馈的培训方法。简单地说，这三步是呈现正确的模式、让学员模仿、最后提供绩效反馈。在这之后，就是如何将学到的行为转换到工作情境中。

（三）案例研究法（case study method）

案例研究法是书写一个组织所遇到的问题，并进行管理开发的方法。受训者根据这些文字描述确定问题所在，并提出解决办法，然后在小组中与其他成员进行讨论。这种方法提供了一个类似真实的书写场景，并在一个讨论领导者的领导下进行复杂的问题分析和讨论。一般来讲，解决案例中出现问题的方法一定有多种选择，学习者也会在这种学习中了解到，自己选择的解决方法一定是和自己的价值观和需求相一致的。

阿吉利斯（C.Argyris）认为，理想的案例研究法有五大特点：第一，使用了真实的组织问题；第二，为参与者的卷入提供了最大的可能，如陈述自己的观点，询问他人观点，不同观点的交流、决策和结果等；第三，将对教师的依赖减少到最小；第四，培训教师要尽量将案例设置成没有对错，因为这种案例不给出完备的情景，这可以引发更多讨论；最后，教师努力发动人们参与。由此可见，案例研究法中教师具有重要作用。

案例研究法实施过程中，仍然有许多注意事项。首先是教师的作用如何确定的问题。许多教师总是想领导讨论，他们不断地通过提问或者呈现信息的方法引导学员得出答案。第二个问题就是告诉学员在真实的世界里，这个公司是怎么做的，它的对手又是怎么做的。第三个问题是，教师的确告诉学员观点没有对错之分，但是，他们却将所有观点组织起来，还排出顺序。更有一些教师还将学员的课堂行为与他们课外的行为相互联系。

为了改进案例研究，可参考一些建议。首先，最好使用受训者自己公司的例子。这不但可以使他们迅速了解情况的背景，还可以在将来使学到的东西得到迁移。讨论的领导者一定要表现出，他只是一个没有更多观点的方法教练，而不会引导观点的走向。还有就是，案例在小组讨论比较合适。

（四）角色扮演

让受训者在一个情境中扮演部分角色的管理开发方法称为角色扮演。一个有名的角色扮演活动称为《新卡车难题》(New Truck Dilemma)。

> 你作为一个电话装配工小组的领导而出场，你的每个下属都开一辆小车分别去自己工作的地方。问题是，每过一段时间，就有一辆新车来替换旧车，但是，你要决定替换谁的。由于每个人都有权利使用新车，所以你觉得每次很难办。看起来，每次你决定之后，对多数下属来讲，都觉得你错了。现在，你又遇到同样的问题，一辆新车刚刚被分配到你的小组。为了做出决定，你将这个问题提交给小组决定。你要告诉大家新车来了，并希望知道怎样分配才公平。不要从你的地位去决定，因为你希望他们认为你是一个公平的人。

这样，稍稍将剧情交给学员之后，就可以开始。如果人人都很投入，一定会有一场激动人心的讨论。这是一种发展领导能力的技术。

角色扮演比较经济，但却可以发展许多新技能。如果可能，还可以改变剧本进行一些实验，如让一个人扮演强硬的决断者，看看这样会怎么样？通过这种扮演，人们心中得到了真实的感受。其实这也是敏感性训练的一种方法。

角色扮演的缺点是费时太多，而且如果没有充分准备，可能达不到完全投入的效果。还有些人认为这种方法太幼稚，或者原先参加过，有不好的感受，因此不乐意参加。所以采用这种方法时一定要小心才行。

（五）管理游戏法（management games）

管理游戏法是一种基于电脑技术的管理开发方法，在电脑上模拟公司的运作，让一个或多个学员进行管理决策练习。常常，每个学员会给自己的公司设定一个目标,如销售量最大。在这个目标的指导下,各种管理决定将被做出。然后,随着时间的继续,公司的运作情况逐渐展现出来。如果另一个人在管理另一家竞争的公司,市场情况就会变得复杂起来,新的决策又要在适当的时候做出。

管理游戏法非常受管理者的喜爱,一方面是由于游戏提供了竞争性的情境,激发起人们的竞争热情;另一方面是因为,这种游戏可以发展人们的规划能力而不单单像其他管理培训一样,只能提高人们"救火"的能力。管理游戏法还可以开发领导能力和合作能力。但是,比较适合于组织培训的管理游戏目前还比较少,而且,这种游戏的一个缺点是,常常给出的选择过分少,不能发挥人的创造能力。

信息和通讯技术的发展,为企业培训提供了更多的手段。电脑系统的储存量、高速信息处理能力为培训提供了丰富的知识资源。信息的多媒体呈现,促进了学员多渠道、多水平的信息加工,减轻了学员的认知负担。运用教学软件,学员可以完全按照自己的步骤调整学习进度。

网络技术的交互性还做到了能够及时反馈,这使教学活动顺利进行。最后,电脑和信息技术还提供了教学过程的实时监控,并在学业成绩的评估等方面使个别化教学有了新的发展方向。

电脑控制的多媒体技术极大地增强了培训效果。一般来讲,视听教学能够吸引学员的注意力和提高他们的兴趣,对于一些特殊情况,视听方法还具有极大的好处。这些特殊情况包括一些活动不能在短期内完成,而电影和电视片就可以将整个过程保留下来。另外,当进行一些无法亲自操作的训练时,视听手段也是极好的辅助。第三,如果需要进行长途旅行,视听手段的运用可能会免除旅行的费用。视听手段的另一个好处是可以吸取周围存在的信息,如在进行管理者培训时,使用电影《桂河大桥》可以帮助人们讨论人际关系,而《野战排》可以讨论领导的类型。

第九章 职业活动与工作合理化

工作是人类活动的一个基本又很重要的形式。最初的工作活动应该仅仅是为了生存，但现在的工作行为包含的意义就很丰富了，不仅是生存与生活的问题，还要满足个体的心理需要，要实现个人的理想，追求个体的人生价值。原始的工作行为由于整体工作能力的低下，只能组织简单的群体协作，专业化的程度也很低级。随着社会发展，特别是市场经济的快速进步，工作的专业化特点越来越重要，在群体的协作程度上也越来越精细。但技术的发展太快，也使个体适应的能力遇到极大挑战。工作给个人的压力明显增加，合理化就成为一个突出的话题。怎样看待个人与工作的关系，什么是个人应该选择的工作方式与工作强度，组织管理上是否也应该思考员工的工作承受，而不仅仅是单纯以组织的利益、企业的利润为唯一的工作设计标准。

在一项世界范围的工作状况调查结果显示，人们比较普遍认同中国人在工作的"勤奋度"上是排名第一的，其后，依次是德国、美国、加拿大、印度、英国、荷兰、法国。71%的被调查的美国人认为，"中国人的工作勤奋度是最高"的。但"最勤奋"并不意味着"最快乐""最幸福"。对中国人的调查结果显示，包括在世界各地分布的中国人，他们普遍对自己的工作与生活状况的感受，就是"累"。他们描述自己现状的词汇包括，"心累""身体累""特别累""越来越累"。合理的工作是提高促进组织效率的方法，更是保证组织员工满意工作的手段，积极的员工才能产生主动的、创造性的、持续的工作效果。

工作合理化分析与劳动的分工合作有密切关系，但它主要还是一种提高组织经营管理效益的重要手段，它的目的是以效率最高的原则，来组织生产经营活动，并寻求在这一解决问题过程中的科学合理性。在生产活动中的分工问题，早在亚当·斯密（Adam Smith）的思想中就体现出来了。随着现代化生产和现代组织的发展，分工产生了许多不同的具体工作，从而实现了生产活动的专业化，这无疑为提高组织的活动效率奠定了重要的基础。但是，这并未解决有效完成工作任务的根本问题。因为，根据人们的经验对工作进行组织，在现在的生产经营活动中，已是既不可靠，又不可行。因此，必须寻找科学的工作合理化的方法和设计，从而解决工作活动的组织效率问题。

当前，人们对工作合理化的认识，是基于这样一些看法：首先，在一定的生产技术条件下完成工作的方法应有许多种，但总会存在一种比其他方法效率更高的方法；其次，只有通过科学的方法，才能更好地寻找和认识这一方法，并使它有效地应用于对员工的培训；而且，以这种方法为标准来确定工作量，最有利于合理地评价工作表现和认定工作负荷，并能减少无效劳动和充分使用劳动时间。

第一节　工作合理化研究的过程

工作合理化研究就是了解怎样从工作的设计中，帮助组织实现最大的效率和生产率。应该肯定从人类社会发展早期人们就一直在为提高生产效率而努力，因为，只有提高生产效率才能创造更多的财富，才有机会提高生活水平。工业革命以后的工作合理化的研究与探索，已经与传统社会的为生存而提高效率的追求有所不同，人们不再是简单的资源及财富的匮乏，而是更有效率的保持竞争力，这才开始关注劳动分工问题，使工作行为更具专业化、专门化。大工业组织的产生，使劳动不再靠单干或小群体手艺人完成。雇用大量工人，并利用机械化生产技术，进行大规模、大批量生产的新型生产方式出现，使人类生产活动有了根本性变革，管理者也就要考虑根据新的生产手段和技术，给大量的雇佣工人分配工作和责任。

一、科学管理研究

科学管理思想是弗雷德里克·泰勒在19世纪末20世纪初提出来的。他当时从管理思想高度，提出了指导人们进行管理活动的原则，以及一整套的方法体系。泰勒的目的是要在管理中使用科学手段并引入科学的观念，从而改造传统管理，使生产活动更有效率。这一思想在工作设计上的影响，就是强调了工作活动上的职能专业化。

职能专业化是要求把工作者分到范围窄小的工作上。最初提出这一观点，是为了改造传统的小作坊的手工艺生产活动。因为，只有通过职能专业化，才能使工人只面对简单、明确的技能与活动，这有利于工人熟练地掌握自己工作的技能，而不必对生产活动事事关心。

亚当·斯密和查尔斯·巴比奇（Charles Babbage）很早就意识到这种专业化的优点，并总结出这种方法可以保证生产质量的稳定，生产速度快，使工人在狭窄的专业领域内具有较高技术水平。另外，专业化的方法，还可以从培训效率的提高，及高技术工作付高薪，低技术工作付低薪等一些管理活动上，为组织活动提高了效率。

这种职能专业化的方法事实上直到泰勒的科学管理思想的产生，才真正被发展起来并广泛被应用。科学管理方法的核心内容就是劳动分工和任务专门化，从这层意义上，我们也可以将科学管理看作是一种工作设计的方法。泰勒是以时间—动作研究为基础，在研究工作中引入科学测量和处理方法，精确计算工作行为的因素，并确定有效的活动和所需时间，将无效的行为或活动去除。进而，在分析基础上设计科学有效的工作行为方式，并从这种设计中，可以确定工作的负荷和报酬量。实际上，泰勒是试图创造一种社会物理学，他认为，一旦工作被科学地设计好，个体在工作中应该做出的努力和一个人为其付出的劳动所应收获的报酬，这两者之间的关系应是一个定数。所以，为保证科学测量和准确的设计，泰勒强调，工作设计的方法既然是为生产效率最大化服务，就应保证工作的各项活动标准化、专门化和简单化。科学管理就是要求把一项工作划分为最简单、最基本的构成部分，然后仅将其中的一部分分配给个体，让其重复去进行。除此之外，科学管理也强调要建立为使组织有效活动，而必须实施的一系列关键管理职能。

科学管理方法是从任务分析出发，要求管理人员制订划分个体工作的具体准则和标准，并制订最有效工作的规则和程序。根据这些标准，就可以确定工人的技术水平和工作要求之间的配套，这也就是人员选择问题。泰勒认为，如果我们雇用在技术上达不到标准的不合格人员，这与雇用能力过强从而在既定岗位上不能充分发挥其技能的工人所造成的失误是一样的，都同样会存在潜伏的危机。其次，科学管理方法也重视训练的作用，强调在工作之前与工作之中，训练都是极为重要的，管理者对这个工作应该负有责任，他们要训练工人以最高的速度完成工作任务。最后，就是奖赏问题，要实现并维持高生产效率，就必须结合个体的绩效给予奖赏。并且，这与工人的具体工作目标制订是有关系的，对每个人都要有一个明确的完成每一工作日的激励性目标。

科学管理方法是纯理性工作设计方法的一个代表。纯理性的思想就是忽视工作活动的主体，即人的自身需求和动机、情感等因素，而简单依据对物理环境和工作条件的规定，以及对人体的生理活动能力的测量与规定，要求操作者的活动，并制订工作的标准。甚至到今天，这种思想仍有一定的影响力。

早在两百多年前，亚当·斯密在《国富论》一书中预言："一生都在重复几个简单操作动作的人……会变得绝顶的愚蠢和无知。"事实上，科学管理强调的把工作变得过于简单化和程式化的趋势，其结果就是使承担工作的人们感到单调和厌烦。最终的结果，就是导致人们在工作中的不满情绪。

二、工作设计上的新发展趋势

与传统的观点与方法不同，现在工作设计和工作合理化的探讨，不再是从理性主义的原则出发，放弃过于强调和追求系统、完整和定量特点在工作分析与工作设计上的作用。人们已经认识到，过于强调理论上的体系完整性，过分依赖解析的、定量的方法，只相信复杂的结构，已使管理理论和方法绝对化，过分突出了个别的原理、原则或方法，从而难以同实际要求相吻合。更严重的问题是，这种建立在"科学的"与"理性的"方法和手段上的管理，使人们最终忽视了对管理基本原则的认识，导致人们把全部注意力放到技术方法和方案上，而生产产品和提供服务的人，以及使用产品和享受服务的人，却被完全忽视了。这其实早已违背了科学管理最初的本意和发展动机。

在工作合理化研究中强调"非理性"的特点，其实就是对人的价值的重视，它强调对工作的认识要考虑影响个体工作行为的各种社会因素，重视个体的情感和动机因素，以及要重视个体的差异性和多样化。尤其是在个体差异性上，传统观点与现在非理性观点的要求完全不同。科学管理理论所代表的理性观点，是强调工作的标准化和一致性，个体的差异必须服从工作标准的要求，因此，我们要选择一致性的操作者来完成生产任务。但现代非理性观点则强调个体差异的重要，也就是更加重视个体的能动性和创造力。当然，个体在工作中胜任的基本条件，像必要的业务知识、工作的标准和基本的活动内容等仍很重要，但决定工作成效的核心因素，应是个体成长需要的强度，以及工作满意感的程度。

比如，高成长需要的个体，如果在工作标准各方面给他们提出较高的要求时，会使他们产生内在激励，这会产生较高的满足感和绩效水平，并决定了较低的缺勤和离职。而对那些成长需要水平较低的个体来说，在工作标准上的高水平要求，不仅不能产生组织所期望的结果，反而会使他们感到较大压力和负担，由于不可能从内在产生自主的激励，他们感受到的压力和负担,不可能使他们从工作过程中产生满足感,也对提高自己的绩效水平没有积极性,这也将导致他们产生工作上的退缩行为,通过缺勤和离职,逃避工作行为。因此,在工作设计中是绝不可忽视工作者的个人特点和心理需求特征的。

现在工作合理化研究上的这一新发展趋势,在创新工作研究上表现十分明显。人们从对近二十多年的人力资源市场的分析研究发现,现代的员工的工作态度较以前的员工有了较大的变化,大约有40%的人认为,工作应该给人带来满足。他们要求,人不应该只为工作的价值去工作。这与传统工作态度的要求,有很大区别。在传统工作态度观点中,认为高尚而有意义的工作总是有些单调乏味的。甚至在一定程度上可以认为,工作的意义、工作与生活及娱乐活动的区别,就在于我们要忍受单调并承担责任,正是这一付出代价的程度,使我们从工作中体验到价值和满足,感受到个人在为他人和社会提供了服务和做出了贡献。而现代的员工都强调工作给个人带来的乐趣,他们希望为个人的需要和愿望去工作,要求工作使个体得到满足。

尽管对这一现象还存在争论,但人们也认识到,这种变化与社会、技术的发展是较为一致的。比如,在信息化特征较强的工作中,在管理上对工作者的监督,远比从事体力劳动的人要难。因为,从事信息工作的人要更富有责任感,而且我们也很难用工作时间的长短、是否出勤并保证严格执行工作纪律,来评价其工作效果的好坏,由于其工作的特点更多要求思维上的创造和自我的控制,所以事实上,只有那些以个人兴趣为基础、热爱自己工作的人,工作得更为出色,他们也较少需要监督。可以说,他们是在自己管理自己。

因此,我们可以说,由于社会和技术因素的发展,要求我们对工作的设计观点应有一个根本性的改变。所幸的是,这一变化的要求不仅仅反映在组织和工作活动中,它也表现在个人生活的各个方面。事实上,我们可以从人事心理学和人力资源管理等多个领域的发展中,看到这一发展变化的作用。这就是由于技术的发展,决定了工作活动的变化,并导致对工作者的新要求。其中,核心的特征就是个体要有较强的自我管理,他们能从工作中感受到个人的发展和满足,或者说,他们更适于通过工作来实现个人的目标和使命。

表 9-1　个人、社会和组织的发展及需求变化

时代	时尚的道德	过程或机制	个人需要	主要目标
手工时代	个人主义技艺	家庭、商会和包买商的经营方式	生理 安全 归属 自尊	人类生存 承认个人的存在 独立
机械化/流水线时代	个人主义 竞争 大量生产 组织至上	工作简单化的科学管理 官僚机构	生理 安全 归属	人类生存 组织效率 利润
现代信息化时代	合作 民主参与 个人与组织的和谐	自主性 工作丰富化 控制 人力资源管理	生理 安全 归属 尊重 自我实现	适应性 人和组织目标的最优化 机构相互依赖

三、工作合理化与工作效率

工作合理化与工作效率有着密切联系,这也使人们对这个问题给予了极高的重视。影响工作效率的因素来源于许多方面。在现实组织管理环境中,由于组织所能拥有的技术、组织、人员等各种条件因素都不相同,在这样复杂、多样性的条件下,我们研究提出的"理想工作效率"往往会与"实际的工作效率"存在很大差异。当然,这种差异的程度也会表现出大小不等的结果。对此,我们可以更具体从设计、制造、管理和员工这四个方面深入分析。

(一)产品设计对工作效率的影响

在产品设计方面,由于设计或规格缺陷所造成的额外增加的工作量有四种可能原因:

1. 由于产品设计不当，妨碍了采用最经济的工作过程。这对于生产效率是一个很重要的影响因素。

2. 标准化不够，妨碍了大规模生产活动的组织。标准化程度高，才更有利于生产组织，并有利于采用专用化设备进行大批量生产。所以，标准化是提高生产率的重要方法。

3. 质量标准设置有缺陷，造成非必要工作的增多。在实际生产中，标准的水平是有条件限制的，应该说，质量是在一定的价格和成本条件下平衡的结果。如果质量标准不恰当地提高，则会降低工作效率，还会增加劳动强度和生产成本。

4. 材料运输和贮备环节的设计缺陷。这主要是造成浪费，并导致工作效率下降。比如，设计不合理，造成过量材料的浪费；或生产过程的均衡性不恰当，造成储运上的时间延误，也会产生浪费。

（二）制造对工作效率的影响

生产或作业方面，主要集中于设备选择、作业方式等因素影响了工作节奏与时间。这方面主要的影响因素有以下几种：

1. 由于设备不当，导致达不到预定的生产效率，浪费了机器加工能力，或是降低产量。

2. 采用了不适当的工装和工具，由于操作的问题使作业效率降低。

3. 生产的工艺过程安排不当，工作条件恶劣而造成操作受影响，并影响到工作效率和工作量。

4. 生产布局失误，造成材料和产品搬运上的不合理，影响工作效率和工作量。

5. 操作者的作业方法不对，浪费了时间、精力和行为活动，使工作效率和工作量受影响。

（三）管理对工作效率的影响

在管理因素上，主要表现在由于组织和协调活动不利而降低了工作效率。主要的因素有以下几方面：

1. 产品多样化程度过高，一方面由于每类产品生产数量少、周期短,造成生产时间浪费;另一方面是影响到员工的技术熟练化,也会造成生产时间上的浪费。

2. 非标准化产品部件过多,影响生产时间,降低生产效率。

3. 因设计修改而造成的停工、返工,造成无效劳动增加、设备工时浪费和材料浪费。

4. 由于材料、工具和装备等的供应不足,不能确保连续生产活动,而导致生产效率下降。

5. 由于生产流程计划不利,造成劳动力和设备不能连续使用,影响到工作效率。

6. 未能对厂房、设备进行良好的维护、保养而造成停工。

7. 工作条件不良造成废品、返工,甚至停工停产。

8. 由于管理不当造成事故损失,影响了工作效率。

（四）员工对工作效率的影响

员工因素对工作效率的影响,主要是体现在员工的无效行为,不能产生有效的劳动结果。具体的表现形式有以下几种:

1. 由于不遵守劳动纪律,产生无效劳动时间增加。

2. 由于个体不负责任、粗心大意,造成生产废品、返工等,导致无效劳动增加。

3. 由于忽视安全生产条例和规章制度,造成事故发生,影响生产效率。

从以上内容,可以判断生产效率的提高绝非是在现有基础上简单提高劳动强度就能实现,必须进行系统研究、控制和改善管理的过程。这其中,对工作研究从而实现工作合理化,是一个重要因素。

工作研究的目的是为提高组织的生产活动效率。工作研究的内容主要是对工作的重新组织,从而实现生产效率的提高。在对工作进行分析和组织的过程中,工作研究方法是采用系统分析和设计的方式,使任何一个影响生产活动的因素都不会被忽视,从而使我们能获得全部的生产活动的信息。通过工作研究而确定的工作标准应是最准确和客观的,它也使对生产的有效计划和控制有了保障。工作研究也可以成为管理部门的工具和手段，可以用它来分析和解决组织活动效率不高的现象，找到有效地解决问题的方法。而且，工作研究方法是可以广泛运用于各种类型的组织和生产活动中。

工作研究方法是从劳动量和劳动时间两方面的内容去分析工作的。如果，我们可以把工作简化，降低整体的工作量，并找出进行此项工作的更经济的方法，这也就意味着对效率的提高。另一方面，我们若能够通过时间研究，减少与工作无关的无效时间，并根据对工作方式研究的结果，确定每项活动的标准时间耗费水平，也可以提高生产的效率。

第二节 工作研究的内容与作用

考虑到影响工作合理化的因素是多方面的，在这部分内容中，我们主要从员工角度出发，即从劳动者的心理因素出发，了解劳动活动中个体心理活动的特点和规律，以及如何以此为基础，寻求有效地提高生产效率的方法。

生产技术的发展和进步，要求劳动组织的形式和方法要不断完善。技术水平的提高，使生产速度、精确性和技能的复杂性上提出新的要求，因此，对劳动过程中的速度、节奏和标准的研究就极为重要，它是指导人们从事生产活动，使个人的生产行为更有效率，并从而提高组织生产率的基础。对于这个问题，可以从劳动行为的特点、劳动的条件、生产活动的质量标准、疲劳与工作安排，以及安全生产几方面加以分析。

一、时间—动作研究

时间—动作研究的目的是消除不必要的动作，设计出只要求最小努力，但又适合于操作者的最有效工作方法和程序。

泰勒和吉尔布雷斯（F.B.Gilbreth）夫妇是时间—动作研究的奠基

者。首先，要对工作的现状加以分析，然后，是确定工作行为改善的内容。通过对工作活动的系统分析，特别是对工作行为方面的准确测量和标准化确定，才能使我们建立以最低的成本发展更好的工作行为系统，并通过训练使员工掌握更好的工作方法，从而产生较高的生产效率。

（一）过程分析

过程分析，是对生产作业活动的顺序加以描述和确定，从得到的资料上，对今后的改善工程和装配提出改进与完善化的建议与方案。

过程分析包括对生产活动的加工、搬运、检查和滞留活动的描述。通常用图示法表示，将标定的图示做成工程图。工程图的类型有工艺流程图、流向图和操作图等。

工艺流程图是用适当的工艺符号记录所要研究的全部事项，并陈述产品流程或工作流程的顺序。它又可分为人型流程图、材料型流程图和设备型流程图。

人型流程图，是用来记录和分析员工工作的工艺流程。

材料型流程图，是用来记录和分析如何搬运和处理材料的工艺流程。

设备型流程图，是用来记录和分析如何利用设备的工艺流程。

不论哪种形式的流程图，都是使用相同的记录符号，并确定相同的过程顺序。吉尔布雷斯曾设计了40种记录工艺流程的符号。其中，广泛应用的四种符号为："○"代表操作；"→"代表运输；"□"代表检验；"▽"代表储藏或延时（见表9-2）。

在各种流程图中，重点分析的内容有五项。

1. 目的。确定目的是为了消除作业中不必要的环节。这一分析的条件是：在工作中实际做了什么？为什么要做？该活动是否真的必要？应该做什么？

2. 地点。这一分析的作用是尽可能将工作活动合并。分析时应考虑的因素有：在什么地方做该活动？为何在此地做？可否在别处做？应该在何处做？

3. 顺序。这一步的目的是尽量安排合理的工作顺序，使之取得更有效的成果。应考虑的顺序为：何时做？为何在该时做？可否在其他时候做？应当在何时做？

表9-2 工艺流程图示例

工艺流程图：			人员/材料/设备			
图表号：		页号：	总页数：		总计：	
分析对象			活动	现状	建议	节约
活动			○			
方法			→			
地点			□ ▽			
操作者			距离(米)			
制表人			时间			
审定人			成本			
			总计			
说明	数量	距离	时间	○ → □ ▽		备注

4. 人员。明确具体的工作行为：应该由何人做？为何由该人做？可否由他人做？应当由何人做？

5. 方法。这一步的目的是为了今后工作活动的操作简化。应考虑的因素有：现在如何做？为何这样做？可否用其他方法做？应当如何做？

通过上述流程的分析，可以帮助我们有效的消除多余工作环节。原有的操作中，某些可以被全部取消，而另一些操作可被部分取消，还有一些操作甚至可能会与其他的操作合并。这样，就可以使工艺流程以一种更为经济、合理和简便的方式重新组合，从而提高工作效率。当然，在对流程图进行分析时，我们也可能会发现，对过程的某一部分的改变，会导致另一部分或成分的变化。而且，从中还会使我们发现在过程中会存在某些更值得仔细分析的特定操作活动。

流程图既可用于对个人活动过程的分析，也可以用于对班组活动的分析。班组工艺流程图可以帮助我们研究共同劳动的员工组成的小组活动。这种流程图是用小组中各成员的流程图综合构成，由班组成员同时进行的操作以并排的方式表示。通过对班组活动的分析，在这一基础上再组建班组，就可以使成员之间工作上的等待和延迟减少到最低程度。这样，就可以提高生产效率。

（二）动作研究

动作研究，也称微动作研究，也是吉尔布雷斯夫妇开创的研究方法。它比较适用于工作循环周期短且重复量大的操作行为。运用这一技术，目的也是使我们找出最能节省动作和精力的最佳操作方式。

动作研究的方法又可分为目视动作分析、胶片分析和预先规定时间标准的方法三大类型。

1. 目视动作分析

目视动作分析是观察者通过自己双眼观察，以秒表计测各要素动作的一种方法。动作要素主要是指工作操作者的最基本动作和脑力活动，通常，人们规定基本的动作要素有18种类型，为观察和记录方便，将这些要素分别用特殊的符号与颜色加以区分。

表9-3　动作基本要素的代表符号

编号	名称	文字符号	基本要素记号	颜色
1	搜寻(search)	SH	⌒	黑
2	发现(find)	F	⊂⊃	浅灰

（续表）

编号	名称	文字符号	基本要素记号	颜色
3	选择（select）	ST	→	灰
4	空载运输（transport empty）	TE	⌣	橄榄绿
5	抓（grasp）	G	∩	胭脂红
6	负荷运输（transport loaded）	TL	⌣	绿
7	定位（position）	P	9	蓝
8	装配（assemble）	A	#	紫罗兰
9	使用（use）	U	U	紫红
10	拆卸（disassemble）	DA	⧣	浅紫罗兰
11	释放负荷（release load）	RL	⌒	泽红
12	检查（inspect）	I	0	深褐
13	前置（preposition）	PP	8	天蓝
14	拿（hold）	H	⌒	金黄褐
15	不可避免的延时（unavoidable delay）	UD	⌒	黄褐
16	休息（rest）	R	⌒	橘黄
17	可避免的延时（avoidable delay）	AD	⌣	柠檬黄
18	计划（plan）	PN	⌒	褐

2. 胶片分析

胶片分析是先利用摄影、摄像等仪器，将操作者的行为动作记录下来，然后再进行事后分析的一种技术。使用这种方法可对复杂、高速的动作进行分析，并具有客观性和再现性的特点，这些在目视动作分析中是很难做到的。在胶片分析中，有五种较常见的技术，如下面所列：

（1）循环图法。这是一种记录手和头等身体部位运动轨迹的方法。具体做法是，在身体的相关部位戴一个小光源，用照相机记录在一定时间的动作，可从照片的记录上，反复分析动作的路线和距离。这一方法的最大特点是可以控制操作中混乱的动作和姿势。

（2）循环计时器分析法。这种方法是用计时器控制光源的短时间闪烁。这就可以从拍摄的照片中，分析动作的方向和所需要时间。

（3）复式闪光观测法。如果在一定的时间间隔上断续地曝光，就可以在一张照片上重复曝光，这样就使操作者的动作轨迹同时反映在一张底片上。这也被称为曝光—闪光法。

（4）微动作分析法。如果用电影胶片将操作者的动作录制下来，同时也在胶片上记录下时间，在分析动作时，就可以从胶片放映过程中，对微动作的基本要素记录和解析。这种方法最适合对复杂、快速、细微操作的分析。

（5）录像分析法。与电影分析相比，录像分析的优点是廉价，记录时间长，操作简便，画面合成和剪切容易，并可用监视器检查构图和照度。这会保证记录的成功率。

3. 预先规定时间标准的方法

预先规定时间标准的方法则要求事先把操作分成几个基本动作，然后把这些动作相加。在确定动作时间时，可以根据以下四种因素来决定：

（1）身体部位，对指、手、腕、肘、臂、腿、脚七个部位进行分析；

（2）运动距离，由于动作一般是以弧形进行的，所以，在测算距离时，应以起点至终点的直线距离计算；

（3）人为调节；

（4）动作的力度或阻力。

另外，在预先规定时间标准的方法中，还可以对动作的基本要素进行分析，并据此算出动作的基本时间值。

在以动作分析为基础，寻找最佳操作方式时，可以从四个原则上加以考虑，即使用双手的原则、减少基本动作次数的原则、缩短动作距离的原则、动作方便的原则。动作研究常被用于培训，它可以帮助学习者掌握动作的关键因素，从而改善个人的操作方法和技能。

（三）时间研究

时间研究，主要是为揭示各种原因造成的无效劳动时间的性质、种类和数量，以采取措施，消除无效时间，再制订实施标准，采用最适当的工作方法，确定一个合格的且经过训练的工作者按照正常速度完成工作所需要的时间。

与动作研究的较大区别，时间研究是对工作的测试，它要测试工作效果，并确定工作操作的标准时间。

在时间研究方法中，"标准时间"是一个核心概念。标准时间被定义为：一个已知速率的工作输入须持续多久产生一个单位输出。形象直观的来说明，标准时间就是确定在标准作业方法下，在作业条件确定的情况下，一个具有某项工作所需平均水平的技能和熟练程度的操作者，以正常作业速度，达到一定质量标准情况下的动作操作时间。因此，标准时间的构成因素应包括：净作业时间（基本作业时间、辅助作业时间）、准备结束时间（工作班内的准备结束时间、批量的准备结束时间）、宽限（作业宽限、管理宽限、生理宽限、疲劳宽限、机械干涉宽限、政策性宽限、意外宽限、特殊宽限）三个成分。

在标准时间这三个构成因素中，净作业时间和准备结束时间好理解，也明确，也易于测试。宽限又可称为宽放或余裕，它是制订标准时间时一个非常重要的因素。因为，尽管可以从许多措施上减轻人的劳动强度，把体力消耗尽可能降到低的水平，但作业活动是仍要消耗人的体力的。因此，我们必须宽限一定的时间，用于让人们恢复体力。此外，还需要留出一些时间，用于满足人们的生理要求，以及处理一些意外的事件。宽限有三种类型，一类是与个人有关的，用以消除个体的疲劳和满足其生理需要；一类是与工作性质有关的，它与作业过分频繁地使用身体某部位、作业姿势及职业灾害的预防有关；还有一类则与工作环境因素有关。并且，这三类宽限又可被进一步分为固定性的时间宽限和可变性的时间宽限。

时间研究的步骤常采用以下顺序：

1. 取得并记录有关操作与操作者的信息；
2. 把操作划分为基本单元，并记录在观测图表上；（在划分单元时，应注意的规则是，基本单元的间隔应短些，使之能准确计时；辅助时间应与机器的运转时间分开；固定的基本单元应与可变的基本单元分开。)

3. 观测并记录操作者的操作时间；

4. 决定计时的循环次数；(因为个体的操作总难以保持恒定不变，即使操作者以完全一致的步调工作，仍难保证准确的以相同的时间完成连续周期中每个基本单元的操作。因此，重复循环的测试是不可避免的，而且循环的次数越多，得到的结果就越能代表所检测的操作。)

5. 检查并确信已有足够的计时次数；

6. 决定修正量并决定操作的标准时间；

7. 评价操作者，并把评价结果记录在观测图表上。

二、作业操作和工作条件的合理化

作业操作和工作条件合理化的研究，重点在于考察个体在工作活动中的生理、心理变化和限制，以及应具备的合理劳动环境问题。

(一) 操作的合理化

人体活动是以身体的肌肉、神经、骨骼运动为基础，人的这些生理条件都有其自身特点和限制。像在位移、旋转、平衡、支撑等各方面，不同部位都有其适宜的量和范围。因此，在操作活动中必须符合人的生理特点要求，不合理的动作和工具都会导致事故和损伤，其潜在的危险则是造成累积性损伤。

在分析和确定操作的合理化，改善动作结构时，也要注意到合理的运动量，以及操作的顺序和正确的工作姿势。

对称模式，这应是最简单、基本的一种动作模式。因为，人体是左右相互对称的，只有在手脚保持运动的对称时，它们的运动才是最简单并平衡的。

此外，节律在一系列行为的动作定型和组合中，也起着重要的作用。应该尽量使工作的节奏适合于自然的节奏，这会使工作更容易被做好。

运动是离不开肌肉的活动的,不同肢体在固有能力上存在差异,不同肌肉群的活动能力也有所不同。操作的合理化思考应让不同的肢体去做其适宜的活动。比如,腿部可以去负重;手和臂部应强调灵巧性,并考虑利手和利脚的作用;大肌肉群可承受大运动量,而对于需要小运动量完成的工作,就要考虑使用小肌肉群,从而避免过多的能量消耗和过多的动作。

考虑生理限制的另一有效动作设计原则,就是尽量用圆周运动来取代直线运动。一般来说,在两点之间,手的圆周运动比直线运动更容易,尤其是在高速运动时更是如此。

在用力的提拿、推拉和平衡稳定等动作中,则要考虑姿态、平衡的位置、用力的方向和角色等因素,还有像用力的速度,以及轻重缓急和加速度的大小等。

总之,在工作中正确姿势可以减少疲劳,有利于工作效率和身体健康。但决定工作姿势的因素包括工作空间大小、照明条件、体力负荷大小和用力方向、工作场地的物件安排、工作操作面的高度、操作频率等。因此,对合理操作的研究也必须分析工作环境与条件的内容。

(二) 工作条件的合理化

环境的限制和影响因素,主要是对生产活动的空间、照明、噪音和温度等因素的思考。

1. 活动空间的合理化

在活动空间方面,首先,就是对个体的活动范围考虑。人的活动有最佳活动范围和最大活动范围的区别。在最佳范围内,个体的反应和控制能力也是最适宜的,这不仅是活动的舒适问题,也保证了活动的正确、稳定和可靠。最大活动范围则是个体活动能力的极限,长时间或频繁地要求个体在其能力极限水平上活动,一是活动结果不可靠、不稳定,二是具有一定的危险性,更容易产生意外和事故。其次,也要考虑活动的舒适问题,比如,采用站姿或坐姿,以及是否有适宜的操作平面和合适的容膝空间等。

2. 照明的合理化

照明对工作绩效的影响应该是明确的。照明强度越高，对作业对象的知觉更容易，但过强的照明会产生炫光，造成不舒适感觉，这必然会影响到工作绩效，导致工作绩效的下降。一般来说，有两种炫光类型，一种是直接照到人眼，称直接炫光；另一种是照射到光滑物表面并反射到人眼，称反射炫光。美国工程照明协会手册把炫光更细致的分为：(1) 不舒适炫光，虽然不影响个体工作，但会产生不适感；(2) 障碍炫光，有可能会造成视力下降，并肯定会使工作绩效下降；(3) 致盲炫光，可导致个体失明。

一般在考虑工作环境的照明系统设计与安置问题时，必须从以下因素出发：

(1) 视觉作业的本质；

(2) 必须供应的光线量；

(3) 光线的均匀度；

(4) 光源或工作地点的强烈闪光与反光；

(5) 光源或工作地点的颜色及品质。

谈到颜色这一影响因素，人们对不同颜色及其色彩的饱和度，在适宜性和其所代表的意义上，是有固定的习惯与联系的。这一点也必须在工作环境的分析上加以重视。

3. 噪音的合理化

噪音是劳动中最经常遇到并会产生消极影响的环境因素。但人们对于噪音的感受，与个体的行为状态有一定关系。比如，在考试场景中，任何一点多余的声音都会引起人们的注意；但在公共场合，较嘈杂的声音也未必会引起人们的重视。因此，噪音这个因素应该是一种更多依赖于主观因素决定的变量。通常，我们将一切人们不需要的声音定义为噪音。在劳动环境中，一切对于完成工作任务不重要或不相关的声音，都可被视为噪音。

根据常识人们肯定噪音会降低人的活动效果，但噪音与工作绩效的关系其实并非如此简单。噪音与工作绩效之间的关系可能有三种类型：一是降低绩效，另一是对绩效无影响，再有就是可能会提高绩效。比如，在长途开车过程中，有时为避免瞌睡，人们会将收音机的音量开得很大，这时噪音反而会对绩效产生促进作用。因此，对噪音与绩效之间关系的分析，应从其强度、频率、复杂度三个维度上分析，它们所产生的效果应是不同的。比如，当噪音与工作任务不相干时，高频噪音将比低频噪音更易造成工作操作上的失误。当噪音与完成工作任务有关时，高频噪音比低频噪音对反应时的消极影响更强烈。同时，高强度的噪音对工作产生不利影响，而低强度噪音则对工作无影响，甚至会产生有利于绩效的作用。间断的噪音会比持续的噪音对绩效的影响更大。

对于不同性质的工作，噪音的影响作用也有很大差异。有些工作任务是寻找暂时出现的、信号强度较低的信号，而且这种信号检测任务往往是在长时间内进行，这类任务被称为警觉性任务。另一种工作则相反，它的特点是信号经常出现。前一种工作又可以称为低投入任务，高强度的噪音影响不大，而低强度的噪音还会促进绩效，因为它提高了员工的觉醒程度。后一种工作则被称为高投入任务，噪音对它的干扰作用是很明显的，它会导致工作错误的增加。这可能是由于负荷过重，使个体加工的信息量超过了能力范围，分散了注意力，所以对绩效造成了消极影响。

4. 温度的合理化

温度的影响可以理解为更广泛意义上的环境气候条件变化，因为，环境的冷热变化、气压变化，以及空气的污染和辐射都会影响到工作行为，并进而影响到工作绩效。这些因素对工作绩效的影响，大多是通过使人产生不舒适的感觉，并产生不良的情绪状态而发生作用的，特别是压力感和紧张情绪对人们的影响很大。但这些影响的程度是因人而异的，因为个体的主观感受是多样化的。

第三节 工作设计及其模型

一、工作再设计研究

在二战后的20世纪50年代，人们更主动将科学管理原理应用于工作设计活动中，这种过于简单的处理，加剧了工作行为高度专门化、简单化和程序化的消极后果，为避免这种现象，人们开始在工作设计中更强调人的活动的整合，强调人的自主性，以及人在工作中如何满足自身需要问题。传统的专业分工方法再一次引起人们的重新评价，要改变因实施科学管理导致的工作高度分化和专门化，对工作设计进行重新的组合。在新的工作设计观念中，强调让工人担负较多的工种，赋予较大的责任，并使其了解生产过程，以此来提高其生产积极性。

（一）工作的扩展

使工作在横向范围上的扩展，这是工作再设计最早的解决方案，即要求员工可以承担几项工种，或者做周期较长的工作。这样，可以给员工分配较多工作操作，具有较长工作循环周期，并要求他们具备更广博的知识、技能。人们希望通过这种方式，帮助员工克服科学管理式的分工所产生的单调感，并消除操作中的消极沮丧情绪。

工作扩展伴随着工作任务和职责上的扩展，在某种程度上，这给员工提供了在方法和程序上选择和确定自己工作速度的自由。也可以鼓励个体的自我控制、自我发挥，并使个性得到健康成长，有利于改善管理者与员工的关系。而且，自主性的提高，会减少管理层次，改善产品质量，并降低生产成本。所以，它会使生产率和满意感都得到提高。

（二）工作的丰富

与工作扩展不同，工作的丰富是注重于工作在纵向上的整合。纵向发展，意味着让工人有自主权，有机会参加工作计划和设计，获得更多反馈信息，并有权力能估价和修正自己的工作。总之，工作丰富化就是给予员工一定的权力，让他自己决定怎样工作。

工作丰富化的方法是以双因素理论为基础的。赫茨伯格（Herzberg）认为，工作的特点可从动力和满意的角度上分为两种相互独立、截然不同的类别，即激励因素和保健因素。其中，激励因素包含工作本身的一些特性，像成就、赏识、职责、晋升、个人成长与发展等；而保健因素与所做工作本身无关，更多属于工作的环境与条件的特点，像企业政策、监督、工作条件、薪金、人际关系、地位和安全等。根据赫茨伯格的观点，激励因素和保健因素是分开的、相互独立的统一体，而个体的动力和满意主要决定于激励因素，保健因素的缺乏会产生不满意。保健因素本身是不能产生积极的动力和满意的，只有在工作中引入了激励因素才会实现它们。因此，个体受到激励并能有效地开展工作，必然是激励因素在发挥作用。所以，工作的重新组织和规划，就应该是提高激励因素的效用。我们可以看到，激励因素主要是与人的自主权、责任和自身发展等有关，这就叫工作内容的丰富。

保健因素		激励因素	
		高	低
	高	高动力,非常满意	低动力,没有不满意
	低	中等动力,有些不满意	低动力,非常不满意

图 9-1　双因素理论对动力和满意的预测

相比较，在工作扩展方法中，工作行为只是在横向上改进，能提供个体有更多的工作机会，但却没有改变工作中操作和控制活动的比例，即人们并没有更多决定自己如何工作的权力。与此极为不同的是，在工作丰富化方法中，工作行为的改变是从纵向上，这增加了人们在工作中的控制比例，使他们有决定自己工作过程与方式的权力，这也能更有效激发他们的工作主动性，激发他们的工作热情。

二、个体工作设计

在现在组织和工作活动研究中,人们开始格外关注工作设计问题。除了解决早期科学管理方法应用时遗留的许多问题,另一方面的动力就是组织在革新和提高生产率上的需要。不仅如此,随着社会发展进步的需要,工作设计也关系到改善职业生活质量,这是在工作中提供更合理的效果的要求。

从管理活动的现实情况考虑,如能使工作设计的效果真正在实际管理活动中体现出来,这就要求我们在开展工作设计工作之前,有必要考察工作设计的基本条件,即是否有必要重新设计工作?我们是否可以对其他的方面加以改进,像培训、录用、工作结果反馈和物质刺激等,而无必要进行工作的再设计?因此,有必要提醒组织要慎重,切忌赶时髦,或仓促采取不成熟的措施;另一方面,组织也要判断在当前工作结构、技术条件和人员特点条件下,重新设计工作是否可行。比如,要考虑成本的问题,也有人力资源的配备与配套问题。不具备条件的改革,是会失败的。

当认定变革的需求,也明确了变革的可行性,组织寻求更专业的工作设计方面的指导时,还应该进一步分析,组织的工作性质是由个人承担,还是由群体承担。因为,这涉及工作设计的解决方案,应考虑是个体的设计,还是群体的设计的问题。

个体工作设计,主要涉及对人们的工作行为有重大影响的工作方面的特性。在这方面,哈克曼(Hackman)和奥登海姆(Oldham)的工作特性模型是一个经典的代表,这也是试图在思想、感情和行为上,探索提出一个相对完整的理论观点与模型。

(一) 临界心理状态

临界心理状态,是指人们在工作中积极性被激发的心理上的条件。

哈克曼和奥登海姆认为,工作设计是为产生较高动力和满意水平创造条件。为达到这一目的,可从三方面去努力,首先,就是个体的工作必须使其感受到个人意义，劳动者能把工作及其结果看作是自己关心并具有重要价值。其次，要使劳动者对工作及其结果产生个人责任感，因为只有当人们对自己的行为有一种内在的责任感时，努力创造良好的绩效才能产生轻松愉快的感觉，而较差的绩效结果才能使其感到内疚和自责。最后，就是要使劳动者了解自己工作的结果。

所以将这三个条件看作是影响工作动力和满意感的关键因素，在于它们是人们从事工作活动的内在驱动因素，通常被称为"心理的"因素；又由于这些"心理的"因素的实现，也是较高动力和满意感存在的必需条件，所以才称其为"临界的"。也就是说，只有当工作对人们是有意义的，他们愿意对自己的工作绩效负有较大责任，同时他们还能感受到工作成功之后的轻松愉快，这才有可能使他们产生较高的工作动力。

（二）核心工作特性

根据工作特性模型的分析，影响临界心理状态的工作特性共有五个因素。从其性质上分析，有三个因素影响工作的个人意义，另外两个因素分别对工作责任感和对工作效果的了解有直接影响。这五个工作特点的因素分别用下面列出的内容说明：

1. 体验到工作富有意义

（1）技能多样化，指一项工作要求完成多种不同的活动的程度，而所有这些活动都要求有不同的才能。最普遍的两种技能就是运动技能和智力技能。运动技能用于体力劳动中，智力技能则用于脑力劳动中。如果一项工作同时需要这两种技能，则它就比只需要其中的一种技能更具多样化的特性。

（2）工作整体性，是指一项工作要求全面完成的程度。一个人越多地从事某项工作，他就越要求全面地完成所做的工作。如果有机会和可能，让一个人自始至终地完成某一项工作，这时工作整体性应当是最强的。对于那些只是完成一个工作环节的操作，或是在生产流水线上某个岗位上的操作的个体来说，是谈不上什么工作整体性的。

（3）工作重要性，是指个体从事的工作对别人的生活或工作产生影响的程度。当员工看到自己所做的工作对别人有很大影响时，他就会受到更大的激励去努力工作。

2. 对工作结果责任的体验

直接影响人们对工作结果责任承担的工作特性因素，是自主性。自主性是指工作给予员工的自由、独立和安排工作与决定如何执行的处置权的大小。如果个体能自己计划、执行自己的任务，不需要依赖别人的指导或暗示时，他们就会产生一种对工作成败的强烈的个人责任感，同时也会产生努力工作的动力和高满足感。

3. 反馈度

反馈度是指为工作者直接、清楚地提供所做工作效果的信息的多寡和便利。这种直接的反馈越有效，越有利于使人们了解到工作过程的实际效果，当然也会影响到工作的激励程度。而且，反馈在这里强调的是个体能直接获取的工作效果的信息，而不是管理者和同事提供的关于绩效的其他反馈。因为，只有使人们能自己监测自己的工作，而不是靠别人为他的监测，才最有利于激发人们的动力和满意感。

（三）个体之间的差别

一般情况下，某项工作具备的核心工作特性越多，则对个体的激励作用也就越大。但实际上，不同的个体之间具有差异性。有三种独立的因素会影响和调节工作设计对内部工作动机的作用。

1. 知识和技能

在与工作有关的知识和技能上具有较高水平的员工，在从事激励潜能较高的工作时，会把工作做得很好。这种绩效结果既使他们受到了激励，又使他们得到了满足。但对于那些缺乏专业知识和技能的员工来说，不管工作本身具有的潜在激励性有多强，由于他们自身条件的限制，不能把工作做好，其结果不仅是工作绩效较差，还会影响到他们在产生个人激励和满足的能力上受到极大的损害。

2. 个人发展需要的强度

个人发展需要主要包括个人成就、学习和个人发展与成长的需要。只有个人发展需要水平高的个体，才愿意发展个人技能，愿意承担责任，并对自己的行为的成败更重视。很显然，个人发展需要较强的人，将比那些个人发展需要低的人，更积极地对激励潜能高的工作产生兴趣。

3. 对外在因素的满意

尽管工作本身的特性因素对个人的动力和满意感有重要的影响，但它们很显然也不是唯一的决定因素。应该说，许多其他的工作以外的因素，如薪金、监督和工作条件等，也对动力和满意感有着重要的影响。可以说，工作的外在因素在合理程度上的满足，将是动力和满意感产生较高水平的一个必要的先决条件。

（四）工作丰富化的结果

根据工作特性模型，通过工作设计和重新的工作组织活动，可以产生个人结果和工作效果这两大类结果。

1. 个人结果

个人结果是指实行工作丰富化后，员工亲身感受到的结果。它主要包括高工作动力、高发展满意感和高一般性工作满意三个方面。高工作动力是由员工自己产生的、完全独立于外在因素的动力。如果工作动力高的同时，工作具有良好的绩效，这将产生积极的情感，并成为个体自我激励的诱因；但较差的绩效，则会引发消极的情感，个体内在的奖赏将被否认。此外，工作丰富化不仅激发了工作热情，它还给个体创造了更多的个人发展机会。而且，个体从工作中体验到的满意，也会向外扩散到对工作的一般性满意状态中，我们将这一现象称为外溢效应。

2. 工作效果

工作效果应包括绩效的质量和数量。丰富化的工作效果应该比简单和乏味的工作效果更好。由于丰富化的工作会导致个体产生较高的内在动力去做好工作，因此，工作绩效的质量应是较高的。

(五) 工作设计的实际解决方案

为了分析、诊断并确定组织中进行工作设计的必要性和可行性，哈克曼与奥尔德姆专门设计了一种测定工具，称为工作诊断调查表。这一调查表由一些问题组成，它可以用来测定工作特性的每个核心特性的现状，也可以用来测定每一种心理状态，测定员工怎样受工作和工作结构的影响，或测定员工的个人成就要求的强弱程度。通过这一工具，可以帮助我们对组织现有的工作进行诊断，决定是否需要重新设计，以及怎样设计。此外，它也可以帮助我们了解工作变化对员工的影响。

但工作设计中解决实际问题的核心内容，应是确定工作有哪些具体的变化，以及怎样控制这些变化的过程。对此，哈克曼与奥尔德姆提出了五种基本的实际解决方案，也被称为工作再设计的实施原则。

1. 形成自然工作单位

把员工从事的工作安排成有逻辑顺序或内在联系的类别。比如，根据工作活动发生的地理位置，以组织的类型、组织的单位或顾客群等因素，来形成工作单位。这一方法有利于满足工作整体性和工作重要性的特性。

2. 建立员工—顾客关系

让员工直接与其工作的接受者或顾客联系，并负责保持与他们的联系。这一方法会促进技能多样性、反馈和自主性。因为有机会处理和维持同顾客的关系，这会增加和施展员工的人际关系技能。要决定怎样处理与顾客的关系，这加强了员工的自主性。从顾客那里直接听到对自己服务的表扬和批评，这又增进了反馈。

3. 归并任务

这一方法的假设是，如果我们能把一系列简单的工作合并为一个新的、更大的工作，则有利于提高工作的激励程度。这一方法会使技能多样性和工作整体性得以提高。

4. 纵向分配工作

当把以前由管理者或管理部门承担的责任，下放给员工并作为他们工作的一部分，即把工作活动中操作和控制两种职能之间的距离缩短，这就是纵向分配工作的内容。具体的做法有，让员工决定工作方法和指导或帮助培训无经验的员工；给员工以决定什么时候开始和停止工作、什么时间休息和安排工作先后顺序的权力；鼓励员工自己解决困难和处理工作危机，而不是马上求助于管理者；让员工知道更多的有关工作和组织的财务知识，使他们能对影响自己工作的预算事务有更多的控制。

5. 开辟反馈渠道

为员工创造条件，直接向工作本身学习怎样工作，并了解绩效是在改善还是在恶化。

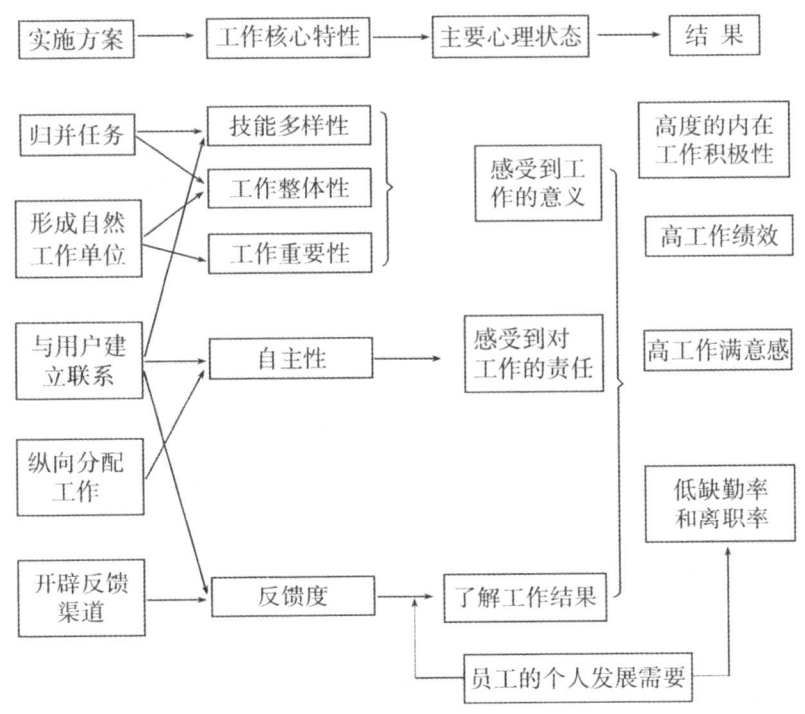

图 9-2　工作特性模型

三、群体工作设计

从组织中的每个个体身上提高工作效果，使其承担一定的职责，这只是工作设计的一个方面，而不是对组织成员分配工作的唯一途径。群体工作设计方法，是试图在员工群体中，使他们负担起分派给整个群体的一系列广泛职能与责任的解决方案。如果这样的群体有权决定怎样实施自己的职责，这样的群体就被称为是自我管理工作群体或自治工作群体。

自治工作群体最初是由英国的塔维斯托克研究所社会—技术系所创造的一种劳动组织形式。在实践中，人们最初是为解决组织中严重的缺勤和流动率问题，并认为这些现象是与员工的价值观有关，他们除了需要更高的工资和安全保障外，他们更需要有意义的工作，参与组织的决策和自我控制。因此，在工作活动的组织上，人们取消了传统的流水装配线的方式，而采用工作模块，由小群体进行操作。在小群体中，人们自由选举领导人，自己安排和检查工作，采取集体计件工资制。

自治工作群体方式的确可以减少缺勤，减少事故，提高产品和服务质量，对改善工作绩效有一定的成效。但也有人对其成效提出疑问，甚至是反对意见。比如，人们发现这一方法的效果并不稳定，初期会有较好的效果，但时间一长，人们对这一制度产生厌倦，以前的高涨情绪下降了，工作绩效也随之下降。而且，还会使组织中的决策迟缓，产量质量遭受损失，甚至使组织破产和停业。

对此，哈克曼和奥登海姆根据自己的经验和研究成果，总结了影响工作群体有效性的关键因素，就是群体的所有成员必须为群体的工作做出充分的努力，以及群体成员必须具备有效完成所负责工作的必要的知识和技能。

(一) 影响群体成员工作努力程度的因素

1. 群体任务设计的方式

如同在鼓励个体提高工作努力时的要求一样，要想吸引所有群体成员的兴趣和关注，就必须为群体设计有相当复杂性和挑战性的工作。因此，群体的工作也应包含多种技能的应用，并使群体成员自始至终完成该项工作的整体活动。群体也应使成员具有决定工作方法的权力，使他们能不断得到对自己工作绩效的有效反馈。而且，群体工作还应使成员感到有新鲜感，或对其他人有影响。

2. 设立良好绩效的目标和奖赏方式

在目标设置和奖赏上，组织也应对成员进行整体的设计。这样，才能保证将群体成员的努力和干劲，用于为整个群体的绩效做出贡献。

3. 群体成员较高水平的努力

可以通过加强群体建设活动，提高成员对群体的奉献精神和群体认同感。比如，召开定期的群体会议，由成员讨论过去共同工作的情况，提出未来更有效合作的建议等。

(二) 影响群体的知识和技能的因素

群体要想有效地完成自己的工作，就必须要求其成员掌握完成群体任务所需的一切知识和技能。

1. 群体的构成

影响群体的知识和技能的最重要因素是群体的构成。应该以人们所掌握的与任务有关的知识、技能和经验来挑选群体成员。或者说，并不要使每个成员都掌握进行工作所需要的一切知识和技能，只要使成员间的知识和技能可以互补，使每个成员都能给这一群体带来独特的贡献。

2. 为群体成员提供培训和咨询

由于群体所承担的任务是相当庞大繁杂的，不可能每个成员都具备完成任务所要求的所有知识和技能，所以，组织应给群体成员提供培训的机会，或提供专家与咨询人员。一方面，可以改善和扩展群体成员的知识和技能；另一方面，也可以在人们出现问题时，提供咨询和指出方向。

3. 群体成员解决问题的技巧

群体成员解决问题的技巧会影响群体的知识和技能的应用，因此，群体成员还应懂得怎样有效分享知识和经验。这只有加强群体的协同合作，共同找出解决问题的合理方案，才能加以解决。

第十章 影响职业行为的组织因素

管理活动及其人事活动都是在一定的组织环境中发生的。组织，是人类职业行为与工作行为的一个基础条件，它也代表了现代市场经济环境下人类行为活动的一个重要特征。因此，我们对人事组织中心理现象的分析，必然要涉及组织因素的问题，要分析和认识组织环境、组织因素对人类劳动活动及劳动行为的影响。把组织问题放在最后来介绍，既符合知识的逻辑性、整体性的特点和要求（我们应该是对个体的问题解决之后，再开始讨论组织活动的问题），这也说明了组织问题的重要性。事实上，组织活动的失调对组织效能的影响，将比个人问题所造成的影响大得多。

人是一种有组织的群居性物种，从一开始的群体活动、社会活动，人类的行为就带有明显的组织性特点。即使在没有文字记载的早期社会，我们也能从大量的岩画、壁画的痕迹中，看到人类早期组织活动的形态与功能。尽管从组织形式、组织活动的规则、组织发展变化的特点等一些指标上，早期人类文明的初级形态的组织，与现在市场经济环境下的复杂以及高效率化的组织相比较，有很大的不同，但作为人类社会活动的基本形式，组织还是有其特定的要素，有一些共同的要求的。

组织，在市场经济管理运营条件下，对于资源的合理分配利用，活动效率的提高，更有利于实现组织的目标等方面，表现出更高的水平与要求。

斯考特纸业公司曾经是美国纸业行业的老大，它的实力是其他竞争公司远远不可及的，但这个行业老大公司却在1980年代初期遇到了大麻烦。由于管理层的老化、僵化，长期忽视对新产品的开发，对市场的份额公司占有率连年下降，终于到了难以支撑，濒临破产的边缘。在这种情况下，公司高薪请来了当时的知名职业经理人艾尔·邓禄普接管了CEO职位。邓禄普最擅长的工作行为就是可以在短时期内，让一个濒临破产的公司出现一个业务上的新局面，公司的财务状况产生一个明显的好转，然后，在最有利的时机，将公司以一个合适的价格卖给收购的投资者。于是，邓禄普来到斯考特公司开展了一系列他需要的组织结构调整与变革。简单地说，就是精简组织结构，大量裁员，特别是高管职位的人员的下岗，这样就可以最大限度地降低成本，节约经费。这一次，邓禄普砍掉了11000个内部的岗位，其中包括将近原有的71%的管理层。确实，邓禄普最终又一次成功了，斯考特公司被以一个"合适的价格"卖给了收购者，公司的股东们使自己的利益得到了很好的保护。但公司没有了，原来的员工们的利益没有人关心。

显然，这种组织结构设计与变革与组织的根本利益发展，与公司的共同目标的实现，是没有任何关系的，这是一种不利于组织成长的管理行为。不仅对于其他的公司是个借鉴的案例，就是对于求职的年轻人，寻求职业发展的工作族，恐怕也要很好的判断自己希望进入的组织，在其组织结构与组织内部职位上，是否有真正适合自己发展的空间。

第一节 组织及组织的原则

一、组织及其特征

从一般的意义上说，"组织"是一个代表意义较广泛的概念。在人类社会活动中，存在有各种类型的组织。在市场经济环境下，最基本的，我们可以将组织分为经营性与非经营性的组织。传统上，在组织管理的研究与分析上，涉及组织设计和组织发展，人们更多注重对经营性组织分析，像企业、公司、跨地区或跨国集团等。但现在对组织问题的研究，在强调经营性组织的同时，也开始关注非经营性组织的问题，像近二三十年来，人们也对教育、医疗、政府机构，甚至是公益性组织进行研究。事实上，组织的类型可以有所差异，但其本质特征应是相同的。

组织应是指结构化、整体化的一种管理活动，它的作用是保证使人们在某种相互依存的关系中，维持共同工作，并共同完成某一既定目标的活动。不同组织有各种差异性，但它们均应具有以下的特征。

（一）组织由具有共同目标和利益关系的人群构成

组织是由人群构成的，但构成组织的人群显然区分于一般的乌合之众，就是他们具有共同的目标和利益。从这个意义上肯定，组织的存在需要拥有其成员，这些成员的努力，才能保证组织能实现其共同的目标。与此同时，从另一层意义说，成员也需要组织，只有在组织提供的条件下，个体才能在满足组织需要的同时，更好地满足个人的需要。任何个体，都不能脱离组织环境，去实现个人的理想。因此，个人与组织的目标应该是一致性的，他们相互依存和依靠。

（二）组织通过专业的分工和协调来实现目标

由于组织目标并不是简单、单一的，因此，为实现组织目标，就需要成员在多种工作和职能上的协作，这些工作和职能不可能靠某一个体的努力来全面完成，所以，就产生了分工的要求，并需要成员在不同专业分工上的协作来完成。组织的分工和各种职能是为完成组织的生产或提供最终的服务所必需做的，但组织中的成员并不需要每个人去做所有的工作，或承担全部的责任。每个人都对立于一项专业化的工作。但要使这些分工有效地在活动中形成一个整体，组织就需要有一些方法和形式来协调所有成员的活动，否则，就会使各种活动处于一种不协调的混乱状态。这就决定了组织必然具有一定的结构和类型。这种结构必须是与组织的目标和活动相适应的。

(三) 组织活动和结构要适应环境

社会在发展，市场在变化，就是组织自身也在成长与变革，因此，组织的结构和形式不应该是固定不变的。各种组织都是存在于特定的环境条件下，组织目标也会随着环境变化而有所调整，因此，组织为使自己的活动能更有效地适应环境的要求，必然要结合外界发展，有效地调整和变革自己的分工和协调的形式。组织的学习功能和对环境的适应性，就是组织活动的敏感性与灵活性，这也是很重要的组织活动的一个特性。

除了上面总结的组织的基本特点，现在人们对组织活动的认识，通常是以系统观点来分析它的活动。系统观既强调组织中各部分之间关系的相互作用，也强调组织与其存在的整个环境的相互作用。

对组织内部的系统因素来说，组织中的工作需要有各种专业技术人员来完成。这些人员是以一定技术条件和基础为手段，目标是完成组织中他们所承担的任务，同时，他们的活动又有必要的协调与合作，以更好地发挥他们的效力。因此，组织中的人员、技术、任务和结构就构成组织系统的因素。系统观强调组织中的这些因素之间是相互依存的，每一因素都要以其他因素的活动为条件，这才能使组织发挥整体的有效功能。

系统观的另一方面，则把组织活动看作是一个从外界投入各种要素，经过组织中各因素的相互作用，再以某种形式输出产品或服务的一个过程。比如，组织为实现经营的目的，就必须从环境中获取劳动力、原材料、资金和社会文化或观念等因素。这些构成组织投入的多种因素，必须与组织预先设定的目标完成和实现相符合。同时，在输出端上，如果外部的环境不需要组织所提供的产品或服务，或组织忽视了外界环境对它的要求，因而使自己不能有效地为外界提供所需的结果，则组织的衰亡是必然的，它也就失去了存在的意义。

因此，从系统观的角度来认识组织活动，就要求必须掌握关键的相互作用关系，既要权衡组织内部的人员、技术、任务、结构的相互依赖关系，又要认识组织与其赖以生存的外部环境之间的相互依存关系。

二、组织要解决的问题及其原则

组织活动体现出的整体性和协调性要求，就是要帮助组织实现其活动中各种因素的最佳配合。其中，尤其重要的是形成"人"与"事"的最佳配合，从而发挥出群体的潜在效能，并最终实现组织的目标。

要实现这一目标，解决人员的分工与协作，确定职责权限的分配，明确人力资源、物质资源、财务资源和信息资源等的分配，建立组织文化，并选定组织的结构等就是最基本的分析问题的出发点。因此，组织活动的关键任务，首先应体现在对组织设计任务上，要确定并形成一个功能健全、结构合理，并便于指挥与控制的组织结构。设计活动充分体现出是人们的一种有目的的理性活动，它的目的应是追求社会、组织、工作和人员之间满意的一种平衡，以及使其具有客观的可操作性。

为更好地完成组织设计的任务，各种类型的组织设计活动都应该遵循一些共同的原则。

（一）职责与权力方面的原则

1. 阶层制原则

在组织中应形成必要的层次和等级链，这一原则可以追溯到早期的韦伯（Max Weber）的观点。从对人类社会早期的军事活动、宗教活动的观察，韦伯总结出，权威是建立组织的基础，没有权威，组织就不可能达成目标，也难以维持秩序。合理的秩序要求在组织内各种职务分成不同的层次，形成指挥链，并明确各层次的职权范围。因此，阶层制原则就是要求将组织内人员从高到低按正规等级分配职责和权力，从而形成有序的等级链，以确定组织内部上下级之间的职权关系，并建立正式的交流和决策路线。通过这一原则，可以使组织最高层实现对组织全体人员的指挥和控制。

2. 命令的一体化原则

在人群活动中，要想实现高效率的运转，统一指挥是必不可少的。"命令一体化"就是要求一个下级只应接受一个直接上级的领导，只执行来自一个上级的命令，只与一个直接上级进行联系。确保实施有效的统一指挥，才能避免混乱，实现组织活动的高效率。因为把上级的重复要求和相互矛盾指示降低到最低程度，明确了每个人的职责，也就减少了混乱和推诿责任的现象。命令一体化原则也可促进上下级之间的交流和相互理解，协调上下级关系。福莱特曾指出，组织内上下级之间的界限和差异完全是人为的，事实上，各级人员的职责都是为整个组织做出贡献。因此，命令的一体化原则的目的就是保证组织中各级人员都为共同的目标而努力。这只有在人们共同感到相互是伙伴的关系时，他们一致认识到自己共同的利害关系时，才能更有效地执行命令，改进工作，并防止浪费。

3. 责权对等原则

在组织的正式结构中，责和权是产生于每个职位在组织结构中的位置。权力配备是顺利履行工作职责不可缺少的条件，但权与责应相互适应及对等。如果责大于权，在执行任务时，将造成个体缺少足够的权力保证，使工作无法顺利进行，导致逃避责任的结果；如果相反，权大于责，则容易造成人们对权力的滥用，导致产生更多不负责任的行为。权与责的对等和相互适应，不仅要从制度上给予规定和保证，更要注意在日常管理中加以控制。

4. 限定原则

这一原则又被称为明确性原则，它要求对每一职务或工作的任务、职责、权限等，组织都要以正式文件的形式明确加以规定。这样的限定，可以避免组织整体工作中细节的遗漏，又可以减少工作活动的重复，从而保证了组织活动的有效性。

(二) 分工方面的原则

1. 目标原则

组织是为实现预先设定的目标而存在，因此，组织的设计也要以实现目标为核心，把总体目标落实在组织每一个职位上。将总目标分解为有层次的子目标系统，可使员工有明确的方向，并努力集中于目标的实现。否则，可能出现的一种放任自流状态，会降低组织效能，并失去其存在的意义。

2. 工作设置与任务专门化原则

把组织中为达到目标所需要的任务，按专业细分为各个专业工种或职务，可以形成高度专业化的工作，这也是组织的一个重要原则。专业化，使员工更容易精通本行业活动与技艺，并成为本行业的专家，这将保证提高工作的效率和组织的有效性。专业化也使人员上岗的标准和相应的培训工作更明确、具体，从而降低组织活动成本，并促进组织活动的效率。随着市场经济发展，专业分工越来越精细，专业化也成为现代组织主要特点之一。但工作任务的专业化程度也受多种因素影响，像活动性质、技术标准、员工的能力，以及成本费用等。

3. 集中与分散的原则

集中与分散主要是指组织中权力的分散程度。这包括纵向的对下级的分权，和横向的对参谋部门及相关部门的分权。在集中型组织中，决策产生于最高管理层。但在分散型组织中，决策权力会下放到各个基层管理者手中。在任何一个组织中，都不可能做到完全的集中或完全的分散。事实上，组织的集中或分散程度与其各种职能和活动的性质有很大关系。

4. 部门化原则

部门化原则强调的是将组织划分为各自相对独立的活动执行单元，并对员工及其工作进行横向和纵向的分工。在组织中，将划分的工作合理组合，也就构成明确的组织图。它明确规定组织中人员的关系，也更明确规定不同工作之间的关系。部门划分通常是先以组织中各种不同活动性质划分单位,再根据任务设置将单位划分为若干小组。部门划分可以按组织的内部作业和外部因素进行,或者两种因素混合考虑。

5. 管理幅度原则

一个主管人员可直接管辖的下级人员的人数就是其管理的幅度,也可称控制跨度。管理幅度的大小,直接影响组织内部门的数目、结构、层次划分。通常有"垂直"和"扁平"两种组织结构形式,前者指控制跨度小,部门层次多;后者指控制跨度大,部门层次少。组织中部门的结构层次与繁简程度的不同,也影响到上下级信息沟通程度和方式。我们可以将影响管理控制跨度的因素列在下面表中:

表 10-1　影响并决定组织管理幅度（控制跨度）的因素

项目	内容	项目	内容
1	上级监督能力	7	工作标准的适应性
2	下级的能力状况	8	授权的程度
3	组织活动的复杂性	9	得到的专业人员的帮助程度
4	组织活动的整体化程度	10	组织内工作的标准化程序的程度
5	管理者必须履行的非管理义务的程度	11	成本费用的限制
6	需要与其他人或其他部门交流的时间		

6. 授权原则

授权,被看作是管理者可以支配的一种有效手段,也是组织活动的重要保证条件之一。管理者不能靠个人的力量将组织管理活动事事处理周全,只有发动员工共同完成任务,才能进行有效的组织管理。善于授权也就成为管理者的一个重要管理能力。授权,可加强上下级沟通,下级也能从参与中获得更多责任感,这也给下级创造了发展自己,使他们能学到有效的才能。授权也使管理者有时间去做更重要和必须的工作。决定授权成功的因素,特别是要注意责与权对等、绝对负责、统一指挥等因素。

7. 例外原则

例外原则，是指管理者应将日常或常规性工作交给下级处理，自己能集中精力处理那些偶然发生、无常规可循的例外事务。在组织活动中，通常这些偶然发生的例外事务，多属于重大、难以交于他人处理的事务，管理者的这种例外事物处理就是很关键的行为，这也需要管理者有足够时间与精力来关注例外事物。在组织活动中，通常存在"需知原则"，就是让下级人员接受那些对他们完成任务具有关键性的信息；但同时也强调"例外原则"，即让管理者更关注那些特殊的偏离指示、计划和政策的情况。这两种原则能否得到很好的执行，在某种程度上，影响组织的效率，也能减少决策失误，所以应该在组织结构形式上加以约束。比如，在高度程序化组织中，例外原则的实施较容易；在非程序化组织中，由于工作复杂、缺乏常规，例外原则的实施反而会降低组织活动效率。

(三) 协调和交流方面的原则

1. 正规的等级结构原则

正规组织等级结构是各层次、职务和管理层人员正式关系构成的框架，这种正式框架是组织协调的最基本方法。正规组织结构是组织的核心，它既是不同部门、单位和行政机构的组织形式，同时也规定了在这些单元之间的关系和相互作用。因此，组织结构的正规等级层次，实际上是连接上下级和各方面的纽带。为尽量减少重复活动、提高效率和协调所设立的规章制度和程序，必须依靠管理者的协调。

2. 政策和程序原则

组织的协调不仅依靠正规结构制度，也依靠一系列政策和程序。政策是上级为帮助下级解决具体问题而制订的一系列准则，程序则是为管理者在特定情况下开展工作所规定的步骤和方法。因此，政策、规则和程序都是组织大系统的一部分，如同结构也是系统的一部分一样，它们都是为促进交流、将相似的活动纳入标准化，以及提高效率和加强协调而设计的。

3. 非正式的交流原则

非正式的关系网是组织协调的最好媒介之一。在组织活动中，除工作任务的活动外，人们也存在情感交流，情感沟通对组织工作任务的沟通产生着重要的影响。在实际活动中，不同部门和人员通过非正式接触、交往和联系，可避免正式等级中的过多限制和约束，并会导致工作节奏和办事效率加快的效果。但也应注意，在非正式的交流中，不应违背现行的组织规章制度和程序。

4. 委员会与特别小组

组织为完成某项具体任务，可以设立特殊的委员会和专门任务小组。这种组织形式更像是一种临时性的结构，它可以帮助管理者集中集体智慧，加强各职能部门间合作，并有助于在实施计划中通力合作。当然，委员会也可能由于缺乏实质性内容的职责，从而使自己的活动显得软弱无力。

三、组织活动的有效性标准

管理的最终目的是完成组织目标，组织结构设计的目的，则是更有利于组织目标实现。因此，组织设计是为提高组织的有效性。作为一个复杂的现象，对组织活动有效性的衡量标准不可能是一个简单的构成。但在常用的判断组织活动有效性的标准指标上，像利润、增长、资源获得、适应性、创新、生产率、顾客满意程度、员工满意和忠诚，都是衡量考虑的标准。

1. 利润。可以从多种方式上衡量利润，它也是组织活动的根本目的。

2. 增长。组织的有效性还决定于它的增长和发展，一个停滞不前的组织是难谈其有效的。增长包括利润、收入、产品数量或提供服务方面，也包括新的业务发展地点的增长。

3. 资源获得。组织不仅要有能力获取和投入资源，更要能有效地发挥资源的功能。资源的形式可以是资金、原材料、劳动力或新的观念等。

4. 适应性。组织要有适应环境变化的能力，这些变化可能表现在供应者、顾客、竞争对手、员工、技术和经济等多方面。

5. 创新。创新与适应有一定相关，但适应是更强调组织被动的对环境的反应，而创新更强调组织对环境的主动反应能力。它包括在新产品、新服务、新技术和新管理制度等方面组织的创新能力。

6. 生产率。指组织以最小的成本产生最大价值的产品与服务的效率。

7. 顾客的满意程度。指顾客对组织提供的产品和服务满意，以及组织满足顾客需求的能力与程度。

8. 员工的满意与忠诚。组织也要满足其成员的需求，这也是组织活动的目标之一。成员的满足程度越高，成员对组织的忠诚也会更强。

其实，组织的有效性不仅反映在功能和活动能力上，它也是在结构和制度上的保证基础。在组织结构设计过程中，必须要考虑各因素的作用和关系，按一定程序和规则去规划。由于组织设计工作是整个管理活动的基础，涉及各方面人员，影响到各种利益关系。与此同时，它也受目标、市场、竞争力、技术水平、法律条令的限制，具有一定限定性。而且，组织设计工作也不是一次性的工作，它随组织内外环境的变化，还要进行不断的调整。因此，在整个设计活动中，应使每一成员承担相应的组织工作，并根据组织的能力和要求，做出有计划的安排。

（一）组织目标对组织结构及其有效性的影响

组织设计首先是以组织目标为基础。目标涉及环境层、组织层和个人层的关系，它们构成一个整体，不产生冲突与矛盾。

环境目标是通过多重因素的相互作用表现出来的，根据这些相互作用的性质，可将其分为竞争、磋商、合作和联盟的关系。不同的目标类型的选择也是组织用以适应环境的重要手段，这一适应过程不仅要求改变组织的目标，也要求相应地调整组织达成目标的手段。

表 10-2 组织目标的主要类型

项目	内容
1	利益的满足:组织是为满足各种人群利益而存在。利益可以是多方面的,并难以一致,但也会相互重叠。利益的满足随利益强度、参与者地位和数量的不同而变化。此类目标与福利、实利、报酬等相接近。
2	劳务或产品的产出:组织的产出包括无形或有形的劳务或产品,任何产出的质量或数量都是可以用物质单位表示。从组织整体观念上考虑,任何单位和个人的产出都是中间产品。
3	效益或获利的可能性:在资源和投入有限与短缺情况下,应注意与产出有关的投入的充分利用。这类目标常见的形式就是效率或生产率。
4	组织生存能力的投资:生存能力既可理解为组织的存在,也可理解为组织的发展。从广泛意义上讲,一个停滞的组织,也就是一个死亡的组织。但无论从何种意义上理解,生存能力都与投入,以及在人、财、物的组织上的投资转换过程有关。
5	资源的调动:组织要有必要的手段来调动可投入的资源。
6	对法规的遵守:法规包括组织制订的正式或非正式规章,以及法律、道德和职业伦理等内容。这些法规的表现形式,可能以什么是所期望或禁止的形式加以表达。
7	合理性:组织的活动也应该以人们满意的行为方式来进行。其中,技术合理性是科技发展的最好方法,而管理合理性则是管理组织的最好方法。

组织目标其实也是构成一个目标的系统,因为,组织活动并不是满足某一方面利益,它的目标不是单一性的。比如,组织自身的发展、经营的稳定、参与者的满足、行业地位的提高、技术革新等,都是组织目标系统中的成分。并且,这些目标都要适应组织的内外环境因素。

(二) 职能与部门的划分对组织结构设计的影响

组织的多重目标需要不同的工作活动来实现。不同工作活动的类型,既是组织职能划分的基础,也是部门划分的基础。

部门划分的基本方法有三种。

1. 以目标为基础的划分。如根据生产产品的类型、以服务对象或顾客的类型、以生产活动的地理位置为基础等的方法来划分。

2. 以生产活动为基础的划分。如根据组织中同类型活动为基础的职能部门划分的方法，或根据生产过程的作业性质划分。

3. 混合型的划分。在一些比较大规模的组织中，很难以单一的标准来规定组织的活动，因此，其划分部门的标准和方法也是灵活多样的。

（三）部门责权配备对组织设计的影响

组织中的每个部门都应以文件形式规定其明确的责权范围，以使其工作有条不紊，各司其职，各尽其责。这就要求必须弄清部门之间主要职责的区别是什么，以及为完成这些职责应拥有的权力是什么。

责权的明确化，不仅对组织结构设计是重要的，对今后的人员任用、工作指导、绩效评定、薪酬分配及人员培训等，都会起到相当大的影响。

（四）组织结构框架及结构的制订

结构框架决定于垂直水平的权力结构和横向水平的专业结构。垂直的权力层次划分，确定了行政和业务上的隶属关系；横向水平的划分，则规定了同一行政层次中，不同专业的分工。

组织结构框架主要是解决好协调关系的处理，与参谋机构和参谋人员与指挥系统的关系问题。组织的协调，一是通过制度所确定的相应规定来进行，二是靠上级的协调来进行。有成效的组织必然是靠制度来进行协调，上级的作用只是针对不明确或意外情况下的协调工作。参谋职能，从其机构和人员的作用上看，并不对组织目标的实现负主要责任，而是给管理和指挥部门提供必要的数据和信息。所以，参谋职能只具有建议与咨询权，并不具备决策和指挥权。因此，参谋职能与指挥职能间的协调很重要，它不能干扰直线指挥部门的权力行使，否则将会影响到管理效率。

总之，组织的设计及组织活动的有效程度，受到多重因素的影响。从外部环境看，环境的可预测性、复杂程度、竞争对手的实力等，都是不容忽视的因素。从组织内部看，组织结构的合理性、部门间有效的协调程度、有效利用技术的程度、设计与规模的相适应程度等，也将决定组织活动的有效程度。此外，员工的特点、员工是否具有必需的技术和能力、个人目标与组织目标的一致程度、是否受到组织的激励、员工与组织间的相互信任程度等，都应在组织的设计过程中加以重视和考虑。

第二节 组织理论及其组织形式

一、古典组织理论

早期的理论观点内容都比较强调组织的直接环境对工作行为的影响，比如组织规模、管理水平和数量等一些组织的环境变量。一方面重视这些因素对组织效能可能造成的影响，另一方面人们也相信，可以找到一个"最佳的组织方式"，真的实现组织的高效能。

泰勒、法约尔和韦伯等人是古典组织理论的主要代表人物。在20世纪初期，针对工业化发展初期存在的组织不平等、不人道现象，他们先后提出组织设计的原则，并进一步提出提高组织效能的理论观点。

韦伯的组织设计思想被称为行政组织理论观点。韦伯认为，官僚制度是实现组织效能的一个理想模式，它能防止工业化早期的组织权力过度集中以及裙带关系现象，这可以保证个体以其自身价值为基础发展，而不是以其社会阶级、等级、地位等为基础发展。这样看来，韦伯的思想在当时是能帮助克服封建等级的旧观念，这对于解放人力资源的潜能，对于专业人员在组织中的地位提升，起着重要的意义，当然，这种被解放的潜能，以及被焕发的下级积极努力的热情，对于提升组织效能是非常重要的。韦伯在当时使用的官僚制度这一词汇，主要强调它代表了一种超越人事因素、强调组织观念、严格按行政程序办事的组织体制和形式。韦伯认为，一个组织赖以生存的关键，就是要具有一个能提高组织活动效率的机制，这一机制形式的最好选择就是官僚制度。

从韦伯的理论观点上，可以反映出当时古典组织理论的共同特点，就是强调分工、授权、结构和控制幅度。

分工，又被称为专业化，是指把组织中复杂的任务和责任进行分解，并将劳动和工作分工。从分工中，也就产生了相应的各种责任之间的协作问题，对合作的最好解决方法就是通过授权。古典组织理论强调，在组织每个位置上，都应授予一定的正式权力，因此，在组织结构中越接近上层的位置，其权力越大。领导活动就是权力在组织活动情境中行使的方式。

结构和控制幅度是相互关联的因素。结构是一个组织在上下级之间、从最高层到最低层之间划分的层次。控制幅度的最简单形式就是一个管理者面对的直接下级的数量。组织结构从扁平到垂直，是由组织权力的层次数目和每一水平上的控制幅度的差异而变化的。组织规模一定的情况下，扁平结构的控制幅度增加，但它使各水平的权力减少了。如果把分工与组织结构结合起来，则在组织结构图上可以看到垂直线和水平线的差别。在结构图中各单位之间垂直线的连接，代表对产品和服务具有直接责任；而水平线的连接，则代表它们只具有间接责任。

由于在古典组织理论中，更强调"最佳"组织结构的选择，沃斯（Worthy）认为，组织的扁平结构"最好"，它最适宜组织和个体效能。这种非中央集权的组织结构，比较简单，更有利使员工具有较高满意感，因为他们有更多机会增加责任和发挥创造性。伊万塞维奇和唐纳利（Ivancevich and Donnelly）也认为，在扁平组织结构中，较利于使员工在自我实现、自主性方面具有较高满意感，能创造较低紧张状态水平和较高绩效水平。但另一些研究，人们也发现组织中的提升系统对组织结构的效果将产生较大影响。具体来说，他们认为在组织中存在两类提升系统：一种是开放人员提升系统，即组织的各级空缺补员，可以来自于组织内外的所有胜任人员；另一种被称为闭路人员提升系统，即组织只在低层次职位的空缺上吸引外部人员。研究证明，在扁平组织与闭路人员提升系统的结合中，提升应该以个人价值为基础，这将是较为有效的决策；但在垂直组织与闭路人员提升系统的结合中，以个人能力性向测验结果为依据的提升，将是更为有效的决策，而以价值为基础的提升就不是最佳选择。但在开放人员提升系统中，情况又有很大不同。

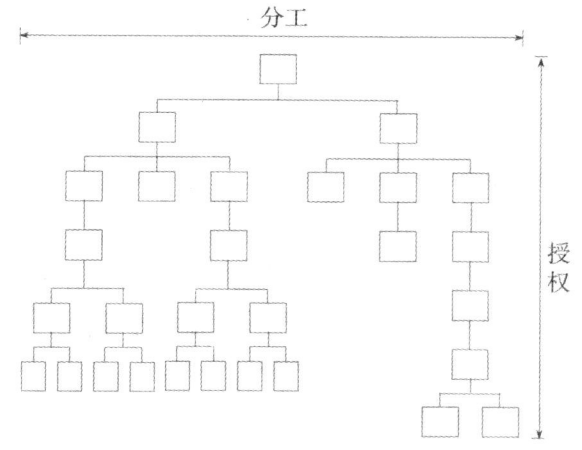

(a) 细长结构(控制幅度小)

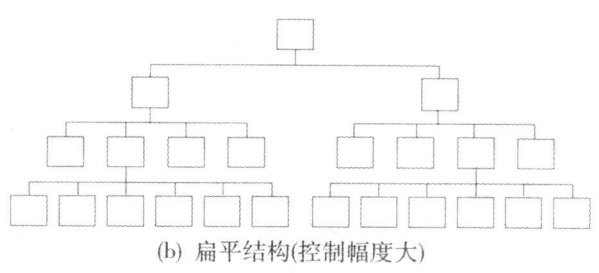

(b) 扁平结构(控制幅度大)

图 10-1　组织垂直结构和扁平结构示意图

二、人际关系组织理论

早期的古典组织理论对环境特点的分析，为我们提供了较好的组织分类研究方向，但由于只注重结构对人员行为的影响，却忽视了行为对组织结构的影响。人际关系理论形成于50年代到60年代，通过反对古典理论过于强调"非个人化"关系，太突出组织的"非个性化"系统特点，完全忽视组织中个体行为的因素，人际关系组织理论则强调组织过程应是组织成员活动的过程，只有成员活动的行为特点可以影响组织效能，而组织结构本身并不是影响组织效能的重要因素。

在人际关系研究上，麦格雷戈（Mc Gregor）比较早指出，不能用类似物理学定律一样的做法来处理传统的组织原则问题。传统的组织原则产生并借鉴军队和教会的管理模式，这和现代企业组织形式有很大不同。现代企业组织的一个主要特点就是组织目标与个人目标的融合，组织中任何一级人员必须依靠其他层次人员的合作，才能实现个人目标并进而实现组织目标。此外，组织中的人们除上下级不同层次的依存关系外，也还存在横向关系。所以，现代组织中很关键的一个因素，就是加强人际关系中的相互依存程度。在这一点上，莱维特（Levitt）也强调，现在组织更应该强调降低管理者权威的重要性。之所以出现这样一个需求，一方面是现代组织日趋庞大，少数人根本难以控制，另一方面，由于现代工作专业化的提高，人们对具有专门知识的工作人员的依赖性明显增强，与此同时，人们也越来越希望被尊重和参与管理。

在人际关系的组织理论发展中，像组织平衡理论、重叠角色组理论和重叠群体理论都是很有代表性的观点。

（一）组织平衡理论

"组织平衡"思想可以追溯到巴纳德（C.Bernard）的研究。事实上，巴纳德是从人与人相互合作的角度来解释组织行为的第一人，所以，也有人称他为现代组织理论的鼻祖。巴纳德认为，组织是两人以上有意识的协调力量和活动的合作系统。根据合作系统的概念，巴纳德强调组织成员既是个人，同时又是组织中的一分子。因此，成员要对组织有所贡献，组织则必须对成员提供适当的报酬，这可被称为"诱因"，即诱发贡献的因素。此外，巴纳德还提出了衡量管理成效的两个重要概念：效能（effectiveness）和效率（efficiency）。效能，是指组织向其成员提供诱因，使其获得满足的程度，他将之定义为组织的"平衡力量"，这种平衡力量是组织赖以生存和发展的条件。而且，这种平衡力量是变化的，不是静止的。由于成员要求在不断变化，组织就必须在其诱因上做出相应的调整。

巴纳德之后，西蒙（H.Simon）、苏尔特（R.M.Cyert）和马奇（J.G.March）等进一步发展了这一观点。他们的贡献是加入了群体这个概念，强调组织是个体和群体的联合体，而且，这些个体和群体各有自己的目标、需求、欲望、才干和倾向等特征，他们也在表现这些特征的形式上多种多样，各不相同。因此，联合体成员是采用多种不同形式的报酬手段，吸引其他人一起参加追求他们共同的目标。在这一追求过程中，参与者应该是根据个人的效用来衡量组织，组织则是根据组织目标的完成程度来衡量成员的贡献，所以，诱因与贡献之间的平衡将决定成员是加入、保留，还是退出。

之所以在发展中加入"群体"这个因素，应该是随着组织发展的复杂化，为解决新问题而提出来的。可以理解在巴纳德的时代，组织管理活动还没有突出"群体"的作用，工作形式还是以个人行为为特征，但现代的组织管理活动已经通过专业化将工作分为不同的专业化群体，这样，组织活动的内容更丰富，也更复杂化了。

（二）重叠角色组理论

可以简单地判断，这个观点的代表概念就是"角色"，在组织活动中的个人的"角色特点"。考虑到在正式组织结构中，每个成员占有一定职位，也意味着他们在担任一定的角色。重叠角色组理论就是评价与认识个人在组织中的这种角色作用。当一个人执行其组织的角色所规定的任务时，就必须与其他人联系和协同活动，这在组织中也就形成了一个"角色组"。角色组中应有一中心人物，其他人员则可能会包括组织内部与外部的人员，因为，凡与组织活动角色有关的人员，都将是角色组的成员。卡恩（R.L.Kahn）就是持有这种观点的一个典型代表，他强调，任何组织都是由许多重叠的、连锁的角色组构成的集合体，角色组成员在行为上会发生角色冲突、角色负载过量、角色含混不清等问题。

比如，当角色组不同成员对中心人物的期望不一致时，就会发生角色冲突。如果中心人物没有能力，不足以满足角色组大多数成员期望时，就会出现角色负载过量现象。如果角色组成员不能或无法把他们对中心人物的期望，或中心人物完成角色任务所必需的情报传送给他时，就会导致中心人物不知如何处理，也就造成角色含混不清问题。

因此，卡恩强调，组织活动要考察成员的职位、等级、角色期望、对冲突的反应方式、角色绩效的有效性等多种因素之间的相互影响和相互依赖关系。

（三）重叠群体组织理论

重叠群体组织理论是组织理论进一步发展的结果，利克特是这个理论的代表人物之一。根据其对管理者的研究入手，利克特希望能探讨管理过程和方式对组织效能的影响。他认为，对于不同的组织过程，组织绩效由于领导、沟通、决策、目标建立和控制等方面的变化，将会受到不同程度的影响。以他自己对组织活动的观察，利克特将组织划分为四种类型，即专制型、温和专制型、协商型和参与型。划分这些类型的标准，决定于组织的决策权是集中于领导者手中，还是下放到成员的手中，以及在管理上强调以工作任务为中心，还是以人为中心。利克特的观点是，相比较而言，参与型是效果最好的形式，它强调组织中的平等，通过协商、讨论解决问题，而且按照分工授权，成员间充分沟通，也在组织中建立了感情联系。为了使组织达到参与型，利克特建议，应采取关系支持、团体决策、建立高绩效目标等原则，来变革和发展组织。

根据他的进一步研究与总结，利克特提出组织中的成员关系，不仅表现为个体对个体的关系，应该更精确为群体对群体的关系。组织是由互相关联的重叠群体组成；在群体间，由位于几个群体重叠处的个人来联结。对这些特殊位置的个体，利克特创造一个概念，"联结针"。承担联结针作用的个体，把上级和自己所在的群体联结起来，起着承上启下的作用。这种构想，突破了传统组织中一人一职、部门间界限严格的观念，更强调组织中的沟通和交流。管理者的工作不仅是完成管理工作，还必须加强人员和部门间联络和沟通。而且，这种联结针的构想与传统观念的另一重大区别是，传统的组织概念是权力的自上而下的分配和授权，而联结针结构突出一种向上的倾向性，从沟通、管理的影响、目标的达成等方面，都是一种向上的倾向。这对于组织管理非常有利。从心理学的观点看，如果个体能意识到自己是群体的组成部分，就更易于使他忠诚、凝聚在这个群体，愿意接受群体的决策，并有利于促进信息的沟通。同时，这种组织形式也有利于鼓舞士气，提高组织绩效。

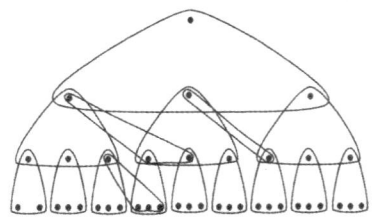

图 10-2　组织中的纵向与横向的联结针

在以后的发展中，利克特又在模式中加入横向联结针概念，横向的联系反映了沟通、影响、激励和协调等方面的需求。按照利克特的观点，组织中所有联结针结构都必须同样有效，否则，任何一个群体中的失效都会影响到整个组织的效果。所以，联结针的强度是决定于组织中最弱的那个联结针的强度的。利克特特别指出可以在组织中附设一些参谋小组和特别委员会，通过提供多重的重叠，会使组织结合更好，提高联结针强度，并防止群体的索链断裂。

三、权变组织理论

权变组织理论的特点主要是强调环境因素对组织设计和组织成效的影响。权变组织理论的核心就是认为不能用单一的模型来解决所有的组织设计问题，所谓"最佳"的模式，也只是在特定情况下有最大成功可能性的模式。由于影响组织设计的因素有许多，有关权变因素的典型研究则主要集中于以下几方面。

(一) 环境与组织结构

对组织设计与组织结构影响的环境因素，主要指组织外部对组织活动效果以及组织长期发展产生影响的那些因素。

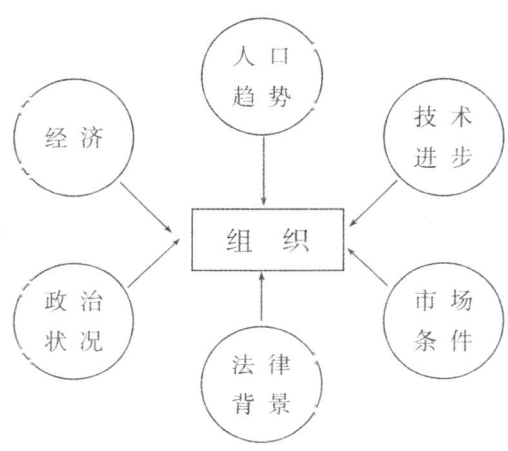

图 10-3　组织的环境因素

对图 10-3 中所列的环境因素，可以从几个特征方面对其分析。这种分析的目的，主要是揭示和了解环境对组织产生的有利和不利的作用，有利的环境可促进组织发展，而不利的环境将阻碍组织发展。

首先，从环境因素的稳定性特征上分析。稳定性，指环境变化的快慢程度。稳定的环境变化较慢，影响生产和销售等活动的经济、技术、政治等因素，很少有快速变化。相反，动态环境具有很快的变化特点，变化虽然会给组织创造机会，但一般来说动态环境对组织是不利的，在动态环境中，组织很难预测未来市场变化，也就难以相应地调整组织策略。

其次，环境复杂性是指影响组织因素数量的多少。如果影响的因素少，说明环境相对简单。而复杂的环境则会由于存在过多影响组织业务活动的因素，使组织在预测和控制上产生较多麻烦，自然也就不利于组织发展。

最后，环境不确定性是指组织及其管理者，对那些影响组织活动的重要环境因素所能掌握的信息量的多少。如果组织能有效地获得并掌握较详尽的关于影响组织重大决策的环境因素信息,则环境应是较为确定的。相反,如果管理者对影响其经营决策的环境因素情况不甚了解,组织也很难获取有关信息,则这种非常不确定的环境将使组织预测和控制产生较大麻烦。

总结,稳定、简单、确定性的环境将有利于组织活动和组织设计。根据对各种类型的组织环境特点的了解,权变组织理论可以总结为以下几方面观点:

1. 组织环境的类型会影响组织应采取的结构类型。如果这两方面相互适应,则组织的活动会更成功。

2. 组织中的不同部门或群体必须与不同的环境类型相适应。所以,组织中各层次群体或部门的结构也应该根据各自的环境类型而有所不同,这也决定了在一个组织中,有可能不同的部门会采取不同的结构,而不一定表现为千篇一律。

3. 组织也应该调整战略,以适应环境特点要求。这种调整应以环境的有利和不利的程度为依据。

在环境因素上,50年代伯恩斯(T.Burns)和斯托克(G.M.Stalker)的研究奠定了重要基础。在考察了管理活动方式与外界环境的联系,以及技术和市场的变化速度对管理过程的影响后,他们提出在组织管理系统中,存在两种组织结构类型,即机械的和有机的类型。机械结构强调的是封闭性和稳定性,有机结构强调的是开放性和适应性。此外,在组织目标、技术系统、结构系统、社会心理系统、管理系统和绩效标准等方面,机械式和有机式的组织结构都有很大差别。

根据伯恩斯的观点,机械结构或有机结构并不是普遍适用的,组织结构类型的选择是决定于环境因素的。稳定的环境下适宜采用机械结构,动态的环境下更适宜采用有机结构。根据研究观察,在稳定环境中采用机械结构的组织,由于具有正规的等级制度,权力和决策集中于最高管理层,指令和沟通自上而下,有详细的规则和程序,工作高度分工和专业化,这种结构保证了组织的效率。相反,在动态环境中,由于因素的变化和多样化特征,组织无法制订涉及一切可能出现的情形的规则和程序。技术和市场也是快速变化,要求迅速和准确的沟通,而正规的、自上而下的指挥系统很难应付这种情况。因此,在动态环境条件下,组织结构应是有弹性的,规则和分工较少,沟通强调非正规化,员工可自由向上沟通或横向沟通。这则是典型的有机结构的特点。

另一项对环境与结构的很重要的研究工作是劳伦斯(P. R. Lawrence)和洛奇(W. Lorch)的分化与整合研究。以市场销售、技术经济和科学技术三方面来衡量组织环境的不确定性。劳伦斯和洛奇是通过比较组织中不同部门的差异性,对组织适应环境的情况进行分析。他们在研究结果发现,组织对环境的适应,并不是通过整个组织来适应,而是以组织中各部门为单位体现对环境的适应的,并且,组织中的各部门是以自己业务行为的不同方式组织这种适应的。比如,生产和销售部门在结构形式上倾向于较紧密,而研究性部门就比较松散;在人际关系倾向性上,销售和应用研究部门倾向于社会型,而生产和基础研究部门倾向于任务型;在时间倾向性上,销售和生产部门更突出短期目标,而研究部门更重视长期目标。

因此,劳伦斯和洛奇认为,组织的有效性,决定于必须让不同部门以不同方式组织起来。这就是"分化"概念。由于组织面对的环境是复杂和多变的,这就需要根据环境复杂程度,建立与之相适应的子系统。每个子系统中,成员将会形成与环境相适应的态度和行为,并逐渐成为在某一特殊环境中处理相关工作任务的专家。而且,在不同子系统中,管理人员在对待目标的态度和处理人际相互关系上,也将表现出很大的差异。

在强调分化的同时,组织的"整合"也很重要。事实证明,"高度整合"是成功组织的一个重要特征。为适应环境,组织需要采取分化措施,环境的复杂程度也决定了组织分化的程度,并造成组织机构的复杂性。机构越复杂,就会产生不同的观点,导致内部冲突,于是组织就要花费时间和精力去解决冲突。所以，解决这个问题的重要手段，就需要在结构和措施上进行整合。整合的途径和方式，可通过正式的规章制度、权力等级制度，也可运用联络人员和跨部门的联络小组，或者较多地依靠知识和专长，以及其他非正式的工作协调手段来解决。通常，在较稳定的环境中，组织分化较小，可采用正规的、正式的整合手段。在外部环境不稳定条件下，组织就要采用精心计划的灵活手段。

表10-3 不同组织部门类型的绩效影响因素

组织类型	包装容器工业	食品工业	塑料工业
外部环境	低的不确定性	中等的不确定性	高的不确定性
关键的相互依赖关系	销售—生产	销售—生产 研究—生产	销售—研究 研究—生产 销售—生产
分化程度	低	中等	高
关键的目标达成单位	生产	销售	做整合工作的部门
主要问题	进度表、控制	顾客的偏爱	创新、变革
实现高度整合的单位	销售—生产	销售—研究 研究—生产	在做整合工作的单位与其他单位之间
为实现整合所花费的时间与精力	低	中等	高
冲突的解决	面对面	面对面	面对面
结构类型	机械的	机械的/有机的	有机的
主要的整合机制	规章、等级	计划联络人员工作组	工作组 联络组 其他整合部门

（二）策略与组织结构

"策略"一般是与组织的计划活动有关的，是组织对未来的计划，主要考虑的问题包括组织的将来会发生什么情况？组织对此要做什么？以及不同的部门和人员应为组织的创造和发展做什么？

20世纪60年代,钱德勒(A.D.Chandler)的研究证明,组织结构应服从于组织的发展策略,当组织应对环境变化需要有效运用资源时,就必需改变发展策略,而这一新策略又会导致组织结构改革,若非如此,将导致组织运作无效。

钱德勒总结了四种组织发展策略。第一阶段,组织需要扩大规模,此时的策略决定了组织结构采用单独职能部门形式效果更好。第二阶段,组织在地域上的扩大时期,需要在不同地区存在多个部门进行相同职能的工作,组织结构上需要有协作,标准化和专门化的部门是更有效率的。第三阶段,组织在纵向上的整体化过程,组织结构上的调整是扩大组织职能,需要建立相应职能结构。第四阶段,是产品多样化、多种经营时期,中心任务是控制新产品评价、资源分配、部门化和协作,最有效的方式是建立按产品划分的组织结构。

钱德勒也承认,并非所有组织都需要经历以上四个阶段的发展。每个组织有其独特的策略,也就会有具有自己特点的结构。通常,分散的结构是管理策略决定的结果。分散结构是为适应组织产品多样化的管理策略而产生的相应对策,分散化可使各部门加强主动性和责任心,使他们对变化多端的市场情况及时做出反应。另外一种变革的方式,是采用集中控制下的分散经营原则,以求得组织在权力集中和分散性上的平衡。其中,集中控制的措施,是建立财务监督制度,控制采购和存货,建立预测、报告制度来考核业务成绩,并规定对部门的授权范围等。

(三) 技术与组织结构

技术,并不仅是代表生产工具和设备,设计、控制设备和生产手段的知识和技能也是技术的成分。而且,管理中的协调与控制机制也应属于技术的内容。

在这方面有重要贡献的学者是琼·伍德沃德(Joan Woodward),她将技术分为三种类型:

1. 单件生产技术。这种技术用于生产单件产品以满足单个客户的需求,也是满足客户特殊偏好的一种方式。虽然生产的是单件产品,但使用的技术可能是多种多样的。也就是,要用不同技术生产不同的单件产品,来满足顾客的特殊需要。

2. 批量生产技术。批量生产是以标准化的生产程序生产出标准化的产品。因此,它的特点是同一技术和同一种操作的重复活动。

3. 连续加工生产技术。这是一种长期性的连续流水作业式的生产技术,通常涉及液态物质或气态物质的生产。这些生产方式可以不需要工人的操作,能够连续不断地从一个加工阶段到另一个加工阶段。这些技术大部分是通过自动控制来调节的,加工过程中很多环节是机械化的。

伍德沃德认为,大批量生产的组织应采取机械性管理系统;单件和小批量生产的组织,由于会遇到许多偶然事件,另外,连续生产的组织,因为要依靠其连续的流水生产设备、系统的工作流程,一旦发生故障将会产生严重的后果,因此,它们应采用灵活有机性结构。这也有利于它们灵活适应顾客需求和技术发展的要求。

根据她的研究结果,在总结的三种技术类型组织中,只有批量生产技术的组织适宜用古典组织理论中的官僚制度结构。因为,在这种技术要求下,控制幅度广,书面沟通强于口头沟通,不同专业之间工人的专业化程度高,并且,主要依靠正规的控制与制裁程序。相反,在其他两类技术的组织中,控制幅度窄,口头沟通多于书面沟通,工人专业化程度低,很少使用正规的控制与制裁程序。这似乎更有利于灵活、有机的组织结构运行。

表 10-4 伍德沃德研究结果示意

	单件生产	批量生产	连续生产
一线主管的控制幅度(人)	25	48	15
书面沟通量	低	高	低
口头沟通量	高	低	高
直线与参谋的专业化	低	高	低

(续表)

	单件生产	批量生产	连续生产
正式控制与制裁措施的使用	低	高	低
全面管理与业务监督的分离	低	高	低
技术工人的数量	高	低	高

在英国阿斯顿（Aston）小组的研究中，也证实了公司的不同部门结构应该有所差异，并要以他们各自的不同技术类型为基础。这个研究证明，在大公司中，组织的成功决定于不同部门根据自己的技术相应采取不同处理方法和组织资源的有效性程度。比如，医院组织活动中，免疫部门使用的是批量生产技术，他们要用同一种疫苗为数百名病人注射，这需要强调作业的标准化和程序化；而精神病诊所则应使用单件生产技术，针对不同病人，采取不同医疗方法，满足不同顾客的特殊需求。所以，不同部门的技术类型差异，必然决定其组织结构不同，而每个部门的结构都是与它的技术配套的。

第三节 组织设计的新发展趋势

增加一段说明，新市场变化，新技术发展，新环境因素，产生各种特殊需要、针对特殊目标的组织结构行为与形式。

一、项目组织设计

项目组织的特点就是在一定时间内，集中人力和其他资源完成某一特定项目的复杂任务，而在任务完成后，项目组织即被取消。这种组织形式的最大好处就是，可让项目领导人及其领导下的群体专心致力于所要完成的特殊任务，而不会因为组织各种业务的变动而影响到他们的活动。由于其组织形式的灵活性，及其所具有的较强的专业上的针对性，因此，在现代的组织设计上，这种组织形式被广泛运用。

当然，项目组织设计不会适用于所有的组织设计场合。在选择这一设计形式时，应考虑到：组织应有特定的目的，应是现有组织所不熟悉的特殊任务；各项工作之间应有相当复杂的相互依存关系；这一特殊任务的成果将对组织具有极为关键的利害关系；这一组织只是临时的。

项目组织与传统的职能组织有很大的差别。职能组织是以其成员工作中所需的主要技能为基础，而将成员集合在一起组织成的群体。职能组织中，大部分权力是由职能组织的负责人所控制的，当涉及几个部门的项目和经营活动出现时，要由组织的高层负责人出面调解。因此，虽然职能组织形式具有促进技术进步和减少重复劳动的好处，但它极易滋长部门的本位主义，并在部门之间的协调上较为困难。在项目组织形式中，成员的职责和职权形成网状的关系，并强调的是横向与斜向的工作任务上的交流，与直线型的职能关系相比，显然灵活性大大加强。而且，在其活动过程中，组织的目标是多方面的，它是许多相互依存的部门的一项联合任务。管理者的职责也常常大于他的职权，因为，他必须超越现有组织的职能线和组织线，才能有效地调整和指挥必需的资源，完成各部门间的共同目标。

在项目组织设计中，主要的设计内容和程序为：

1. 制订该项目的目标；

2. 征集所需要的人员；

3. 设计控制制度，以期取得所需的反馈资料。

二、矩阵式组织设计

矩阵式组织是为适应组织需要的多样和多变的特性而提出来的。简单地说，矩阵组织是将一种组织类型叠加于另一种类型的组织之上，从而构成了对员工的两套指挥系统。这是一种双层的领导系统。这种形式很适合用于各类技术人员密集的大规模的特殊工程项目，它有利于把组织的各项活动分隔成在人力与资源分配上彼此竞争的项目。

在矩阵组织结构中,存在四种主要的角色。一是职能经理,他负责各职能领域中人员的录用和培训,他的工作很近似于职能结构中的部门负责人。二是项目经理,他负责协调同一项目中来自不同职能领域的人员的活动,具有正式权力。三是受到双重领导的成员。矩阵结构中的每个成员都受到来自职能经理和项目经理的双重领导,职能经理主要评价其工作的技术方面,而项目经理负责管理他们的日常工作。四是总经理,负责监督和管理职能经理和项目经理的工作,还要解决他们之间的分歧。

矩阵结构打破了传统的一个管理人员只对一个部门领导的原则,使纵向联系和横向联系相结合,加强了各部门之间的配合,使各项目组可以集中有限资源于单一的工程项目,灵活地执行任务,提高工作效率。另外,这种结构设计使权力与地位的分布更符合工程技术人员的民主规范,有利于共同决策。从双重的权力管理系统上,也使组织对专业人员的使用更富于灵活性,不同部门的专业人员在一起工作,可以激发他们的积极性、创造性,更好地发挥和提高他们的工作能力。而且,组织结构也更具有较强的适应性和稳定性,项目作业体现了一定的内在控制与平衡。

三、自由型组织结构

这种组织结构又被称为有机的组织结构。它强调不拘一格的组织形式,其实质和目标就是要帮助组织的领导者对一切"变化"做出有效的管理。这种组织结构具有高度的灵活性和适应性,所以,这种组织中的管理者,也要有相应较高的灵活性和创造性。

自由型组织结构的特点就是没有单一的模式,只要求在特定的时间、特定的条件下,采用适宜的组织形式。它要求尽量减少等级制度、硬性的规章制度,以及固定的上下级关系和指挥系统。它一般是采用强调经营效果的利润中心形式，分权营运。高层管理人员对部门管理者的控制，仅限于利润指标和稀有资源的分配。在组织的各部门和人员之间，都可以采用这样的方式，通过参与协作、自我控制与独立自主、个体的积极性、共同的信赖、双向沟通等因素而获得组织效能。

自由型组织结构虽然灵活，但它也需要有一定的条件。比如，高度的灵活性会使一个成熟的管理者更适应，并产生较高的创造性和积极性，但对于年轻或普通的经理人员，则可能由于其缺乏必要的经验，会感到无所适从，从而影响组织效能。这种结构更有利于对快速变化的环境的适应，或许更适用于高度技术性的公司。这也限制了它的普遍适用的价值。另外，由于自由型结构在追求经营效果的最优化过程中，会造成管理者为了实现目标，自行选择自以为最佳的方案，使人们在失败时难以追究责任。

四、团队结构

团队是现代组织管理活动中最流行的方式。团队的优点是可以快速地组合、重组、解散。通常，如果组织中的工作任务的完成需要多种技能、经验，则团队将比个人的效果好，因为，只有不同技能、特长的个体互补，组成强力有效的团队，才能提高组织的运行效率，更好地利用成员的个人才能。而且，团队创造了一个民主、平等的氛围，有利于提高成员的积极性。

在组织设计上，如果管理人员以团队的形式作为协调组织活动的主要方式，这就形成团队结构。这一结构要求组织打破部门界限，并把决策权下放到团队成员手中。因此，它要求成员既是全才又是专才。

对于小公司，其整个组织形式就可以是一个团队。在大组织中，团队结构只是作为官僚结构的补充。这就可以使组织既能得到官僚结构的标准化优点，提高运行效率，又能因团队的存在而增强灵活性。

团队的类型有问题解决型、自我管理型和多功能型三种。问题解决型的团队由少数人员构成，并且，他们只是组成松散的结构，讨论如何改进工作程序和工作方法，并互相交换看法或提供建议。他们只有建议权，但没有决策权，也无权根据这些建议采取行动。自我管理型团队则是由成员共同承担以前自己的上级所承担的一些责任，包括控制工作节奏、决定工作任务的分配、安排工间休息等。完全的自我管理型团队还可以挑选自己的成员，并让成员相互进行绩效评估。这种安排使管理人员的重要性下降了，甚至可以取消他们的存在。多功能型团队是由来自同一层次、不同工作领域的人员组成，他们在一起共同完成一项任务。这种团队结构形式能使组织内，有时甚至是组织间、不同领域的人员之间交换信息，激发出新的观点，解决面临的问题，协调复杂的项目。

保证团队结构成功的重要前提条件之一，就是组织成员的信任关系，可以说，高绩效团队的一个特点，就是成员之间的相互高度信任。心理学在这一方面有着较多的研究，心理学家很早就认识到，在组织成员的关系中，存在较重要的相互信任基础，他们将此称为心理合同或心理契约，并认为这是维持团队以及决定团队高绩效的重要因素。心理契约将影响到成员对团队的投入时间、精力、情感。

五、虚拟组织结构

虚拟组织是一种规模较小，但可以发挥主要商业职能的核心组织，或者说，它的决策集中化程度很高，但部门化程度很低，或根本就不存在部门的形式。

虚拟组织的目的也是为追求最大的灵活性。在传统官僚组织中，垂直管理层次多，控制是通过所有权实现，研究开发工作在实验室进行，生产在公司的下属工厂中完成，销售则由公司内部的员工进行。但为保证这些工作的顺利进行，管理上还必须配备大量的职能服务人员。而在虚拟组织中，是从组织外部寻找各种资源，来执行上述职能。换句话说，如果管理者认为别的公司在生产、配送、营销、服务方面比自己更好，或成本更低，就可以把自己的有关业务出租给他们，而管理者则可以把精力集中于自己最擅长的业务上。

虚拟组织的主要优势就是其灵活性，而且，它能使善于创新但又缺乏资金的组织和个人有发展的机会。但这种结构也有致命的弱点，这就是组织的主管人员对公司的主要职能活动缺乏必要的、强有力的控制。